KINDERHERZ

KINDERHERZ

Das Leben der Karolina Weiss

mit einem Vorwort von Daniela Strigl

ecowin

FSC
www.fsc.org
MIX
Papier aus verantwortungsvollen Quellen
FSC® C014496

Sämtliche Angaben in diesem Werk erfolgen trotz sorgfältiger Bearbeitung ohne Gewähr. Eine Haftung der Autoren bzw. Herausgeber und des Verlages ist ausgeschlossen.

1. Auflage

Gesetzt aus der Minion Pro, Conduit, MrsEaves

Medieninhaber, Verleger und Herausgeber:
Red Bull Media House GmbH
Oberst-Lepperdinger-Straße 11–15
5071 Wals bei Salzburg, Österreich

Satz: MEDIA DESIGN: RIZNER.AT
Umschlaggestaltung: b3K design, Andrea Schneider, diceindustries
Illustrationen: Claudia Meitert/ carolineseidler.com
Printed in Germany
ISBN 978-3-7110-0174-0

Vorwort

von Daniela Strigl

»Heute, an meinem Namenstag, beginne ich mit dem Schreiben meiner Lebensgeschichte. Bald werde ich vierzehn Jahre alt, und dann fängt ein neues Leben an.« Wer so seine schriftstellerische Laufbahn beginnt, der braucht einiges an Selbstbewusstsein. Umso erstaunlicher, dass sich hier im Jahr 1907 ein Mädchen zu Wort meldet, ein Mädchen, das aus einfachsten ländlichen Verhältnissen kommt. Indem die kleine Lina Kittl die Welt des Lesens und Schreibens für sich erobert, gewinnt sie ein Stück Souveränität in einer rauen Umgebung, die auf kindliche Gefühle keinerlei Rücksicht nimmt. Bildung als Selbstermächtigung: Über den Weg der Alphabetisierung gibt die Erzählerin hier Rechenschaft, ihr Bericht unterscheidet sich nicht wesentlich von dem, was etwa der Bauernsohn Peter Rosegger ein halbes Jahrhundert früher erlebt hat. Im Kittl'schen Haushalt – der Vater ist herrschaftlicher Jäger – gibt es keine Geschichtenbücher, aber ein Imkerblatt, einen Bauernkalender, die Jägerzeitung und Bücher über Vögel und Wild, an denen das Mädchen seine »Lesewut« befriedigen kann. Lesen hat Lina sich unter mancherlei Mühen selber beigebracht, weil sie ergründen wollte, wie der Vater all die vielen Wörter aus dem Papier hervorholen konnte, wenn er der Mutter aus der Zeitung vorlas. Und im Haus des Onkels findet das Mädchen dann richtige Bücher, von Theodor Körners Balladen bis zu Schillers *Wallenstein*, und damit Eingang in das Reich der Fantasie.

Früh schon beginnt Lina auch mit dem Reimen und dem Aufschreiben von Gedichten, später widmet sie ihrer Passion ein eigenes »Reimbuch«. Das Tagebuch bleibt für Karolina Weiss, geborene Kittl, roter Faden und Motor ihrer Erinnerungen, ihre kindlichen Aufzeichnungen sind in reizvollem Kontrast in die spätere Lebenserzählung integriert. Die Autorin begnügt sich nicht mit der Darstellung etlicher Schlüsselszenen aus der Zeit ihres Heranwachsens, sie porträtiert auch mit sicherer Hand die Charakterköpfe ihrer Eltern, ihrer vielen Geschwister, ihrer Onkel und Tanten. Bei allem Sinn für Komik und Heiterkeit beschönigt sie doch nichts, weder die Kärglichkeit der Existenz noch die Härte der Erwachsenen. Das Leben der kleinen Leute auf dem Dorfe ist von Zusammenhalt und Geselligkeit geprägt, aber auch von Habgier und Neid, Triebhaftigkeit und Gewalt. Die Mutter, eine starke Frau und tüchtige Wirtschafterin, schlägt die Kinder beim kleinsten Anlass. Der Vater, liebevoll, naturverbunden und, wie es sich für einen Jäger gehört, stark im Flunkern und Erzählen, tut seinen Dienst vorbildlich und ist doch ein Hallodri, der mit seinen Freunden das sauer verdiente Gehalt verjubelt. »Es ist mit dem Leben des einzelnen Individuums wie mit der Geschichte eines Volkes. Erst die Summe von Jahren rundet ab und gleicht aus. Der Abstand an Zeit klärt vieles.«

Über die Eltern geraten auch die Vorfahren ins Bild, ihre Eigenheiten fügen sich im Rückblick zum familiären Erbteil. Da ist in der einen Linie der Fluch der Schönheit, in der anderen wiederum der »Wandertrieb«, dem in jeder Generation einer und offenbar auch die Erzählerin erliegt. Von den Nöten des Schollenflüchtigen wusste schon Rosegger in *Jakob der Letzte*, dass »solcher Sprössling umso ungebärdiger seine weiten Wege suchen muss, je enger und fester sich der Kreis dieser Familie gehalten hatte. Wenn ein Geschlecht sehr einseitig ist, so steht in ihm plötzlich ein Mitglied auf, das nach der entgegengesetzten Seite ausartet.«

Und so vermittelt dieselbe Stimme, die angesichts eines erhaben schönen Sommers auf der Alm eindringlich beschreibt, wie sich »das Wurzelwerk der Heimatliebe auf immerdar in einem Kinderherzen verästelt« hat, auch die Sehnsucht nach dem ganz anderen, nach Amerika, wohin die kleine Lina allen Ernstes mit ihrem Cousin auswandern will. Der Weg vom Pinzgau in die große Stadt, als die Innsbruck dem Mädchen erscheinen muss, ist dann weit und aufregend genug. Karolina Weiss erzählt auch vom Teenagerleben am Vorabend des Weltkriegs amüsant und mit spürbarer Lust an der anekdotischen Pointe – die Arbeit in der Badeanstalt, der Schabernack unter Freundinnen, der Ansturm auffällig badewütiger junger Herren, all das gibt ihr mannigfachen Stoff. Überhaupt werfen ihre Geschichten ein bezeichnendes Licht auf das Verhältnis der Geschlechter vor hundert Jahren. Die Erzählerin verfügt über ein feines Sensorium für Zwischentöne und Grauzonen, sie nennt aber die Dinge auch beim Namen. In ihren Memoiren beschreibt sie, wie die Männer des neunzehnten Jahrhunderts am Beginn des zwanzigsten mit Mädchen und Frauen umgehen, die Selbstverständlichkeit des Übergriffs, die handfeste Wehrhaftigkeit einer gar nicht prüden, aber dezidiert selbstbestimmten jungen Frau. Immer wieder spielen Schriftlichkeit und Literarizität eine entscheidende Rolle, auch in eroticis. Als ihr ein Verehrer, der Kammerdiener einer noblen Familie, einen Liebesbrief schreibt, ist es mit Linas Liebe gleich vorbei, hat er doch eine Vorlage aus einem der damals verbreiteten Briefsteller benutzt, anstatt sich mit eigenen Worten zu deklarieren.

Nicht zuletzt lernen wir in dieser Erzählerin eine intelligente und eloquente, eine ebenso lebensfrohe wie nachdenkliche Frau kennen, die um ihre Sprödheit weiß und auch in der Liebe – die ihr dann doch wahrhaftig begegnet – nicht auf ihren eigenen Kopf zu verzichten bereit ist. *Kinderherz* ist nicht allein wegen seiner sozialgeschichtlichen Dimension und des Zeitkolorits interessant, sondern auch wegen Karolina Weiss Erzählweise, die einen durchaus gewählten Stil mit frischen Bildern und deftig dialektalen Dialogen verbindet.

Am Ende dieses autobiografischen Bildungsromans (der eben gerade *kein* Heimatroman sein will) steht Linas Aufbruch ins Ungewisse. Und der Leser, der die Erzählerin von ihren Kindertagen in jenes Alter begleitet hat, das man gemeinhin das heiratsfähige nennt, gerät ins Nachdenken über ein Menschenschicksal, das seinen Lauf genommen hat: Wären nur ein paar Weichen in diesem Frauenleben anders gestellt gewesen, dann wäre Karolina Weiss uns heute vielleicht als Schriftstellerin bekannt, als literarische Vorfahrin von Franz Innerhofer und Felix Mitterer. Ihre Erinnerungen lassen uns immerhin bedauern, dass es dazu nicht gekommen ist.

Irgendjemand wird es einmal lesen ...

Vor mir liegen viele Hefte in Schulschriftformat. Es sind Aufzeichnungen. Ich habe sie durchgeblättert und viele Stellen nochmals gelesen, und hieraus entstand der Entschluss, dieses Geschriebene in ein Ganzes zusammenzufassen.

Irgendjemand wird es einmal lesen – vielleicht ein bisschen Freude damit haben und vielleicht auch ein wenig Nutzen daraus ziehen ... Um große Dinge wird es nicht gehen, und große Worte werden nicht gemacht werden. Da alles Geschriebene auf Wirklichkeit und wahrem Erlebtsein beruht, wird es weder dramatisch noch spannend sein. Es ist die Lebensgeschichte eines einfachen Menschenkindes.

Das Mädchen Lina, dessen Geschichte ich erzähle, ist aus seiner Bergheimat Pinzgau in die Welt gewandert.

Lina machte sich auf den Weg mit einem Herzen voll großer Hoffnungen und den Kopf voll hochfliegender Gedanken. Das Schicksal dieses Pinzgauer Mädchens ist hier umschrieben, so wie sie es selbst festhielt in ihren Aufzeichnungen, die sie Tagebücher benannte.

Weil Lina auf einem wunderschönen Fleckchen der Erde geboren wurde, wo eine wilde Bergschönheit ihre Seele wach und bereit machte für manche tieferen Aspekte des Lebens, fanden diese Dinge immer einen fruchtbaren Boden in ihrer Seele.

Der Firnenglanz ihrer Bergheimat, das Rauschen der wilden Bergwasser, die blühende Pracht der Alpenblumen, die wundersame Klarheit der Bergseen und das Donnern der Wasserfälle – diese Dinge zusammen haben ihre Seele geformt.

Sie trug in ihrem Herzen die Bergheimat mit in die Welt hinaus und ist in heimlichem Sehnen nie davon losgekommen.

Die Gewohnheit Linas, über Erlebtes Aufzeichnungen zu machen, kam nicht von ungefähr. Schon Linas Großmutter hatte in alten Kalendern vieles vermerkt von den Begebenheiten ihrer Zeit. Nicht nur Ereignisse standen in diesen alten Kalendern vermerkt, neben Berichten über Geburten, Begräbnisse, Wetterschlag, Hochzeiten, Feuersbrünste und Viehtod fand man auch Volkslieder aufgeschrieben, fröhliche und traurige, aber die Schnaderhüpferln waren in der Mehrzahl.

Linas Mutter hatte diese Gewohnheit fortgesetzt, sie schrieb schon beinahe eine Dorfchronik, und nebenher liefen Rezepte über Metbereitung, Honigkuchen, Obsteinkochen und vieles mehr. Sie benützte dafür schon richtige Aufschreibhefte.

Mit viel Interesse durchstöberte Lina diese Kalender und Hefte. Sie lernte die Lieder und Verse aus Großmutters Kalendern auswendig und setzte im Übrigen schon sehr früh diese Tradition der Mütter fort. Nur sah ihre Sache schon wieder anders aus.

Ihre Aufschreibungen waren schon förmliche Geschichten, und die Verse hatte sie selber erdacht. Vieles stand da über die Schule und vieles über die Buben, ihre ewigen Widersacher, mit denen sie einen unermüdlichen Krieg führte.

Am allermeisten aber stand über ihre Hunde und Katzen drin, weil sie Tiere sehr liebte. Die Hunde hielt der Vater für die Jagd und Mutter die Katzen für die Mäuse, aber manches Mal gab es bei Lina zu Hause mehr Katzen als Mäuse. Es gab auch andere Tiere in Linas Umgebung, doch die Hunde und die Katzen waren ihrem Herzen am nächsten.

Lina schrieb ihre Lebensberichte mit einer Fürsorglichkeit und einer Wahrheitsliebe, die bewundernswert war. Sie schrieb alles hinein, was so ein Kinderherz bewegte, und ein toter Hund war schon ein ganzes Drama.

Neben der rauen Wirklichkeit ihres Kinderalltages träumte sie ihre heimlichen Träume. Ihre Gedanken nahmen einen hohen Flug. Sie gingen aus nach Glück, Reichtum, Ehre und Ansehen. Solches las sie in Büchern und wollte alles einmal erreichen. Aber aus dem Märchenland der Wunschträume weg kam sie auf den harten Boden der Wirklichkeit zu stehen.

Sie hat sich mit aller Zähigkeit, die ihr eigen war, dem Leben gestellt. Jahr um Jahr hat sie ihr Tagebuch geschrieben. Aus den kind-

lichen Anfängen wurden eine ernste Sache und eine Lebensnotwendigkeit. In den späteren Jahren stand auf mancher Blattseite etwas von Kampf und Sorge, und auf mancher stand ein Kreuz. Diese waren dann in großem Herzeleid geschrieben, weil ein Liebes starb. Sie waren in Herzeleid geschrieben, weil Lina ein treuer Mensch war.

Denkt man zurück in die früheste Kindheit, dann ist es erstaunlich, wie weit das Erinnern oft reicht. Wohl fehlt es am Zusammenhang, aber einzelne Ereignisse haben des Kindes Seele so stark beeindruckt, dass sie im Gedächtnis haften blieben. Und nicht nur das – sie haben das spätere Leben beeinflusst, während andere Dinge im Dunkel blieben, welches über diesen ersten Menschleinsjahren liegt.

Ich habe einen Zeitmesser dafür, was vor meinem sechsten Lebensjahre lag und was nach diesem Meilenstein meines Lebens noch kam. Denn vor meinem sechsten Lebensjahr wohnten meine Eltern die meisten Monate des Jahres in den Bergen. Mein Vater war Jäger, und sein Dienst war in den Bergen, in den Wäldern – dort, wo es wild und schön war. Mit meinem sechsten Lebensjahre begann die Schulpflicht, und aus der wundersamen Romantik der Bergwelt kam ich in das Dorf und in die Wirklichkeit.

Ich schlage jetzt die Tagebuchblätter aus Linas Leben auf, an einer Stelle, wo ihre eigene Hand Ordnung in dem kunterbunten Durcheinander ihrer Aufzeichnungen gemacht hat. Ich lasse das Pinzgauer Mädel selber erzählen, von ihrer Heimat, ihren Bergen, ihren Leuten und ihrem Viehzeug.

Der Lichtpunkt meiner Kindertage

Aus all diesen Jahren leuchtet die Weihnachtszeit weit in das Spätere hinüber. Sie ist der Lichtpunkt meiner Kindertage. Nicht jede Weihnachtszeit war der Vater bei uns. Wenn er seinen Dienst in den Bergen hatte, dann ging in dem Jahr das Christkind an unserer Türe vorbei. Da half kein Vertrösten auf das nächste Jahr, denn was bedeutete uns die Zukunft, wenn die Gegenwart ohne Glück war?

Ich war nicht das einzige Kind meiner Eltern, wir waren unserer viele, und so weinten viele Augen um so eine einsame Weihnachtszeit ohne Vater. Unser gemeinsamer Jammer zermürbte meine Mutter mehr, als sie zugeben wollte, denn sie panzerte sich immer mit Härte uns gegenüber. Sie ersetzte das Christkind dann durch Sankt Nikolaus, der weniger umständlich war – uns aber konnte er das strahlende Christkind nicht ersetzen.

War aber Vater um die Weihnachtszeit zu Hause, dann war es ein wunderbares Erleben. Die Zeit war dann reich gesegnet und voll von herrlichen Geheimnissen. Wir schrieben Wunschbriefe an das Christkind und legten sie auf das Fensterbrett.

Vater aber schrieb heimlich Briefe und steckte dieselben in den Briefkasten. Diese Briefe gingen dann nach Graz und Salzburg und enthielten Bestellungen für neue Mäntel, Glasschmuck und Zuckerzeug – ja sogar Schokolade, denn die gab es doch das ganze Jahr nicht für uns Geschwister, diese Dinge sendete uns einmal im Jahr nur der Himmel. Und gerade diese Einmaligkeit machte alles so reich und kostbar. Unsere Kinderherzen liefen auf Hochtouren, und wir übertrafen einander an Bravheit und Folgsamkeit.

Vater hatte Geheimnisse mit dem Postmann und mit jedem Krämer im Dorfe. Denn die vergoldeten Nüsse, die Feigenkränze und Bockshörndln stammten aus dem Dorfladen – nur wussten wir es nicht. Auch die weihnachtlichen Äpfel mit ihrem eignen Duft und die Kastanien lieferte das Dorf. Vater schlich durchs Hintertürl aus und ein und war nicht weniger aufgeregt als wir. Wir labten unsere Seele an Düften, denn in der Küche buk Mutter das Weihnachtsbrot und den Weihnachtskuchen. Auch wir erhielten einige Backingredienzien und waren voll Eifer und überall voll Teig, aber unsere Herzen sangen »Alleluja«.

Ab und zu schlichen wir an die Kellerfenster, um zu riechen, ob das Christkind schon im Hause sei. Und wenn dann ein Duft von Tannenholz herausströmte, dann … dann machten unsere Herzen Freudenhupfer, und die Ohren unserer Mutter konnten unser Glück nicht fassen.

Vater kriegte um diese Zeit immer einen Reinlichkeitstrieb – er säuberte den Keller von Spinnweben und Sonstigem, damit das Christkind ja an nichts Anstoß nähme. Er war immer mit einem Besen unterwegs, um diese Sache glaubhaft zu machen, und wir zweifelten nicht im Geringsten daran. Es konnte Vater auch niemand diese Arbeit abnehmen, denn er war mit dem Christkind auf Du und Du – aus den Wäldern her, wo er ihm doch die Christbäume aussuchte.

Ach, wie stolz waren wir deswegen und prahlten ein wenig damit vor den Dorfkindern. Auch vertraute uns Mutter an, dass Vater sogar helfen durfte, wenn das Christkind es sehr eilig hatte. Und manches Mal fanden wir eine goldene Nuss, die das Christkind verloren hatte. Das war dann ein Wunder an Aussehen und Geschmack!

Und wenn der große Abend da war, dann hielt uns Mutter in der Küche, denn die Stube war für das Christkind. Vater führte uns in den Park des Schlosses, welches wir bewohnten, und der Himmel war eigen in einer solchen Nacht. Wohl sahen wir nie etwas, aber wir hatten gute Ohren und hörten umso mehr.

Mutter musste noch rasch dazukommen, um auch an dem Ohrenschmaus teilzuhaben. Denn es rauschte in den Lüften … das war Christkindlrauschen! Tagsüber hörte man dieses Rauschen nie, obwohl der Wildbach auch da, hinter unserem Dorf, sein Leben hatte. Aber in der Heiligen Nacht tat er gute Dienste für unsere gläubigen Herzen.

Unserem Vater fiel jeden Weihnachtsabend eine gute Ausrede ein: Er musste gerade im spannendsten Moment noch rasch einen Sprung in das Dorf machen. Wohl war er böse auf sich selber, und Mutter brummte mit ihm, denn gleich konnte das Christkind da sein, aber der Sprung musste gemacht werden – und vielleicht kam das Christkind ja auch gar nicht so schnell! Er schlich dann mit unserem Nachbarn, dem Schuster, auf Filzpantoffeln in den Keller, um den großen Weihnachtsbaum in die Stube zu bringen. Was mögen sie wohl für Mühe gehabt haben, um den großen, geschmückten Baum ohne Schaden zu befördern.

Mutter sang in der Zwischenzeit mit uns zusammen ein Weihnachtslied nach dem andern. Wir erhoben mächtig unsere Stimmen, denn sie sollten bis zum Himmel dringen, und so überschrien wir alle Geräusche.

Kam Vater dann aus dem Dorf zurück, hub das Singen erst recht an. Der Schuster zündete inzwischen noch einige Kerzen an und bimmelte dann mit einer Glocke. Immer war es Vater, der uns voranging in die Stube voller Weihe und Duft. Der Lichterglanz, der Baum in seiner eignen Pracht und die weihnachtlichen Gerüche machten uns ganz still. Etwas sank in unsere Herzen und blieb dort verankert viele, viele Jahre lang.

Dasselbe Gefühl aus den Kindertagen kam Jahr für Jahr um die Weihnachtszeit in mein Herz. Vater hat uns damit unendlich viel geschenkt, und als ich die Erkenntnis dafür hatte und es ihm danken wollte, da stand ein »Zu spät« über meinem guten Willen.

Ein richtiges Tagebuch

Ungefähr um mein vierzehntes Lebensjahr herum begann ich, ein richtiges Tagebuch zu schreiben. Das Lesen von allem für mich Erreichbaren und meine übervolle Phantasie drängten mich förmlich dazu. Meine Godn hatte mir zum Namenstag einen Gulden geschenkt. Von diesem Gulden durfte ich zehn Kreuzer für mich behalten, und dafür kaufte ich mir ein Schreibheft und einen Bleistift. Nun konnte es losgehen mit dem Schreiben meiner Lebensgeschichte. Mir schien es eine Masse Erlebtes zu sein, was ich meinem Tagebuch anzuvertrauen hatte. Und meine Kinder und Enkel würden es einmal lesen, denn ich hatte ja auch aus Großmutters Erinnerungen reichen Stoff geschöpft.

Meine Kinder sollten einmal staunen über ihre Mutter, und die Enkel erst recht. Ich wollte mich – so bald als nur möglich – verheiraten, denn die Leute sagten, dass das Heiraten wohl bald abgeschafft werden würde. Die guten Sitten verdarben, und so auch die Menschen. Also wollte ich mich beeilen, solange das Heiraten noch guter Brauch war.

Mein Vater hatte drei Freunde, die bei uns tägliche Gäste und noch unbeweibt waren. Einen davon hatte ich für mich reserviert, den Peter. Seine weißen Zähne, sein lockiges, schwarzes Haar und seine fröhliche Art hatten es mir angetan. Als Peter dann heiratete, war ich wohl etwas betrübt, verlegte aber meine Absichten auf den Hansl. Der Hansl war nicht schön, aber schön singen konnte er.

Es fand sich auch für den Hansl eine Witwe, und mir verblieb nur noch der Niklas. Ganz ohne Vorzüge war auch der Niklas nicht, er konnte Mundharmonika spielen und Schuhplatteln. Aber auch er kam unter den Pantoffel, nur viel zu spät, sagte mein Vater. Alle Freunde meines Vaters kamen zu spät in die Ehe und in geordnete Verhältnisse, das war ihr Untergang. Peter hat Haus und Hof vertan und sich aufgehängt. Hans fand sein Ende in einem Wildbach, denn dort hinein hatte ihn einer seiner vielen Räusche befördert. Niklas wurde von Wilderern erschossen.

Wenn man nach mehr als vierzig Jahren etwas liest, das man als Kind geschrieben hat, wo die Gedanken noch ungeordnet zu Papier kamen und die Ausdrucksweise nicht gewählt war, so ist man doch erstaunt, wie gut ein Kind bereits beobachten kann.

Vieles aus meinen späteren Tagebüchern habe ich nach Ablauf von mehreren Jahren wieder umgeschrieben. Über einen größeren Zeitabstand besehen, verlieren viele Dinge ihre Wichtigkeit. Auch die Gedanken, die einen allzu hohen Flug genommen haben, und die Phantasie, die mit mir durchgegangen ist, habe ich später noch gebändigt. An den Tagebuchblättern meiner Kindheit aber habe ich nichts verändert. Mag die Sprache des Dorfes auch etwas derb sein, das muss verziehen werden, dafür ist sie echt und wahr.

Ich war fromm erzogen worden, und so überschrieb ich alle meine Tagebücher mit den Worten »Mit Gott«. So hielt ich es auch noch in späteren Jahren, denn immer bleibt der Mensch irgendwie seiner frühesten Jugend verhaftet.

So schlage ich die Blattseiten meiner Kindheit in der naturbelassenen Sprache von dazumal vor euch auf:

»Mit Gott!«

Heute, an meinem Namenstag, beginne ich mit dem Schreiben meiner Lebensgeschichte. Bald werde ich vierzehn Jahre alt, und dann fängt ein neues Leben an. Ich freue mich schon sehr darauf. Ich werde jetzt alles aufschreiben, was ich erlebe, und auch das, was ich schon erlebt habe, und das ist sehr viel. Meine Mutter hat auch viel erlebt, aber die schreibt es selber auf.

Ich habe eine Unmenge Tanten und Onkel, auch eine Großmutter und einen Großvater, die gehören aber nicht zusammen. Die Großmutter gehört zu meiner Mutter und der Großvater zum Vater. Ich habe auch vier Brüder und zwei Schwestern. Ich bin die Älteste, aber meine Schwester Gretl und mein Bruder Gottlieb sind älter als ich. Die sind meine Halbgeschwister. Die sind auch gar nicht bei uns zu Hause. Gottlieb ist bei seinem Vater auf dem Hof.

Dort sollte meine Mutter einmal Bäuerin werden, aber es ist nichts daraus geworden. Sie hat sich meinen Vater genommen – was mir auch viel lieber ist. Gretl hat schon geheiratet, den Örg. Das ist ein Bauer, kein reicher, aber ein sehr schöner Mann. Ein Bruder von mir ist schon gestorben. Er war erst drei Monate alt und liegt auf dem Friedhof in der rechten Ecke.

Mein Bruder Oskar ist ein Jahr jünger als ich und fürchtet die Schweine mehr als die Mutter. Aber ich helfe ihm immer, wenn er sich vor den Schweinen fürchtet. Ich helfe ihm auch, wenn ihn die Buben nicht in Ruhe lassen. Sie wollen immer mit meinem Bruder raufen, aber weil mein Bruder sich fürchtet, mit den Buben zu raufen, raufe ich mit ihnen. Ich fürchte die Buben wohl auch ein bisschen – nicht gar viel, aber halt doch a bisserl. Das brauchen sie aber nicht zu wissen, das steht nur da, damit ich nicht lüge.

Die Dienstleute vom Bauernhof, wo mein Bruder Gottlieb ist, haben meiner Mutter erzählt, dass es Gottlieb gar nicht gut geht. Seine Stiefmutter haut ihn sehr viel und immer auf den Kopf, und jetzt stottert er schon. Mutter hat dem Bauern Post geschickt, dass er kommen soll. Er ist gekommen, und Mutter war sehr böse auf ihn. Sie hat noch viel geweint, wie er wieder weg war, und ich half ihr beim Weinen. Ich helfe meiner Mutter immer weinen, wenn es was zu weinen gibt, und es gibt sehr oft etwas zum Weinen.

Als Mädel sollte ich mich besonders schämen …

Mit dem Dechant stehe ich in der Schule gar nicht gut. Er hat mich wegen einer Rauferei mit den Buben schulbleiben lassen, das habe ich ihm sehr übel genommen, und meine Mutter auch. Gekommen ist das so: Ich habe die Buben einmal mit dem Bergstecken von meinem Vater arg verdroschen, weil sie meinen Bruder immer zum Weinen bringen. Dafür haben sie mich einmal abgepasst. Meine Freundin Marie war bei mir, die ist gleich davongelaufen. Aber mich haben sie auf der Brücke vom Dorfbach erwischt.

»Schmeißt sie in den Bach!«, hat einer geschrien. Es war der Zechner-Hansl, der so schrie, aber er hat seinen Lohn dafür gehabt, denn er ist selber in den Bach gefallen, und das kam so:

Wie der Hansl so schrie, bin ich auf ihn zu und hab mich an ihn gehängt. Was die Buben auch an mir herumrissen, ich habe nicht ausgelassen. Wohl war ich nirgends mehr ganz, meine Zöpf' haben sie mir fast ausgerissen, und es hat damisch wehgetan, aber ich habe mich in das Gwandl vom Hansl so verbissen, dass sie uns nicht auseinanderkriegten. Wohl hat mich der Hansl mit seinen Haxen getreten, ich aber habe fest zurückgetreten, und weil er bloßfüßig war und ich Schuh' anhatte, war mein Treten viel ausgiebiger.

Schließlich aber, weil es nicht anders zu machen war, haben die Buben uns beide zusammen über die Brücke in den Bach geworfen. Der Hansl kam zuunterst zu liegen und ich obenauf. Ich bin gleich aus dem Wasser heraus und davongerannt – immer am Bach hinunter, bis ich auf der Landstraße war. Da habe ich dann den Heimweg angetreten. Ich habe viele Vaterunser gebetet, damit meine Mutter nicht zu sehr schimpft wegen meiner zerrissenen und nassen Kleider. Das Beten hat aber rein gar nichts geholfen.

Zuerst habe ich ein paar tüchtige Watschen gekriegt, dann habe ich trockenes Zeug erhalten, und dann konnte ich erst erzählen, wie es zugegangen war. Da hat meine Mutter erst einen richtigen Zorn gekriegt, aber dieses Mal nicht auf mich, Gott sei Dank, sondern auf die Buben, worüber ich sehr froh war.

Den Hansl haben seine Freunde wieder aus dem Bach herausgefischt, aber er hat sich nicht mehr gerührt. »Der ist hin«, haben die Buben gemeint und sind vor lauter Angst davongelaufen. Der Hansl ist dann schon gefunden worden, und im Spital ist er auch wieder zu sich gekommen. Es war bloß eine Gehirnverschüttung, sonst nichts. Aber ich bin doch sehr froh, dass es nicht mein Schädel war, der auf dem Stein aufschlug. Mutter meinte: »Du hast wohl einen Schutzengel bei dir gehabt, dass du so gut davongekommen bist bei dieser blöden Rauferei.«

Aber in der Schule kam ich dann nicht so gut davon. Der Lehrer und der Dechant hatten uns schiach in der Reißen wegen unserer Zank- und Raufsucht. Sie sagten, ich als Mädel sollte mich ganz besonders schämen, für mich wäre es eine große Schande, mit Buben zu raufen. Aber die Buben haben ja mit mir gerauft! Was hätte ich denn tun sollen? Der Dechant aber wollte das nicht einsehen, er ließ mich schulbleiben, und ich musste hundertmal schreiben »Selig sind die Friedfertigen …«. Vor lauter Kummer und Zorn habe ich vergessen, was ich zu schreiben hatte, und ich schrieb »Selig sind die Armen im Geiste, denn ihrer ist das Himmelreich«, was ja noch viel länger war. Obendrein hat sich der Dechant sehr gewundert.

Mutter sagte: »Dem Dechant seine Sympathie liegt natürlich auf der Speckseite«, denn der Vater vom Hansl ist ein reicher Bauer und kann dem Herrn Dechant einige Male im Jahr gut aufwarten.

Wir haben in meiner Klasse in der Religionsstunde immer den Dechant. Der Kooperator wäre uns lieber, denn der Dechant schlägt gleich, wenn ihm etwas nicht passt. Mutter sagt, er verwirklicht damit nur seine christliche Nächstenliebe.

Mein Vater musste in die Schule kommen. Da haben ihm der Lehrer und der Dechant gesagt, sie sollten mich etwas lernen lassen, wenn ich in Kürze aus der Schule käme, es wäre schade um meinen guten Kopf. Mutter hat es der Tant' nach Bruck geschrieben. Die Tant' ist mit dem Onkel gekommen, und dann haben sie zusammen beraten, was ich lernen soll.

Mich haben sie auch gefragt, was ich werden möchte. Weil ich aber am liebsten unter die Zigeuner gehen wollte, war die Tant' sehr böse. Sie sagte, das käme vom vielen Bücherlesen, wo all der Unsinn drinsteht, mit dem so ein Kindskopf vollsteckt.

Es war dann alles zu teuer, was ihnen eingefallen ist. Es fiel ihnen auch nicht gar viel ein. Die Tant' meinte zum Schluss, ich könnte Kochen lernen, das könnte ich immer gut gebrauchen, und eine tüchtige Köchin findet schon ihren Weg. Mich freut dieser Beschluss aber gar nicht, denn ich möchte gerne reich und berühmt werden, und eine berühmte und reiche Köchin gibt es doch sicherlich nicht. Aber ich denke, dass ich wohl nicht viel dreinreden darf und abwarten muss, was mit mir geschieht.

Es wimmelt von Teufeln, Geistern und Räubern

Meine Schwester Franzi ist fünf Jahre jünger als ich. Wie sie noch kleiner war, hat sie mich oft sehr geärgert. Ich musste immer mit ihr spielen, ob ich mochte oder nicht. Und immer das, was *sie* wollte. Sie wollte immer nur »Vater und Mutter« spielen. Stets musste ich der Vater sein, was ich gar nicht gern wollte. Was hatte ich dabei zu tun? Nur dasitzen, Pfeife rauchen und Zeitung lesen. Unserem Waldi, dem Dackelhund, hat Franzi ein Tuch um den Kopf gebunden und eines um den Bauch, das war dann unser Kind. Aber ich durfte es nie schaukeln und auch nie trockenlegen, das hat alles sie gemacht, weil sie die Mutter war.

In einem Blechtopf hat sie Kieselsteine gerührt, das war unsere Kost. Es hat schrecklich gescheppert. Dazu hat sie gesungen, damit der Waldi das Scheppern nicht hören sollte. Ich musste auch singen, aber ganz tief aus meinem Bauch heraus, weil ich ja der Vater war. Mutter schimpfte, weil wir so einen grauslichen Krawall machten.

Mit einem Löffel hat Franzi dem Waldi dann die Steine eingegeben. Der Waldi hat seinen Kopf weggedreht, damit sie nicht sehen soll, dass er die gute Kost ausspuckte, und Franzi tat so, als ob sie nichts davon sähe. So haben sie einander betrogen. Manches Mal, wenn Waldi in der Wiege lag, durfte ich ihm eine Geschichte erzählen, weil unser Vater uns auch oft Geschichten erzählt.

Mutter mag die Geschichten vom Vater nicht gerne, weil es immer so zugeht in seinen Geschichten. Da wimmelt es von Teufeln, Geistern und Räubern. Und die Geschichte vom armen Schneider, dem seine Neider Fuchsleber in den Wein gemischt haben, als er mit der Prinzessin im Bett lag, diese Geschichte mag die Mutter gar nicht. Sie findet sie nicht anständig. Vater sagt: »Dann erzähl du ihnen Geschichten, wenn du es besser verstehst!« Aber uns sind die Geschichten vom Vater lieber, da passiert immer viel mehr.

Manches Mal kommt die Großmutter zu uns auf Besuch. Sie ist schon alt und wohnt auf einem Berg droben. Großmutter weiß auch viel zu erzählen, aber ihre Geschichten sind wahr, und alles ist schon vor langer Zeit geschehen.

Einmal war meine Großmutter sehr schön. Wie sie sechzig Jahre alt war, wollte ein reicher Bauer ihre jüngste Tochter heiraten. Die Tochter war siebzehn Jahre alt und der Bauer schon beinahe siebzig. Der Dechant meinte, der Bauer sollte sich die Mutter nehmen, sie passe besser zu ihm. Der Bauer aber hat die Junge wollen und hat sie dann auch gekriegt. So ist er jetzt mein Göd, und sie ist meine Godn. Eigentlich ist der Göd schon tot, und die Godn hat vier Kinder. Heiraten will sie nicht mehr, und Großmutter wird bei ihr wohnen.

Der Großvater, den ich noch habe, kann auch viel erzählen, aber Vater sagt: Großvater lügt wie gedruckt. Dann lacht meine Mutter und räuspert sich und schaut Vater so lustig an, dass auch er lachen muss. Großvater aber wird böse. Er will alles erlebt haben im Schloss, in dem wir wohnen. Alles – er hat mit dem Teufel gerauft und war den Schlossgeistern oft hart auf den Fersen. Überall im Schloss ist es umgegangen, in den Türmen, in den Kellern und in den Gängen vor den Türen. Wir Geschwister mussten bei diesen Erzählungen des Großvaters immer auf unseren Füßen sitzen, damit uns kein Geist hineinzwicken konnte.

Tagsüber aber spielten wir mit den Dorfkindern in den Schlosskellern »Geister«. Ich war stets der Geist und stieg auf bloßen Füßen herum, vollständig in ein Leintuch eingedreht. Einmal kam meine Mutter in den Keller. Da habe ich mich Leintuch wachelnd hinter ihr hergeschlichen, aber es bekam mir sehr schlecht:

Mutter hat den Geist nach Noten verdroschen. Ich wollte kein Geist mehr sein.

Wir haben uns dann aufs Räuberspielen verlegt. Natürlich war ich der Hauptmann. Ich hieß »Die schwarze Hand«. Bei den armen Leuten war ich recht beliebt, aber nicht bei den reichen. Die Reichen fürchteten mich, so war es mit meinen Räubern verabredet. Meine Räuber bestanden aus meinen Geschwistern und einigen Dorfkindern. Weil wir ja in ein fremdes Haus nicht räubern gehen konnten, mussten wir bei meiner Mutter einbrechen und in ihrem Hause unser Zeichen auf alle Türen machen. Das Zeichen war eine schwarze Hand, die wir im Ofen schön angerußt hatten. Ich sah recht schneidig aus und hatte Vaters Hirschfänger umgehängt. Das Glanzstück war ein richtiges Gewehr, zwar ungeladen – geladene Gewehre gab es in unserem Hause nicht –, aber es war uns auch verboten, mit den ungeladenen zu spielen.

Mutter war beim Nachbarn, bei dem es bald eine Hochzeit geben sollte, so hatten wir das Haus für uns allein. Zuerst haben meine Räuber ihre schwarzen Hände auf allen Türen abgedrückt, und es sind der Zeichen zu viele geworden … Ich fand das schon sehr bedenklich. Beim Ausrauben der Kästen haben sie auch nicht aufgepasst. Sie wollten alles zu echt machen, und so ist eine richtige Sauwirtschaft daraus geworden.

Wir haben dann auch noch die schöne Tochter entführt, das war der Dackelhund. Den haben wir in einen Sack getan. Jetzt war der Dackelhund meine schöne Räuberbraut, die ich dann noch heiraten wollte. Damit sie mir bis dahin im Sack nicht erstickt, haben wir bei einem Zipfel eine Wursthaut hingehalten. Die schöne Braut sollte die Schnauze herausstecken, was sie dann auch getan hat. Das war eine recht lustige Sache mit der Dackelhundbraut.

Dann sind wir hinter das Haus auf den Misthaufen, das war meine Burg. Ich wollte eine Ansprache an meine Räuber halten, mit meiner Braut neben mir, die wir inzwischen wieder aus dem Sack gelassen hatten. Aber sie war zur Vorsicht, damit sie mir nicht durchbrennen konnte, mit einem Spagatschnürl angebunden. Ich hielt eine zündende Ansprache, und als ich damit fertig war, schrien meine Räuber aus Leibeskräften: »Es lebe der Hauptmann!«

Aber ich hätte beinahe nicht mehr lange gelebt, so hat mich meine Mutter verdroschen, als sie heimkam. Meine Räuber sind davongelaufen, nur meine Braut hat schrecklich gewinselt, als ich Schläge kriegte. Ich musste dann noch alle Türen abwaschen und ohne Essen zu Bett gehen. War ich froh, dass ich nichts wissen wollte vom Hausanzünden, was meine Räuber auch noch so gerne getan hätten …

Mutter nähte mir einmal ein paar Patschen für das Haus. Weil aber meine Schuhe kaputt waren, musste ich mit diesen Patschen auch zur Schule gehen. Das verursachte mir sehr viel Kummer, denn sie waren Mutter misslungen. Sie hatte ja auch keine besondere Übung in diesen Dingen. Und gerade an dem Tage musste ich vor die Klasse kommen tafelrechnen. Ich wollte um keinen Preis, dass der Lehrer sah, wie meine Füße zugetakelt waren. So ging ich tief vornübergebeugt, sodass mein Kittel auf meine Füße hing, und beim Zurückgehen bog ich mich nach hinten. Die Kinder lachten darüber, und der Lehrer wurde böse. Er sagte, die Schule wäre kein Kasperltheater, ich solle keine Faxen machen. Am nächsten Tag habe ich so arg über Bauchweh geklagt, dass Mutter mir schließlich doch glaubte, und ich durfte zu Hause bleiben.

Die schöne Milchgeiß vom Stefflbauern

Oft hatte Mutter kein Geld, und wenn es so war, dann war es fast immer Vaters Schuld. Denn er verjubelte es gerne mit seinen Freunden. Das waren der Peter, der Niklas und der Hansl.

Peter ist ein großer Bauer und hat ein eigenes Jagdgebiet. Hansl hat ein Sägewerk und eine Landwirtschaft und geht mit Peter auf die Jagd. Niklas hat eine Mühle und einen Viehhandel. Sie sind alle drei immer recht lustig. Das würde uns schon gefallen, wenn sie zu ihrer Lustigkeit nicht immer auch meinen Vater brauchen würden. Sie sagen: »Ohne den Michl hat nichts einen Schwung«, und so holen sie Vater oft auch noch in der Nacht von zu Hause weg. Mutter schimpft dann wohl, aber sie sagen: »Lass die Alte brummen, sie hört schon wieder auf.« Vater hat es immer wieder bereut, wenn das viele Geld weg war und Mutter so großen Kummer deswegen hatte – und ich mit ihr, denn wir haben immer zusammen geweint, wenn Vater mit seinen Freunden fröhliche Tage gemacht hat.

Einmal aber weinte Mutter nicht, als wieder so eine Sache war. Sie hat sogar so viel gelacht, dass ihre Halskette davon gesprungen ist und wir überall die Krallen zusammensuchen mussten.

Vater hatte mit seinen Freunden Geburtstag gefeiert. Es war der Geburtstag von Jakob, dem Schuster im Dorf, der auch manches Mal mittat. Sie feierten eine Nacht und noch ein Stückerl vom Tag, und dann wollten sie sich ein bisserl auslüften. Peter wusste in seinem Jagdgebiet einen schönen Gamsbock, den wollten sie schießen. Wie es zuging, hat später keiner mehr richtig gewusst – aber sie haben die schöne Milchgeiß vom Stefflbauern erwischt.

Das Vieh hat vor dem Sterben noch ein bisserl gemeckert, und dieses Meckern hat sie nüchtern gemacht. Die glücklichen Jäger gelobten sich gegenseitig, über die Sache zu schweigen. Dem Stefflbauern haben sie für die Geiß ein schönes Stückerl Geld zahlen müssen, weil es eine besonders gute Milchgeiß war – und außerdem haben sie dem Bauern fürs Maulhalten noch was draufgeben müssen, denn sie wollten nicht, dass diese Schande unter die Leut' käme.

Mutter sagte zum Vater: »Das ist wohl einer deiner größten Böcke, die du im Leben geschossen hast!«

Aber damit war es noch nicht aus, denn in der Sonntagszeitung stand dann ein Gedicht, über das meine Mutter so viel lachte, dass ihr ihre Halskette sprang.

Es gingen einst ins Stubachtal
fünf große Jäger vor dem Herrn:
Peter, Niklas, Hansl, Michl,
der Herrgott mag sie alle gern.
Als fünftes Rad an Dianens Wagen
Mussten s' noch den Jakob haben.
Es war die allerschönste Pirsch,
sie jagten auf den roten Hirsch.
Ein Gämsbock kam herbeigeschlichen,
die Jäger sind nicht ausgewichen.
Weil's der Bock nicht anders wollte,
er sein Leben lassen sollte.
Doch wie der Schuss ist losgeknallt,
ein herzzerreißend »Mäh« erschallt.
Zweifel sich in die Herzen schlich,
als eine Milchgeiß »Mäh« schreiend
zur Strecke lief.
Die Jäger taten sehr sich kränken,
die Schande war nicht auszudenken.
Sie schlichen fort sich aus dem Wald,
nachdem sie Schmerzensgeld gezahlt.
Sie haben es sich zugeschworen,
dass niemand käm es zu den Ohren.
Jeder hat das Maul gehalten –
dass hier es steht, ist Schicksalswalten …

All dieses Durcheinander im Schloss droben

Ich muss auch noch über meinen Onkel Heinrich schreiben. Das ist der Mann von meiner Tante Nanni. Sie ist eine Schwester meiner Mutter. Eigentlich hätte Tant' Nanni den Peter heiraten sollen. Aber er war ihr ein zu großer Lump. »Der kommt noch auf den Hund«, hat sie immer gesagt – und er ist auch auf den Hund gekommen. Die Tant' aber hat sich den Onkel Heinrich genommen, welcher ein Gärtner und Schlosskastellan ist. Weil die Tante und der Onkel ohne Kinder sind, haben sie mich ein bisschen als ihr Kind angenommen. So bin ich oft zu ihnen nach Bruck gefahren. Ich habe mich immer sehr auf das Hinfahren gefreut, aber auf das Heimfahren auch.

Einmal kränkten sie mich zu Hause sehr, ich wollte fort und nie wiederkommen. Recht weit weg sollte es sein, damit sie viel um mich zu weinen hätten. Ganz nach Amerika hätte ich wollen – aber weil mir das Geld fehlte und auch der Verstand dazu, so wollte ich wenigstens nach Bruck zur Tante fahren. Weil die aber auch einen ganzen Gulden weit weg wohnte und mir der Gulden fehlte, so habe ich viel nachgedacht. Mir fällt immer etwas ein, wenn ich scharf nachdenke.

Ich nahm meinen Regenschirm, den mir die Tant' einmal geschenkt hatte, bin damit zur Flatscherwirtin und bat sie recht schön, mir dafür einen Gulden zu geben. Wohl hat mir das Herz dabei geklopft, und beinahe hätte ich vor lauter Aufregung geweint. Die Flatscherwirtin gab mir den Gulden, aber so ganz glücklich war ich damit nicht. Und doch musste ich auf meinem Weg jetzt weiter – zuerst einmal zum Bahnhof und dann mit dem Zug nach Bruck –, und alles ohne Abschied von zu Hause, ohne Kreuz, das mir die Mutter immer machte, wenn ich sie auf einige Zeit verließ. Mein Scheiden war ein recht einsames, ich musste alle Tränen allein weinen.

Auf dem Weg zum Bahnhof begegnete ich meiner Schwester Gretl, die mit dem schönen Örg verheiratet ist. Sie trug einen Zegger am Arm und kam zu uns auf Besuch. Im Zegger war sicher etwas Gutes drin, und davon kriegte ich jetzt nichts, weil ich mein Heim ja verlassen hatte. Gretl frug mich aus – wohin ich wolle und noch vieles mehr –, und unter Tränen habe ich ihr alles erzählt. Sie sagte, in ihrem Zegger hätte sie Krapfen, die sollte ich mir nicht entgehen lassen, und der Örg käme auch nach. Ich sollte lieber morgen fahren. So bin ich halt wieder mit Gretl heimgegangen – und »morgen«, da bin ich auch nicht gefahren. Ich gab meiner Mutter den Gulden und nahm ihre Ermahnungen ohne Gegenrede hin. Dafür löste sie mir den Regenschirm wieder aus.

Bei meiner Tante gibt es einen großen Garten und darin viele Ribiselstauden, Stachelbeeren und Erdbeeren. Viel Bauchweh hab ich ausgestanden wegen dieser Sträucher.

Die Tant' hat immer ein Schwein gefüttert, und wenn im Sommer im Schloss die hohen Herrschaften anwesend waren, dann hat die Tante zwei Schweine gefüttert. Wegen so einem Schwein hatte ich einmal eine furchtbare Aufregung.

Tant' Nanni hat bei den Schweindln ausgemistet, ich musste sie waschen und bürsten und mit trocknem Stroh abreiben. Dann ließen wir sie noch ein bisserl in der Sonne heraußen, weil ihnen das so getaugt hat. Eines aber ist uns ausgebrochen und hat schnurgerade den Weg zum Schloss genommen.

»Lina, g'schwind, fang den Fack ein, damit er nicht in das Schloss kommt!«, schrie die Tant'. Mir wurde himmelangst, der Fack war schon auf dem breiten Auffahrtsweg zum Schloss, und im Schloss waren so viele vornehme Leute. Unser Thronfolgerpaar war dort und seine Kinder. Aus Spanien waren die Infantinnen da, Prinzen, Prinzessinnen und ihre noch viel vornehmere Dienerschaft: Haushofmeister, Kammerfrauen, Leibjäger, Küchenchefs, Zofen, Köchinnen, Kutscher. Aus England haben s' Missen mitgebracht, aus Frankreich »Madmosselen«, oder wie die heißen. Der Onkel sagt immer »Teufelszeug«, weil sie ihn manches Mal

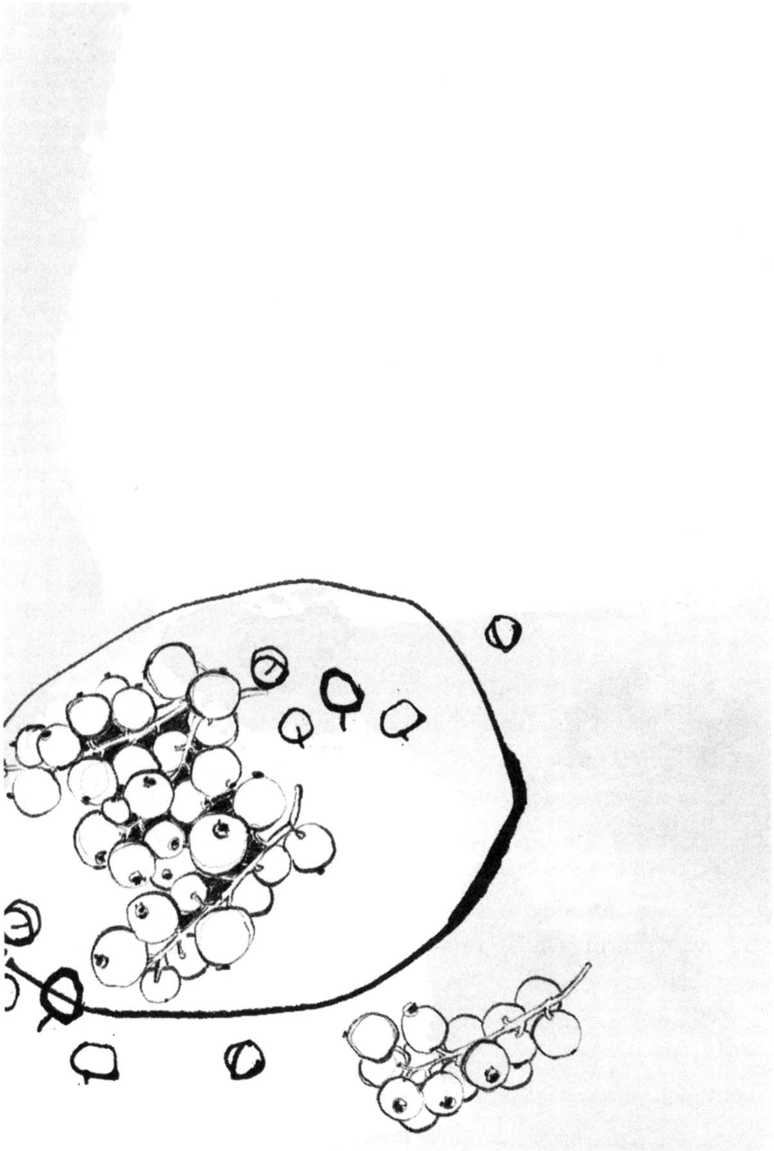

ganz verrückt machen. Die Missen reden so viel, und er versteht sie nicht. Die Madmosselen reden noch mehr, und er versteht sie noch weniger.

All dieses Durcheinander war im Schloss droben, und dahin spazierte jetzt unser Schweindl. Spaziert ist es eigentlich nicht – es ist ganz tüchtig gelaufen, und ich hinter ihm drein. Sein Schwänzel hatte es vor lauter Eifer ganz eingeringelt, und seine Ohren haben ihm nur so um den Kopf gescheppert, so ist es gelaufen. Es war viel schneller als ich, denn es hatte vier Haxen zum Rennen und ich nur zwei.

»Wuz, Wuz, Wuzei!«, habe ich gerufen, denn so heißen bei uns alle Schweindln. Es hat aber nicht auf mich gehört. Wahre Hupfer hat es gemacht und immer näher zum großen Schlosstor hin.

Jetzt hilft nur noch das Beten, habe ich gedacht: »Lieber Gott, hilf mir außa aus dera Sach …«, habe ich gebetet. »Gib, dass das große Einfahrtstor zu ist und dass der Fack nicht hineinkann. Gott, steh mir in meiner Not bei und verzeih mir alle meine Sünden, amen!«

Aber der liebe Gott hat mich nicht erhört – das große Einfahrtstor war offen, beide Flügel sogar –, und der Fack ist mitten unter die hohen Herrschaften geraten, es war furchtbar!

Gerade war es Mittags- und Essenszeit, die Herrschaften saßen auf den Terrassen im Schlosshof, um zu speisen. Diener gingen mit Speisen und Stößen von Tellern herum – mir war zum Sterben …

Die Damen sind auf die Stühle gestiegen, Kinder haben geschrien, gelacht wurde auch. Diener kamen mit Besen und Stöcken, der Schlosshund riss an seiner Kette und machte einen furchtbaren Lärm. Walter, der Küchenchef, kam und hatte ein großes Messer bei sich. O Gott, jetzt bringt er es auf der Stell' um, dachte ich, und es ist noch gar nicht fett genug, es soll ja noch bis zum Herbst gefüttert werden …

Ich war in tausend Nöten und Ängsten. Aber auf einmal hatte der Leibjäger des Fürsten das Schwein bei einem hinteren Haxen, gleich war auch ein Strick zur Hand. Wohl hat der Fack gezappelt und mächtig gequietscht, aber aus konnte er nicht mehr. Mir haben sie dann den Strick in die Hand gedrückt und ein Besenstangel dazu, und gesagt haben sie: »So, und jetzt zieh ab mit deinem Damenschreck!« Das habe ich dann auch getan. Es war aber eine recht traurige Heimkehr, weil ich wusste, was auf mich wartete, und die Tant' hat dann auch tüchtig mit mir geschimpft.

Wegen so einem Facken hatte ich voriges Jahr noch einmal einen großen Kummer. Nanni-Tant' ist zu ihrer Schwester gefahren, die meine Godn ist. Sie blieb zwei Tage weg, und ich musste für den Onkel und für den Facken kochen. Das war mir wohl eine heimliche Sorge, denn ich hatte noch nie für einen Facken gekocht.

Es ist dann auch nicht gut gegangen – als die Tant' heimkam, war der Fack krank. Dem Onkel hat nichts gefehlt. Das war jetzt ein großer Verdruss. Die Tant' hat geweint und war sehr böse auf mich. Ich habe dann nachts noch viel mehr geweint, mein Kopfkissen hat geklebt vor lauter Tränen. Ich habe die vierzehn Nothelfer angerufen, damit sie fürbitten möchten für den Facken. Schließlich ist er dann auch wieder gesund geworden.

Ein Genie darf man nicht verkümmern lassen

Jeden Sonntag geht meine Tant' zur Kirche. Der Onkel hat aber nicht viel Freude am Kirchengehen, er möchte sonntags viel lieber a wengerl länger schlafen. Das gibt dann immer Krawall mit der Tant'.

Und wie die Tant' einmal in die Frühmesse ging, sollte ihr der Onkel nachkommen. Ich sollte inzwischen Kaffee machen und dann in die Acht-Uhr-Messe gehen. Aber kaum war die Tant' fort, hörte ich das Bett krachen – der Onkel hatte sich also wieder niedergelegt. Draußen goss es in Strömen, und kalt war es auch. Es war schon fast der Augenblick da, dass die Tant' wieder heimkommen sollte, da hörte ich die Treppe krachen. Ich scháute zur Küchentüre hinaus und erschrak nicht wenig … Die Mutter vom Onkel war im Narrenhaus, weil sie spinnert geworden ist auf ihre alten Tag' – und die Tant' sagt immer, der Onkel rappelt auch schon … Da kam er wirklich die Treppe herunter, in seinem Nachthemd und einen Regenmantel darüber, der zu kurz war. In einer Hand ein Paar Schuh' und in der anderen einen Regenschirm. »Mein Gott, jetzt hat's ihn auch schon«, dachte ich erschrocken, »und die Tant' ist nicht da, was mach ich nur?«

Ich beobachtete ihn heimlich und sah, wie er sich bei der hinteren Haustür hinausbeugte. Sein Nachthemd hing einen halben Meter unter dem grünen Lodenmantel heraus. Er stellte die Schuhe hin, spannte den Schirm darüber, sodass sie inwendig nicht nass werden konnten. Dann ging er wieder nach oben. Nach einiger Zeit kam er zurück, holte Schuh' und Schirm wieder herein und stellte alles im Vorhaus zum Trocknen hin. Mir ging ein Licht auf!

Der Onkel merkte, dass ich was gemerkt hatte, und drohte mir mit der Faust, während er sich wieder die Treppe hinaufschlängelte. Ich verstand seinen Deuter mit der Faust. Er bedeutete, dass ich zu schweigen hätte. Das Bett krachte wieder, und alsbald kam auch die Tant' heim. Dann ist es über den Onkel losgegangen: dass er die Kirche geschwänzt hätte, dass er ein unchristlicher Mensch wäre und für mich kein gutes Beispiel abgäbe – sehr vieles wusste die Tant' zu sagen …

Und als der Onkel dann dazwischen auch was anbringen konnte, frug er sie, was sie von ihm denn noch wolle? Hätte sie denn nicht im Hausgang seine waschelnassen Schuhe gesehen und den Regenschirm? Nur ein bisserl früher sei er heimgegangen, weil ihn der Frost so beutelte. Ob sie nicht ein Schnapsl für ihn hätte, damit er es etwas wärmer hätte, vielleicht wäre ein Schnupfen im Anzug …? Und der arme Onkel kriegte sein Schnapsl, einen heißen Kaffee und ein Trumm Gugelhupf.

Wohl habe ich der Tant' nix sagen dürfen, aber ich habe eine

Karte gezeichnet, wo auf der linken Seite ein Bett hinkam, in dem einer drin lag. Darüber stand das Auge Gottes, und darunter schrieb ich: »Lieb' Heinerl, schlafe sanft und brav, der Herr, der gibt's den Seinen im Schlaf.« Rechts hatte ich einen Altar gezeichnet, vor dem eine Frau kniete, und darunter stand: »Derweil Nannerl im Kircherl kniet, Heinerl im Schlaf sich wiegt.« In der Mitte stand ein Paar Schuh', darüber ein Regenschirm, und als Regentropfen waren lauter kleine Fragezeichen hingezeichnet. Diese Karte adressierte ich an meinen Onkel und tat sie in den Briefkasten.

Wohl hat mich gleich wieder die Reue angepackt – aber aus dem Briefkasten konnte ich sie nicht mehr herauskriegen.

Wir saßen gerade beim Knödelessen, als der Briefträger beim Küchenfenster die Karte hereinreichte, und es war ausgerechnet die Tant', die sie ihm abnahm. Ich kriegte gleich Farbe im Gesicht und Herzklopfen, und überall ist mir warm geworden. Die Tant' hat lange die Karte angeschaut, auch mich hat sie angeschaut, und ohne ein Wort zu sagen, hat sie dieselbe dem Onkel neben den Knödelteller gelegt.

Der Onkel ist ganz rot geworden, sogar seine Glatze. Die Tant' hat sich geräuspert und wollte gerade zu reden anfangen, als der Onkel sich an einem Knödelstück verschluckte und husten musste. Ich war froh, dass ich etwas gutmachen konnte an ihm, und so hab ich ihm fest auf den Buckel geklopft.

Die Tant' ist ihn aber ganz wild angefahren: »Dass d' mir halt nit erstickst – noch dazu an einem Knödel. An einer Lug erstickst du ja doch nit, du Lügenschüppel, du obdrahter!«

Jetzt hätte ich am liebsten geweint und weglaufen mögen – so arg bereute ich es, dass ich die Karte geschrieben hatte. Als dann das Knödelstück wieder auf dem rechten Platz war und Onkel nicht mehr husten musste, nahm er die Karte nochmals in die Hand und betrachtete sie ganz genau. Dann sagte er: »Nicht schlecht. Wer das gezeichnet und gedichtet hat, wird einmal ein Genie, und ein Genie darf man nicht verkümmern lassen!«

Dann nahm er den größten Knödel aus der Schüssel und legte ihn auf meinen Teller. Ich war aber ganz verlegen, denn mir war der Appetit vergangen. Auf einmal klatschte sich der Onkel mit den Händen auf seine nackerten Knie, fing zu lachen an und gluckste dazwischen: »So ein Mistvieh! So ein elendiges Mistvieh!«

Mir ist dabei ganz warm um das Herz geworden, denn böse auf mich war der Onkel bestimmt nicht, und jetzt lachte auch noch die Tant', und so ist es noch eine ganz lustige Mahlzeit geworden. Abends hat der Onkel die Karte in das Wirtshaus mitgenommen.

Tante sagt: »Der Onkel muss immer etwas haben, was er necken kann.« Wenn sie es nicht selber ist, dann sind es die Katzen. Sind es die Katzen nicht, dann ist es der Hund – aber wenn ich bei ihnen bin, dann bin ich es. Jeden Abend, bevor ich in mein Bett steige, muss ich erst alles herausräumen, was er mir hineingelegt hat.

Es war ihr gar nicht lustig mit so einem Mann

Von Tante kriegte ich zu Fronleichnam neue Schuh'. Schöne braune waren es. Ich habe sie wohl alle zwei Stunden geputzt, vor lauter Freude und damit sie mir recht lang erhalten bleiben sollen.

Am Fronleichnamstage konnte ich beim Umgang kaum noch gehen, so weh taten mir meine neuen Schuh'. Auf dem Heimweg musste ich sie ausziehen und bloßfüßig gehen. So kam ich beim Onkel an, mit den Schuhen und Strümpfen in der Hand und dem Kranz auf dem Kopf. Mein Onkel wollte sich ausschütten vor Lachen, aber Tante fand es nicht so lustig, denn sie hatte mit mir ja den langen Weg heimgehen müssen in diesem Aufzug. Dann haben sie beide zusammen auf den Schuster geschimpft. Tante hatte ihm doch gesagt, er möchte beim Maßnehmen noch mit dem Wachsen antragen, und jetzt waren die Schuh' zu klein … das war ein großer Kummer.

Der Schuster wunderte sich dann sehr, wie ich mit meinen Schuhen und Schmerzen zu ihm kam, denn er hatte ja mit dem

Wachsen meiner Füß' gerechnet. Er meinte, die Haxen von mir könnten unter ein paar Tagen unmöglich so groß geworden sein, dass die Schuh' nicht mehr passten. Er betrachtete meine Füß' und die Schuh', schaute hinein und griff hinein, nahm ein Staberl und bohrte damit herum. Ein Wuzerl Papier kam heraus und noch ein Wuzerl – es wurden viele Wuzerln …

Der Schuster sagte: »So, und jetzt gehst heim und bedankst dich bei deinem Onkel.«

Tant' hatte einen großen Zorn auf den Onkel, und mir haben noch drei Tage lang die Zehen wehgetan.

Zum Wirtshausgehen staffiert sich mein Onkel immer sehr fein heraus. »Er will halt noch Eroberungen machen, der alte Krauterer«, sagt die Tant'. Er zieht sich seine lederne Hose an, dazu die grüne Weste mit den runden Silberknöpfen, die weißen Stutzen, einen grauen Steirerrock, einen grünen Hut mit einem Gamsbart drauf. Sein Bauch ist arg groß, aber er hängt eine silberne Kette darüber, an der ein Raubtiergebiss hängt und sonst noch viele Dinge. Ganz fesch schaut der Onkel aus, und recht unterhaltsam ist er, wenn er vom Wirtshaus heimkommt. Nur die Tant' mag sich dann nicht mit ihm unterhalten und ist recht grantig auf ihn.

Das verdrießt den Onkel gar arg, und so kommt er dann immer zu mir. Zuerst sucht er alle Katzen zusammen – vier, fünfe haben wir immer –, die bringt er mir in das Bett, weil er weiß, dass Tant' das nicht leiden kann. Ich aber freue mich über die Katzen, die schlieffen dann überall bei der Tuchent herein, und dann schnurren sie so gemütlich. Auch den Hund bringt der Onkel mit, der legt sich dann vor mein Bett, und der Onkel setzt sich darauf.

Zuerst ermahnt er mich immer, nicht auch einmal »so a Zwiderwurzen« zu werden wie die Tant', und dann erzählt er mir allerhand lustige Dinge. Tante aber macht der Unterhaltung immer ein Ende, indem sie zuerst den Hund hinausjagt, dann den Onkel.

Die Katzen aber können bleiben, denn die sieht sie ja unter der Tuchent nicht.

Als Onkel einmal einen ganzen Sonntagnachmittag Wirtshäuser abgestöbert hatte, kam er nachts in meine Kammer und sagte: »Da liegt die Urschel im Bett und merkt nichts davon, dass es überall durchregnet. Komm heraus, damit wir das Bett ins Trockene rücken können.« Ganz verschlafen, aber gehorsam stand ich auf und half dem Onkel schieben und ziehen, bis das schwere Bett mitten in der Kammer stand. Dann legte ich mich schleunigst wieder hinein, weil ich mich in meinem kurzen Hemd eigentlich arg schämte.

Mein Onkel verließ die Kammer, kam aber wieder zurück. Er hatte einen sehr großen Regenschirm bei sich und einen Strick. Er sagte, es wäre wegen des Bettzeuges, damit es nicht so nass werden könne. Den Schirm spannte er auf, wohl so, dass er meinen Kopf beschirmte, den Griff drückte er mir in die Hand. Mit dem Strick befestigte er ihn außerdem am Bett, damit ich ihn ja nicht verlieren solle, wenn ich einschlief.

»Der hat ja lauter Löcher«, meinte ich.

»Die haben die Mäuse hineingefressen«, antwortete Onkel, »aber er ist besser als gar nichts!«

Ich war zwar nicht dieser Meinung, wollte aber nachts nicht mit Onkel streiten. Ich schlief auch bald wieder ein, und so sah ich in der Dunkelheit nicht, dass das Regendach auch noch voller Spinnweben war, von blauer Farbe mit roten Rändern, mit einem Griff aus Messing und am andern Ende mit einer langen Messingspitze. Ich sah auch nicht, dass draußen am Himmel die Sterne standen.

Ich wurde erst in der Frühe wach, als meine Tant' mich wecken kam und einen Schrei ausstieß, als sie mich in diesem Aufzug mit dem Bett mitten in der Stube vorfand. »Aha«, sagte sie, »ist dein Onkel schon wieder einmal fidel gewesen!«

Einmal sagte sich bei der Tant' ein recht nobler Besuch an: eine Dame mit ihrem Sohn, und der Sohn war Offizier. Wir haben zusammen alles recht auf Glanz hergerichtet. Das aber hat Onkel nicht gefallen. Er hat eine ganz schlechte Laune davon gekriegt und auf unsere Putzwut zu schimpfen angefangen. Weil er der Tant' zu viel gestänkert hat, hat sie ihm tüchtig ihre Meinung gesagt. Daraufhin ist der Onkel verduftet, was der Tant' nur recht war.

Als aber dann die Tant' zum Bahnhof marschierte, um den Besuch zu holen, kam Onkel zurück. Ich sah gleich an seinem Gesicht, dass er etwas anstellen würde – und so war es auch. Onkel hat den Glaskasten, wo das schöne Geschirr und allerhand Prunkzeug drinnen ist, ausgeräumt. Aus der Speis hat er alle Rußpfandln geholt, alle alten Häferln, und das Glumpert hat er in den schönen Kasten eingeordnet. Auch die Mistschaufel mit dem kleinen Besen tat er dazu.

Er war recht zufrieden mit seiner Arbeit – aber ich nicht. Ich wollte es ihm verwehren, er aber hat mich immer wieder zur Küchentür hinausgesteckt, und darüber ist die Zeit vergangen. Wie die Tante mit ihren Besuchern beim vorderen Gartentürl hereinkam, ist der Onkel rasch bei der hinteren Haustür hinausgewischt.

Gleich sah die Tant' das Malheur nicht, aber als sie es dann sah, da schlug sie die Hände über den Kopf und schrie: »Jessas, Maria und Josef, was ist denn da g'schehn?« Dann habe ich es halt erzählt – und dass ich nicht verhindern konnte, dass es jetzt so wüst bei uns aussehe, wo es doch so anständig gewesen wäre …

Die Besucher haben gelacht, besonders der junge Mann, und Tante hat dann auch ein bisserl mitgelacht, aber nicht viel – es war ihr gar nicht lustig mit so einem Mann.

Sie hat dann zum Nachtmahl eine Einbrennsuppe gekocht – das tut sie immer, wenn der Onkel sie recht geärgert hat. Dann rächt sie sich mit einer Einbrennsuppe. Aber gewöhnlich geht der Onkel dann in das Wirtshaus, kauft sich dort ein Gulasch, und wir können die Einbrennsuppe selber speisen. Als Trost gibt es aber hinterher immer ein Glaserl roten Wein mit Zucker und ein Stückerl Käse, und so habe ich gar nichts gegen die Einbrennsuppe.

Tante machte viel Gartenarbeit, und so hatte sie oft ein Messer in ihrem Kittelsack. Mein Onkel zieht sie deswegen immer auf und sagt: »Selbst an unserem Hochzeitstag hatte sie so einen blauen Feitel bei sich.« Tante sagte, das wäre ein Glücksbringer gewesen, der Feitel stamme von ihrem Urgroßvater. Onkel aber meinte, vom Glück hätte er nicht viel gespürt, aber Angst hätte er gehabt wegen der gefährlichen Waffe, gerade in der Hochzeitsnacht.

Aber mit all seinem Gespött konnte Onkel der Tante das Messer nicht abgewöhnen. Einmal hätte es beinahe einen großen Krach deswegen gegeben.

Tante und ich wollten zur Kirche. Wir waren schon etwas spät dran, es hatte schon einmal geläutet, und Tante sagte: »So, jetzt dürfen wir aber Haxen machen.« Wir haben dann auch Haxen gemacht. Onkel stand auf dem Balkon und rief uns nach: »Habt ihr auch alles? Den Rosenkranz, das Gebetbüchel, das Schnäuztüchel, sind die Strumpfbandln zugehakelt, fehlt es euch sonst an nichts?« Tante ärgerte sich, denn ich sah mich immer nach dem Onkel um. Tante nicht, sie sagte nur: »Der narrische Spinner!«

Wir waren schon ganz hinter dem Obstgarten verschwunden, Onkel konnte uns nicht mehr sehen, da hörten wir ihn auf einmal ganz ängstlich »Nanni!« schreien. Seine Stimme hatte einen so aufgeregten Klang, dass wir gleich kehrtmachten und im Galopp zurückrannten. Der Onkel war vom Balkon verschwunden. Als wir beim Gartentürl ankamen, schaute sein Kopf beim Kuchlfenster heraus, und mit einer arg besorgten Stimme frug er: »Nannerl, hast wohl ein Messer bei dir?« Die Tant' hat Feuer gespuckt, und aus der Straße hat sie Funken geschlagen, mit so einem Tempo sind wir zur Kirche getrabt.

Wie Vater die vielen Worte aus dem Papier herausholen konnte

An dieser Stelle möchte ich die Tagebuchblätter aus den Kindertagen ein wenig unterbrechen, um einiges einzuschieben und zu ergänzen. Ich möchte sagen, dass mir das Haus meiner Tante eine zweite Heimstatt war. Nicht nur als Kind, auch später als junges Mädchen war ich viel und gerne bei meinen Verwandten in Bruck.

Wohl war Tante streng und herb in ihrem Wesen. Aber ihr geordneter Haushalt, ihr gerader Sinn, ihre Arbeitsamkeit machten Eindruck auf mich. Zu Hause waren wir viele Geschwister, und Mutter hatte für viele da zu sein. Die Jüngeren wurden den Älteren vorgezogen, und das kränkte mich oft arg. Bei Onkel und Tant' stand ich immer in der Sonne.

Außerdem konnte ich bei ihnen meine große Lesewut befriedigen. Die Sonntage gehörten restlos den Büchern. Onkel unterstützte mich darin sehr, und Tante hatte nichts dagegen, obwohl sie selber nichts las; sie fand es für sich selber Zeitverschwendung. Onkel hatte eine ganz schöne Sammlung von Büchern. Ihm habe ich es zu verdanken, dass mein Geschmack in eine bessere Richtung geleitet wurde.

Zu Hause stand mir nicht allzu viel zur Verfügung. Ich las wahllos alles, was mir in die Hände geriet: Bauernkalender, Soldatenkalender, das Imkerblatt, den »Bastler«, die Jägerzeitung, das Forstblatt. Vater las über den Burenkrieg in einer Ablieferung von einigen hundert Heften – ich las sie alle mit. Und ebenso las ich auch seine Bücher über Vogelarten, Edelwild und Raubwild. Sie interessierten mich nicht immer, aber in Ermangelung von etwas anderem wurde es gelesen.

Meinen ersten Liebesbrief schrieb ich mit vier Jahren. Ich wohnte mit meiner Mutter hoch in den Bergen auf unserer Alm. Mein

Seppl, ein Bub aus dem Dorf und mein Spielkamerad, war weit von mir, und so schrieb ich ihm.

Mein Vater hatte mich gelehrt, ein »I« zu schreiben. In dieses »I« legte ich alles hinein, was ich meinem Seppl zu sagen hatte. Ich erzählte ihm über unsere Küche, den See und von den Fischen, die in diesem See lebten. Von den Geistern in den Bergen und allen Wundern, die ich erlebte. Ich las diese Briefe meiner Mutter vor. Ihr Briefpapier schwand dahin, und ich musste fortan auf Mehlstanitzeln schreiben – aber die Bleistifte gingen schließlich auch aus vor lauter Spitzen.

Wenn Vater den Proviant aus dem Dorfe brachte, kam immer eine Zeitung mit. Die las Vater dann der Mutter vor. Mir war das immer ein sehr rätselhafter Vorgang, wie Vater all die vielen Worte aus dem Papier herausholen konnte. Ich wollte diese Sache ergründen, Vater musste mir zeigen, wie man das machte. Denn ich las ja Mutter auch aus der Zeitung vor und schrie dabei mächtig, um sie von der Wirklichkeit des Gelesenen zu überzeugen. Und doch schien es mir, dass Vaters Art und Weise die bessere war. Das wurmte mich sehr. Vater sollte mich diese Sache lehren – ich ließ ihm keine Ruhe mehr.

So setzte er sich halt hin und zeigte mir ein »M« in der Zeitung. Dieses »M« malte er auf Papier, und dann kamen noch andere Buchstaben. Diese Buchstaben zusammen ergaben das Wort »Mutter«. Die Namen meiner Geschwister folgten, »Waldi« stand da und das Wort »Vater«.

Diese Sache war wunderbar, nur das Lesen der Zeitung war doch noch eine finstere Angelegenheit für mich. Aber dann kam das große Glück! Vater brachte mit dem nächsten Gang in das Dorf eine Fibel mit, und so setzten wir uns jetzt beide hinter die Fibel, der Vater und ich. War er im Dienst, dann saß ich mit der Fibel am Wildbach, und wenn es mir gelang, die Buchstaben, die ich schon kannte, so aneinanderzureihen, dass ich deren Sinn erkannte, war meine Freude groß. Dann fiel ich fast über mich selber auf meinem eiligen Weg zur Mutter, denn sie sollte von meiner Entdeckung wissen.

Bis es Abend war, hatte ich schon ganze Sätze beieinander. Dann lauerte ich am Wegrand auf meinen Vater, der vom Dienst heimkam. Sein Staunen über meine Erfolge war eine große Belohnung für meinen Eifer. Die Fibel ging mit mir zu Bett, sie stand mit mir auf. Sie wurde abgegriffen, schmutzig, es fehlten ihr die Ecken, aber sie blieb für mich das Wunderbuch des Lebens.

Das Wurzelwerk der Heimatliebe ...

Ein noch größeres Wunderbuch war rings um mich her, auch in dem lernte ich lesen, auch das lernte ich lieben. Dieses Flecklein Erde, auf dem wir in den Sommermonaten unsere Heimstatt hatten, liebte ich für mein ganzes Leben mehr als das Dorf. Denn es war Gottes eigenes Land. Da war sein Friede. Gott überstrahlte es mit der Wärme seiner Sonne, er kühlte es mit der Kühle der nahen Gletscher und dem Wasserhauch der rauschenden Wildbäche. Er durchlüftete es mit allen Düften der Berge und Wälder. Es roch nach wilden Wassern, nach Schnee, nach Harz und Tannen. Es roch nach Farnen und Moos. Und Gott legte seine Musik hin ein – eine Musik, die nur Weiten und Einsamkeiten haben können. In der Melodie der Berge und Wälder rauschten und murmelten die Wildbäche, tosten die Wasserfälle, summten die Bienen. Vögel zwitscherten dazwischen. Viele, viele Sommertage lang habe ich dieser Melodie gelauscht, und sie hat einen Namen: Gottesfrieden.

Es gab Jahre, wo wir unsere Heimstatt noch höher in den Bergen aufschlugen. Dann trug Vater uns Geschwister auf einer Käsekraxen die steilen Steige hinan. Jeden Tag eines. Zuerst immer mich, die anderen blieben so lange unter der Obhut meiner Großmutter.

Langsam und sicher stieg Vater auf. Stricke sicherten mich, damit ich nicht aus der Käsekraxen fallen konnte. Und mein Auge nahm bei diesem für mich mühelosen Aufstieg alles wahr, was Gott da an Schönem zu verschenken hatte.

Wenn Vater dann Rast hielt, durfte ich aus der Kraxen kommen. Unsere Rast war immer auf demselben Platz, wo es am allerschönsten war. Vater liebte die Berge, rings um uns ragten sie auf, und er deutete mir ihre Namen. Aber es war noch um vieles mehr. Da, wo wir saßen und Rast hielten, war Ebene, ein Bergkessel von einer wundersamen Schönheit. Almenrausch, so weit das Auge sah. Almenrausch – das rechte Wort. Der Volksmund weiß die Dinge oft so richtig zu sagen. Sie sind die schönsten Blumen der Welt. In diesem Bergkessel war Gottes eigener Garten. Zwischen Schluchten, Gletscherausläufern, Geröll, haushohen Steinen, hohen Felswänden blühte ein rotes Meer von Blumen – Almenrausch.

Nachdem wir unseren Hunger gestillt und uns auch ein wenig erfreut hatten an all der Pracht, begann für Vater der schwierigste Teil unseres Aufstieges. Es ging durch eine Felsenschlucht, die immer enger wurde. Ein donnernder Wasserfall machte jedes Wort unverständlich und erschwerte das Atmen durch das zerstäubende Wasser. Trotz der wärmenden Sonne wurde es eisig kalt. Die Schlucht verengte sich immer mehr und endete schließlich in einem Felsentor. Hatten wir aber diesen Punkt erreicht, dann stieg die Freude in uns hoch, weil wir wussten, was jetzt kam.

Zuerst kamen ja wieder Sonne und Wärme. Der Wasserfall, der das Eiswasser der Gletscher mit sich führte und uns von seinem Kältehauch frieren ließ, hatte hier sein Ende. Hinter dem Felsentor kam wieder ein Bergkessel, einer von einer neuen Schönheit, anders als der, den wir hinter uns gelassen hatten. Etwas Wunderbares war auf einmal da, und so plötzlich. Bei diesem Anblick verästelte sich das Wurzelwerk der Heimatliebe auf immerdar in einem Kinderherzen, dessen Auge diese Schönheit in sich aufnahm. Glück stieg auf wie ein warmer Quell, und ein Herz bot Gott sich dar. Wer als Kind so die Heimat erlebt, kann nie mehr von ihr loskommen.

Auf der Schwelle unseres Felsentores stehend, breitete sich vor unseren Augen eine gebändigte Wildnis aus. Aufragende Berge umschlossen etwas unendlich Liebliches – einen Bergsee. Sein Wasser war von einer Helle, dass er wirkte wie ein Spiegel. Es spiegelten sich auch alle Berge in ihm. Fische sah man auf seinem Grunde stehen, und die Steine konnte man zählen. Sein Name war Grünsee, weil seine Farbe ein helles Wassergrün war. Ich aber nannte ihn später in meinem Zurückerinnern »Spiegel der Ewigkeit«.

Almenrausch säumte seine Ufer. Hart an seinen Ufern entlang führte ein ganz schmaler Pfad bergauf. Hatte man eine bestimmte Stelle erreicht, dann sah man eine Hütte stehen. Diese Hütte war unsere Behausung für die nächste Zeit. Die Hütte klebte hier inmitten der Berge, vor ihr lag ein großes Steinplateau, auf dem wir Geschwister manchen Sommer lang gespielt haben. Als wir schon etwas älter waren und unsere Füße den steilen Weg in die Berge schon selber gehen mussten, durften wir manches Mal auch eine Gespielin aus dem Dorfe mitnehmen.

Von diesen Sommern und seinen Geschehnissen erzählen die Tagebuchblätter meiner Kindheit. Ich schlage sie wieder auf und schreibe sie nieder in der Sprache von dazumal, wo die gewandten Worte noch fehlen, die verwandten aber umso wahrer sind.

Unsere letzte Zuflucht war das Beten

Wenn die Zeit da ist, dass wir mit Mutter auf unsere Alm dürfen, ist es am allerschönsten. Unsere Alm ist ganz weit in den Bergen. Viel weiter, als andere Almen es sind, und *das* ist gerade schön. Wir freuen uns immer sehr auf diese Zeit. Wir haben dann Pferde, Kühe und Jungvieh bei uns. Der Auftrieb auf die Alm ist aber sehr gefährlich, und ich muss mit Mutter schon lange voraus viele Vaterunser beten, damit alles einen guten Verlauf hat. Wir nehmen auch Weihwasser mit auf die Alm, damit Mutter in Zeiten der Not die Kühe damit besprenkeln kann.

Es ist auch schon geschehen, dass wir das Vieh viele Stunden weit einen anderen Steig treiben mussten, wenn der eine nicht begehbar war. Vater musste einmal eine Kuh aus dem Tal holen. Oskar und ich durften ihn begleiten. Wir sind um drei aufgestanden, weil es ein weiter Weg ist in das Tal – in das Dorf ist es noch viel weiter.

Wir waren schon viele Stunden unterwegs, als wir mit der Kuh an den Bergsee kamen. Weil wir mit der Kuh nicht durch die Schlucht konnten, hatten wir sie von einer anderen Seite aufgetrieben, und so waren wir jetzt mit ihr auf der gefährlicheren Seite des Sees. Da gab es keinen Steig, es lag viel Geröll. Glatte Felsen liefen schräg in das Wasser, und darüber hinweg mussten wir mit der schweren Kuh.

Vater ging voran, er hatte die Kuh ganz kurz am Strick. Wir gingen hinterher und flüsterten miteinander, denn lautes Reden war uns verboten. »Aufpassen, wo ihr eure Haxen hinsetzt«, sagte Vater.

Wir passten auf, und es ging auch ganz gut mit uns, aber nicht mit der Kuh. Die kam mit ihren hinteren Haxen ins Rutschen, und weil Vater sie nicht mehr halten konnte, lag sie auf einmal im See.

Wohl wollte die Kuh gleich wieder heraus. Auf dem glatten und nassen Gestein glitt sie aber immer wieder ab und fiel zurück. Wir hatten so eine Angst um die Kuh und so viel Erbarmen mit ihr. Vater suchte immer neue Stellen, wo die Kuh probieren konnte herauszukommen, aber es glückte ihr nicht. Sie wurde immer ängstlicher und auch müde. »Sie macht es nicht mehr lange«, sagte Vater. Darüber fingen wir zu weinen an.

Die Kuh machte furchtbare Angstaugen, das konnte Vater nicht ertragen. Er zog rasch seine Kleider aus und sprang in den See. Die Kuh schwamm weg und Vater ihr nach. Sie hatte noch den Strick um ihren Kopf. Oskar und ich fingen zu beten an: »Lieber Gott, hilf dem Vater und der Kuh, alle vierzehn Nothelfer, steht ihnen bei!«

Sie kamen dann zurück, der Vater voran, die Kuh hinter ihm her. Vater war auf einmal aus dem Wasser heraußen, und die Kuh hat er am Strick gehabt. Er hat sich mit den Füßen fest verspreizt, und wir haben auch an ihm gezogen, soviel wir Kraft hatten. Die Kuh hat ihre Haxen zum Herauskraxeln hingestellt und ist erst noch ein paarmal ausgerutscht. Vater aber hat den Strick nicht ausgelassen, er ist ganz schief dagehängt, ganz hintenüber. Seine Füß' hat er an einem großen Stein verspreizt gehabt, und wir waren hinter ihm. Auf einmal lagen wir alle auf den Steinen, aber die Kuh war heraußen, und da hat es uns auch weiter nichts ausgemacht, dass wir ein bisserl zerschunden waren. Wohl haben wir gedacht, dass uns die Kuh jeden Augenblick zerspringen müsste, so hat sie geschnauft. Vater hat ihr gut zugeredet: »Mial«, hat er gesagt, »jetzt ist es gleich überstanden. Wir haben nicht mehr weit, nur a Stückerl halt, aber das wirst schon dermachen!«

Die Mial hat erst nicht mehr weitermögen. Sie hat ihre Haxen nicht gerührt, so sehr Vater auch am Strick gezogen hat. Sie fing gleich wieder zu zittern an. Aber dann hat Oskar ihr etwas Gleck gegeben zum Lecken, und mit dem Gleck hat er sie dann immer einen Schritt näher zu sich gelockt, bis sie wieder im Gang war. Wir haben Vaters Kleider getragen, er hatte nur die Gatehose an, und die war nass. Mutter erschrak wohl sehr, als wir bei ihr ankamen mit dem nackerten Vater und der nassen Kuh.

Der Kuh hat sie eine Decke übergelegt, dem Vater trockenes Zeug gegeben und eine heiße Milch.

Bei einem großen Schneesturm, der mitten im Sommer kam, war Vater nicht bei uns. Er hatte Dienst im Tal, wir waren mit dem ganzen Viehzeug allein. Die Kühe und das Jungvieh waren ohne Fressen, das war schon arg. Aber eine gute Gehstunde oberhalb von unserer Hütte stand auf einem Bergboden unsere große Stute mit einem Rössel. Weil es dort alte Lawinen gab, war Mutter sehr in Sorge um diese Tiere. So gab sie Oskar und mir den Auftrag, die Pferde herunterzuholen. Sie wollte dieselben im Scherm unterbringen, und am nächsten Tag sollten wir sie auf den unteren Boden bringen, dorthin, wo wir beim Aufstieg immer Rast hielten.

Wir sind dann wohl etwas ängstlich auf den Weg gegangen. Der Auftrag war schwer, und wir waren noch gar nicht sehr erwachsen, wenigstens kam es uns in dieser Stunde so vor – zu anderen Zeiten fühlten wir uns schon sehr alt und weise.

Die Rösser haben wir dann auch gefunden. Weil aber die große Stute auf der anderen Seite von einer alten Lawine war, wussten wir nicht, wie wir sie da glücklich herüberbringen sollten.

Weil ich gar keine Schneid dazu hatte, wurde mein Bruder auf mich böse. Er sagte, ich wäre ein blödes Madl. Das wollte ich mir aber nicht gefallen lassen, und gleich war der schönste Streit fertig. Die Stute, die uns hörte, fing zu wiehern an, denn sie kannte uns ja. So sind wir halt doch zu ihr hinüber, weil sie uns geradezu ermutigt hat. Wir haben ihr den Halfter angelegt und wollten auch dem Rössel einen Strickhalfter anlegen. Aber das wilde Ding hüpfte herum, dass es nicht zu machen war. Weil wir annahmen, dass es wohl seiner Mutter folgen würde, nahmen wir mit der Stute recht vorsichtig den Weg über die Lawine zurück.

Wir haben unsere Füße recht vorsichtig aufgesetzt, um der Stute ein gutes Beispiel zu geben, aber sie war halt doch schwerer als wir, und unser Beispiel hat nichts geholfen. Sie ist eingebrochen, und je mehr sie sich wehrte, desto tiefer kam sie in den Schnee. Das Rössel gebärdete sich ganz unvernünftig, und wir hatten Angst, dass wir alle zusammen abrutschen würden. Aber wir gingen trotzdem von der Stute nicht weg. Oskar zog am Halfter, und ich zog am Schwanz. Beides aber half nichts.

»Reiß doch dem Ross den Schwanz nicht aus«, biss mir mein Bruder in seiner Angst zu. »Dem Schwanz fehlt nichts«, schnaubte ich zurück, »aber schau dir den Hals vom Ross an, das ist schon ein langer Kragen geworden, so hast du am Halfter gerissen.« Oskar sagte, ich wäre ein blödes Rindvieh und hätte nur einen Madlverstand. Ich aber war ein Jahr älter als er, und Madln sind immer gescheiter. Er müsste seinen Verstand wohl erst kriegen, habe ich ihm gesagt.

Das tanzende Rössel aber ließ keinen weiteren Streit zwischen uns zu, und wir verlegten uns aufs Weinen. Unsere letzte Zuflucht, die eigentlich die erste hätte sein sollen, war dann das Beten. Ich weiß nicht, was von allem geholfen hat. Die Stute fing sich wieder zu wehren an, und es kam ein Haufen Schnee ins Rutschen. Wir machten unsere Augen zu und dachten: Jetzt ist's aus! Aber es war nicht aus – die Stute war mit einem Satz über die Lawine, und das Rössel ihr nach. Oskar und ich gelobten einander, dass wir unser Lebtag nicht mehr streiten wollen, ein Gelübde, das wir dann nicht gehalten haben.

Mutter kam uns auf halbem Weg entgegen, aber die Not dieses Tages war damit noch nicht zu Ende. Das Rössel wollte nicht in den Scherm, es graute ihm vor dem finsteren Loch. Es hob seinen Schwanz und lief auf und davon. Es nahm ausgerechnet die Seite nach dem See hin, die gefährlich war, aber gefährlich war bei diesem Neuschnee eigentlich jeder Weg. Mutter holte die Weihwasserflasche und schickte einen flinken Guss hinter dem Rössel her.

Oskar aber holte die Stute wieder aus dem Scherm, und dieses vernünftige Tier wieherte hinter ihrem unvernünftigen Sohn her, sodass er wieder zurückkam. Es glückte uns dann sogar, ihm einen Strickhalfter anzulegen. Damit war die Sache für diese Nacht gewonnen. Mutter gab dann noch alles Brot, das wir hatten, den Tieren. Es war aber nicht viel.

Als der Morgen kam, stand alles Vieh im Schnee um unsere Hütte herum.

Wir weinten, weil wir kein Fressen für die Tiere hatten. Oskar erhielt den Auftrag, alles Vieh abzutreiben. Zuerst ging er mit den Pferden – weinend kam er wieder zurück. Der Steig war abgerutscht, und es war unmöglich, die Tiere durch die Schlucht zu treiben. Mutter machte sich dann selber auf den Weg, um den Steig zu richten. Aber sie befürchtete, dass ihre Arbeit nicht taugen könnte, und wagte nicht den Versuch, die Tiere abzutreiben. Deren Hunger erbarmte uns mehr, als ich hier schreiben kann.

Dann kam Vater ... Er hatte den Steig schon gerichtet und trieb die Tiere ab.

Am Abend sang Mutter in der Hütte, obwohl wir kein Brot mehr hatten. Was waren wir froh, dass wir einen Vater besaßen – ein bisschen Hungern machte uns gar nichts mehr aus.

Zwei Lötter in der Kashütten

In einem Sommer, als wir noch sehr klein waren und Mutter noch wenig helfen konnten, kamen zwei fremde Männer auf unsere Hütte zu. Mutter hatte sie schon lange mit dem Fernrohr ausgemacht und sagte: »Kinder, kummts eina, da kommen zwei fremde Lötter.«

Sie sperrte die Türe zu, und als die Männer herangekommen waren, frug sie durch das Fenster nach ihrem Begehren. Schnaps wollten sie haben. Mutter sagte: »Schnaps habe ich nicht, aber Milch und Butterbrot könnt ihr haben!«

Das aber wollten die Lötter nicht, und dann wurden sie rabiat. Sie pumperten an die Türe und wollten eingelassen werden. Wir

Kinder fürchteten uns sehr. Mutter aber nahm ein Gewehr von der Wand, schob eine Patrone in den Lauf, ging damit zum Fenster und sagte: »So, und jetzt reden wir anders, wenn ihr nicht gleich macht, dass ihr wegkommt, dann kracht es!«

Wohl sind die Männer daraufhin gegangen, aber sie sagten, sie kämen wieder und dann wollen sie uns die Hütte über dem Kopf anzünden.

Weil die Lötter den Weg zu unserer Käsehütte gingen, wurde Mutter sehr unruhig. Unser ganzer Käse war dort gelagert, und Mutter befürchtete, dass sie etwas anstellen könnten.

Sie ging vor die Tür hinaus, legte beide Hände wie einen Trichter vor den Mund und rief, dass es von den Felswänden zurückschallte: »Michl, komm heim, da sind zwei Lötter in der Kashütten, die musst abtransportieren!« Die Männer steckten jeden Augenblick ihren Kopf bei der Hütten heraus, um zu schauen, ob der Michl schon in Sicht käme. Sie wussten ja nicht, dass unser Vater viele Stunden weit weg war – aber Mutter wusste es. Weil ihr gar nicht gut war mit dieser Nachbarschaft, nahm sie die Büchse unter den Arm und ging hinüber zur Käsehütte.

Oskar, Franzi und ich hingen hinten an ihren Röcken – wir wollten Mutter nicht allein mit den Löttern lassen. Oskar wollte sogar alle zwei allein erschießen. Aber weil wir nur eine Büchse hatten, musste er das doch Mutter überlassen.

Mutter hat sich, bei der Hütte angekommen, neben der Türe an die Wand gestellt. Wir mussten hinter ihr Aufstellung nehmen, eines hinter dem andern. Dann hat sie die Türschnalle heruntergedrückt und die Türe mit einem Ruck aufgeschmissen. »Kummts außa, aber einer hinter dem andern, nicht alle zwei auf einmal!«, hat sie gerufen. Aber die Lötter haben sich nicht gerührt. »Wenn's nit bald wird, schiaß i in die Hütten eini!«

Und dann kamen sie, zuerst einer und dann noch einer, aber sie haben Mutter gedroht.

»Ich werd euch die Jager nachschicken«, hat Mutter zurückgedroht. Dann hat sie die Kashütten versperrt und die ganze Nacht, am offenen Fenster sitzend, mit der Büchse Wache gehalten.

In der Frühe, als sie die Kühe melken musste, haben wir die Wache übernommen. Es wäre uns bestimmt keine Maus auf dem Weg ausgekommen – mit so einem Eifer haben wir auf die Lötter gelauert. Mein Bruder wollte es mit einer ganzen Räuberbande aufnehmen, wenn nur eine kommen wollte – der Mut wuchs ihm mit dem Steigen der Sonne.

Mutter hielt den ganzen Tag Ausschau, das Fernrohr kam nicht mehr aus ihren Händen, und sie entdeckte auch wieder einen, der des Weges kam.

»Vater ist es nicht, aber es ist einer mit einem Gewehr …«

Und dann erkannte sie ihn auch – es war der Friedl, ein Gendarm aus dem Dorf.

»Oh, der kommt sicher wegen der Lötter«, meinte Mutter. So war es auch, er kam wegen der Lötter. Weil es aber schon auf den Abend zuging, wollte Friedl bei uns unterm Dach im Heu übernachten. Wir waren darüber sehr froh, und Mutter richtete dem Friedl ein gutes Nachtmahl.

Beim Frühstück erzählte Friedl der Mutter, er hätte keine gute Nacht gehabt. Ihm wäre es immer gewesen, als ob etwas um die Hütte schleiche, aber kein Mensch … der Tod vielleicht? Mutter, selber sehr abergläubisch, war darüber sehr erschrocken und riet dem Friedl davon ab, allein hinter den Löttern herzugehen. Er solle sich lieber ein paar Jäger holen. Aber das wäre für den Friedl Zeitverlust gewesen und außerdem – nur wegen so einem depperten Gefühl …

Als der Friedl wiederkam, hatte er einen der Männer bei sich, der zweite war ihm ausgekommen. Mutter gab beiden Milch und Butterbrot. Beim Weggehen sagte Friedl: »Ich schick dir den Michl. Pass ja gut auf und halte das Gewehr bei der Hand. Ich hab noch immer so ein ungutes Gefühl.«

Und wieder ist meine Mutter eine Nacht lang auf Wache gesessen, und wir sind bei ihr geblieben, denn vier hören besser als eines und außerdem – Mutter sollte nicht so allein sein …

Am nächsten Tag kam Mutter wieder ein Mann in das Fernrohr, dieses Mal war es Vater. Wir fielen nicht nur über alle Steine, wir fielen über uns selber – so sind wir gerannt, um Vater brühwarm unsere Neuigkeiten zu erzählen. Es war aber kein fröhlicher Vater, der zu uns kam. Ein Hüterbub war beim Vater gewesen und hatte ihm erzählt, dass sein Hund den Friedl gefunden hätte – tot. Mit einem Stein ist er erschlagen worden – von hinten. Sein Gewehr hatte der Mörder mitgenommen.

Vater konnte es nicht verstehen, warum Friedl dem Lotter die Hände nicht gefesselt hatte. Mutter aber sagte: »Dem Friedl war der Tod schon bestimmt, er hat die Nacht vorher schon darum gewusst.«

Es kamen dann viele Jäger und Gendarmen in unsere Berge, und einen haben sie auch gefunden, aber nicht den, der den Friedl erschlagen hatte. Den fanden sie erst viele Monate später, sie erkannten das Gewehr von Friedl. »Abgestürzt ist er«, sagten die Jäger, und Mutter sagte: »Friedl wird ihn wohl hinuntergestoßen haben.«

Es gab allerhand Arbeit auf unserer Alm …

Als wir schon etwas größer waren, mein Bruder Oskar und ich, hat uns Mutter den Proviant holen lassen. Wir mussten auf unserer Alm schon recht früh aus dem Heu kriechen, denn es waren viele Wegstunden in das Dorf und wieder zurück. Wenn wir im Dorf bei der Krämerin unseren Zettel mit den Wünschen der Mutter abgegeben hatten, gingen wir in das Wirtshaus, um dort ein wenig Rast zu halten und bei einem Glas Bier unser Jausenbrot zu essen.

Die Rast und das Bier hatten uns so aufgemuntert, dass uns anfänglich unsere Rucksäcke gar nicht so arg schwer dünkten. Mit der Zeit aber hingen sich die Rucksäcke sehr an. Sie wurden immer schwerer, alles tat uns schon weh. Die Rastzeiten wurden immer häufiger und länger, obwohl wir uns Ziele stellten, um unsere Müdigkeit zu überwinden.

»Bis zu dem Buschen dort …«, »Ohne Rasten, bis zu dem großen Stein dort …«, »Wer es länger aushält …« – mit solchen Reden wollten wir unsere Ermattung bezwingen, aber es gelang uns nicht. Wir saßen bald schon mehr neben dem Weg, als wir darauf gingen. Wir schoben den Daumen unter den Tragriemen, um seinen einschneidenden Druck etwas zu mildern, aber es half auch das nicht lange.

Dann fingen wir an, alle möglichen Pläne zu schmieden: Unter einem großen Stein wollten wir übernachten und erst am nächsten Morgen, wenn wir ausgeruht waren, unseren Weg fortsetzen. Aber dagegen gab es viele Einwände, die wir alle selber erfanden, um nicht unter einem Stein übernachten zu müssen. Wir hätten uns ja gefürchtet, nur wollten wir uns das nicht eingestehen. Oskar war ja in einer Lebzeit, wo Buben randvoll mit Mut sind, und ich wollte nicht hinter ihm zurückstehen. So war dann die Angst, die Mutter haben könnte, wenn wir nicht heimkämen, die beste Ausrede, um unseren Weg trotz aller Mühsal fortzusetzen.

Dann wieder wollten wir die zu schweren Rucksäcke unter einem Stein verstecken und ohne dieselben weitergehen. Oskar befürchtete aber, dass irgendein wildes Vieh dann unser Mehl und den Zucker auffressen könnte. Ich überlegte dann gleich, von welcher Gattung das wilde Vieh wohl sein könnte?

Es musste schon ein recht wildes sein. Ein Reh und ein Hirsch waren nicht wild genug, ein Fuchs war zu klein. Aber es musste in unseren Bergen doch ein Tier geben, das richtig gefährlich war – vielleicht ein Wolf? Mit etwas längerem Reden über die Sache wurde es zuerst ein Tiger. War aber ein Löwe nicht noch größer und gefährlicher? Gewiss war dem so, und so schleppten wir um des Löwen willen, der unser Mehl und den Zucker fressen könnte, die Rucksäcke weiter bergan. Mit diesen Reden verging ein bisschen die Zeit, nur krochen wir jetzt schon mit unseren Nasen auf unseren Knien, und unter die Tragriemen hatten wir schon die ganze Hand geschoben.

Mit dem Untergang der Sonne ließ dann wohl die Hitze nach, aber mit der einfallenden Dämmerung kam die Angst zu uns. Die lauten Worte hatten wir abgetan, hinter den hohen Steinen konnte das Böse lauern. Warum sollten wir es mit Gewalt auf uns aufmerksam machen? Nebeneinander war nicht Platz genug, also schlichen wir so nahe hintereinander, dass der Zweite gleich obendrauf lag, wenn der Erste stolperte, und die müden Füße stolperten gar viel.

Waren wir endlich bei der Mutter in der warmen Hütte, dann war alles vergessen – die Angst, die Müdigkeit. Nur in unseren braunen, mageren Gesichtern stand der lange und beschwerliche Weg geschrieben. Aber wir brüsteten uns ein wenig mit unserem Mut allen möglichen Gefahren gegenüber und mit unserer Kraft: Ach, so ein Rucksack – eine Spielerei für uns!

»Wenn es sein muss, zweimal so viel trage ich leicht«, meinte Oskar, und zwei von seinen vier Augen fielen ihm im Stehen zu.

Mutter labte uns mit heißer Milch, lobte uns ein klein wenig und war selber froh, dass sie uns gesund und ganz zurückhatte.

Es gab allerhand Arbeit auf unserer Alm, bei der wir Mutter helfen konnten. Holz musste gesammelt werden, zum Kochen und für das Käsemachen. Das Milchgeschirr musste kochend heiß gebürstet werden. Ausgekehrt musste einige Male am Tag werden. Der Butterkübel war zu drehen. Dieser war ziemlich groß. Mutter hatte uns genau unterwiesen, wie man es macht, damit aus dem vielen Rahm im Kübel Butter wird. Wir erkannten es schon am Geräusch, wenn der Rahm zu kluntern anfing. Wir wussten auch ganz genau, wie oft wir den Spund aus dem Loch ziehen mussten, damit die Luft entweichen konnte, und trotzdem ist es geschehen … Ach, es war schlimm!

Wahrscheinlich hatte ich den Zapfen nicht gut hineingesteckt, und beim Drehen des Kübels war der Luftdruck zu groß geworden – bumm! – flog er in die Luft, und der dicke Rahm kam in einem weißen Strahl hinterher. Und weil der Kübel noch im Schwung war, ging der Strahl über meine Holzschuhe, über das Kleid, Gesicht, Haare, Fußboden, Bett und Holzwand. Dann hatten wir ihn zum Stillstand gebracht und den gefundenen Spund wieder hineingesteckt.

Der Schrecken und die Angst waren bei uns sehr groß. Mutter redete bei solchen Dingen immer gleich mit den Händen, was dann sehr wehtat. Wir hatten einen Löffel bei der Hand und kratzten damit den Rahm vom Bett und von mir selber. Meine Haare habe ich mit den Fingern ausgeleckt, auch mein Gesicht. Der Waldi, unser Hund, hat uns brav dabei geholfen, denn der Waldi ist immer hilfsbereit, wenn es was zu helfen gibt. Und bei dieser Rahmgeschichte gab es viel zu helfen.

Waldi musste den Fußboden auf seine Rechnung nehmen, denn den konnten wir nicht auflöffeln und nicht auflecken. Zuerst war der Waldi auch recht eifrig, aber dann hat sein Eifer auf einmal nachgelassen, er hat nicht mehr mögen.

Wir haben ihn wohl immer wieder auf den Rahm gehetzt, indem wir uns selber auf den Bauch legten, damit der Waldi meinen sollte, wir hätten selber einen so argen Gusto auf den Rahm. Der Waldi ließ sich aber nicht betrügen, er verkroch sich unter die Bank, und von da aus bleckte er die Zähne. Auch gegrummt hat er – so hat ihn auf einmal vor dem Rahm gegraust. Das haben wir so lustig gefunden, dass wir unsere Reue über die traurige Angelegenheit vergessen haben.

Unsere Lustigkeit war zu laut und zu ausgiebig. Waldi bellte, Franzi machte immer Kräher, wenn sie sich über etwas freute, Oskar war auch nicht gerade leise, und dies alles hat Mutter angelockt …

Ach, und dann hab ich die meisten Watschen gekriegt, denn der Oskar ist gleich bei der Tür hinausgewischt, und der Franzi und dem Dackelhund war ohnedies furchtbar schlecht vom Rahmschlecken …

Jedes Kind hat einen Schutzengel bei sich

Schreibt ein Kind über Geschehnisse aus seinen Kindertagen, dann bleibt vieles ungesagt. Und doch ist da vieles, was eines Kindes Seele berührt, so sehr berührt, dass es hinüberreicht in ein späteres Leben.

Mit meinem Bruder zusammen bin ich an sonnenhellen Tagen in unseren Bergen herumgewandert, und ich bin mit ihm angstvolle Wege in mondhellen und oft auch finsteren Nächten gegangen.

Wenn wir im Dorf wohnten, schickte uns Mutter oftmals mit einer dringenden Botschaft zu Vater in die Berge. Sie gab uns dann eine Jause auf den Weg mit, eine Laterne für die Dunkelheit und gute Ratschläge. Sie machte uns ein Kreuz auf die Stirne und besprenkelte uns mit Weihwasser. So hatte sie als Mutter alles getan, was sich tun ließ in einem solchen Fall. Das Übrige blieb uns überlassen. Stand die Sonne auf unserem Weg und überstrahlte sie freundliche Bergwiesen und Höfe, die wir kannten, dann waren wir froher Dinge.

Wenn aber die Schatten der einfallenden Dämmerung alles in ein fremdes, mysteriöses Sein hüllten, dann dämpften wir das Geräusch unserer Füße, und unser Geschnatter wurde zum Flüstern. Unsere Furcht wuchs mit der Länge der Schatten. Die fröhlichen Wortspiele – Ich seh, ich seh, was du nicht siehst; Sag nicht rot, sag nicht schwarz und nicht ja oder nein –, die unseren weiten Weg etwas verkürzen sollten, hatten wir aufgegeben. Und wir erzählten uns die Geschichten des Weges, flüsternd mit kaltem Schaudern.

Unser Weg führte ja an vielen Orten vorbei, wo es auch tagsüber nicht gar fröhlich war. Wo nichts mehr wuchs außer Farnen und Moos, wo es ein wenig nach Verdammnis roch, wo das Wasser ewig von den nackten Felsen sickerte. Da war nichts mehr als Öde und Kümmernis, Schatten und kühle Dämmerung. Und wir flüsterten uns Geschichten zu von den wilden Leuten, die da einst gehaust hatten – von der schönen wilden Frau, die sich durch viele Sommerwochen mit dem jungen Jäger getroffen hatte, der Weib und Kind daheim hatte. Wie sie dann ein allerletztes Mal kam, die wilde Frau, dort auf dem großen Stein stand und mit einem wilden Schrei auf immer verschwand. Den Abdruck ihres nackten Fußes konnte man deutlich auf dem Stein sehen – alle fünf Zehen und die Ferse.

Wir erzählten uns die Geschichte von Velben. Da, wo jetzt nichts anderes war als Geröll und Einsamkeit, standen einst Höfe. Vieh weidete auf saftigen Wiesen, und Wohlstand war unter den Menschen. Aber die Menschen ertrugen das gute Leben nicht, sie wurden übermütig. Die Frauen badeten sich in Milch, die Männer zechten und fluchten und spielten Karten. Es war dann in einer Heiligen Nacht, als alles zu einem bösen Ende kam. Die Menschen auf Velben hatten diese Nacht spielend und zechend verbracht. Niemand dachte daran, die Fackeln zu entzünden und sich auf den Weg in das Dorf zur Christmette zu machen, so wie all die Jahre vorher. Nur ein Haushund ging, eingedenk dieses alten Brauches, zur Christmesse in das Dorf, und als er zurückkehrte, rief eine Stimme aus den Felsenschluchten: »Vorbei, vorbei ist's mit eurem Glück, der Hofhund kehrt von der Mette zurück!«

Ein furchtbares Krachen fing an, ein Donnern und Rollen, die Felsen schoben sich zusammen, und dort, wo einst blühendes Land war, Wohlstand und Freude, da war nur mehr Öde, Düsternis und Grauen. Begraben lagen unter dem Gestein alle Menschen, alles Vieh. Begraben lag auch die Prahlsucht, der Übermut, die Hoffart und die Prasserei der Menschen, die hier einst ihre Heimstatt hatten. Es gab nur mehr da und dort eine ärmliche Hütte, wo ein Hirte hauste oder ein Holzknecht. Und der Ort hatte eine unendliche Traurigkeit in sich.

Immer waren wir froh – ob es nun tagsüber war oder nachts –, wenn wir diesen Ort hinter uns gebracht hatten. Das Tal wurde dann wieder weit und schön. Vieh stand auf den Wiesen und manches Mal auch ein Stier. Manch ein Vaterunser hat uns so ein Stier gekostet.

Das Ziel unserer Wanderung war am Ende des Tales. Am Rande eines aufsteigenden Waldes stand das Jägerhaus. Dort stand auch das schöne, weiße Jagdhaus – wenigstens in unseren Augen war es schön. Es gab Sommermonate, wo wir mit Mutter in diesem Jägerhaus am Waldrande wohnten, das waren dann Wochen der Seligkeit.

Trotz der Abgeschiedenheit, in der wir in solchen Sommern lebten, gab es immer Besucher im Jägerhaus. Es kamen Holzknechte auf einen Plausch, es kamen Bauern, die einen Gang in die Berge hatten, und hielten bei uns Einkehr. Und einer kam, den wir Kinder fürchteten. Es war ein Bauer aus dem Tal, ein Vater von acht Kindern. Meine Mutter konnte unsere Angst vor diesem Mann nicht begreifen und war oft sehr ärgerlich über unsere Anstellerei. Mich schlug sie einige Male deswegen, und doch vermochte ich meine Scheu nicht zu vertreiben.

Es trug sich zu, dass ich einmal ganz allein in der Nähe des Wildbaches war. Ich hörte nicht, dass ein Mensch des Weges kam. Es war der Bauer, den wir so fürchteten. Ich wollte auch gleich Reißaus nehmen. Aber der Mann hielt mich zurück. Zuerst hatte er gute Worte für mich, dann aber fanden seine Hände den Weg unter meine Röcke …

Mein Schreien hörte niemand, aber um mich daran zu hindern, fasste mich der Mann hinten an meinen Kleidern und ließ mich so nahe über das Wasser hängen, dass mich die Angst geradezu versteifte. Er drohte, mich in den Bach zu schmeißen, wenn ich das Geschrei nicht bleiben ließe. Ich schrie aber trotzdem wieder, kaum dass ich auf den Füßen stand und die Hände des Mannes wieder unter meinen Kleidern waren. Wie oft ich über den Bach gehängt wurde – ich könnte es nicht sagen.

Mutter sagte uns immer, dass jedes Kind stets einen Schutzengel bei sich habe – wir glaubten daran. An diesem Tag sah aber mein Schutzgeist gar eigentümlich aus: Es war ein altes Weibl, mit zerflickten Röcken, die Wurzel-Lies. Sie hatte ein knallrotes Kopftüchl auf, ihre Schürze war ein Sack aus Jute, auf dem Rücken trug sie einen mächtigen Buckelkorb. Sie kam über den schmalen Steig, der am Bach entlangführte, denn die Lies war immer auf der Suche nach Kräutern und Wurzeln. Sie kam gerade des Weges, als ich wieder über dem Bach hing …

Wie die Lies bös war auf den Kinderpeiniger. »Schämst dich nit!«, schrie die Lies, »so ein alter Lackel, jagt so einem kleinen Dirndl so eine Angst ein, dös Kind woaß do nit, dass es a Gspoaß is!« Ob die Lies noch mehr gesagt hat, ich weiß es nicht. Kaum stand ich wieder auf meinen Füßen, lief ich, was ich laufen konnte, zur Mutter. Sagen konnte ich es ihr nicht, was mir geschehen war, und sie ärgerte sich darüber, dass ich so ganz durcheinander war, bloß wegen dem Eggerbauern. »Was? Weil er dich in den Bach schmeißen wollte? Er hätte dich schon nicht hineingeschmissen, so eine Anstellerei!«

Der Eggerbauer kehrte an diesem Tag nicht bei uns zu, aber die Lies kam auf ein Schalerl Kaffee. Sie hatte es gesehen, wie er mich mit dem Gesicht in das Wasser tauchte, und schimpfte auf den blöden Lackel, der sich ein Vergnügen daraus machte, kleine Kinder zu peinigen.

Weil die Lies so über den Bauern herzog, fing auch meine Mutter ein wenig Feuer. Sie mochte jetzt den Bauern auch nicht mehr, umso mehr, da ich nachts nicht mehr schlief und ängstlich und verstört war. Der Lies bin ich von Stund an sehr anhänglich geworden. Ich besuchte sie sogar ab und zu in ihrer Hütte aus Baumrinden, wo sie ein Heulager hatte, wenn sie auf Wurzelsuche war.

Vater konnte Lies einmal ihre Beschützerrolle vergelten, die sie an mir erfüllt hatte.

Die Lies war wieder einmal mit ihrem großen Korb unterwegs, als sie unserem Hansl begegnete. Der Hansl war der größte und schönste Hirsch aus unserem Zwinger, und er war auf Liebeswegen. Vielleicht war der Hansl ein wenig abergläubisch. Es passte ihm nicht, dass ihm ein so altes, schiaches Weibl über seine Wege lief, und er verlieh seiner schlechten Laune Ausdruck: Er hat die Lies aufgespießt. Sie kam dann auf ihrem Bauch zu liegen und schrie, was das Zeug hielt, während Hansl ihren Buckelkorb zerfetzte.

»Michl«, sagte Mutter, »schnell, schau nach im Wald, da schreit ein Weiberleut, vielleicht ist es was mit dem Hirschen!«

Der Hansl hatte mit seinen Läufen schon den Boden zerpflügt, und vom Korb der Lies war nicht viel übrig, als Vater dazukam. Vater hatte so seinen eigenen Griff, um den Hansl zur Vernunft zu bringen. Er packte ihn beim Geweih und drehte seinen Kopf ein wenig schief. Der Hansl wusste das und fürchtete sich vor diesem Griff. Er ließ sich dann auch wieder zurückbringen, wo er hergekommen war. Die Lies war voller Lob und Dankbarkeit. Ihre zerschundenen Ellbogen und Knie hat sie mit Fuchsschmalz wieder geheilt. Und sie sagte, im Mondschein bei uns im Wald spazieren gehen, das möchte sie nimmer – und wenn der Bua noch so sauber wär …

Einige Jahre später redeten meine Eltern über den Eggerbauern. Gendarmen hatten ihn abgeführt. »Es war etwas mit Kindern …«, flüsterten meine Eltern. Ich dachte: Jetzt hat er doch ein paar ertränkt … Aber meine Gedanken gingen noch weiter, ich war ja in der Zwischenzeit älter geworden.

Es war noch nicht das Zeitalter des Kindes

Auch vom Müller in unserem Dorfe wussten die Mädchen fremde Dinge zu erzählen. Etwas war nicht richtig mit dem Müller. Woher die Mädchen dieses Wissen hatten – wer hätte es sagen können? Auf jeden Fall gingen wir dem Müller aus dem Weg.

Der Müller aber war immer dort, wo Mädchen waren, und dann hatte er seine Reden: Ja, wenn wir einmal zu ihm in die

Mühle kommen wollten … Er hätte allerhand, was er uns schenken wollte … Wir wollten nicht zu ihm in die Mühle kommen, aber ein bisschen lustig machten wir uns über den Müller.

Mutter war bei Vater in den Bergen mit den allerjüngsten Geschwistern. Ich musste mit meinem schulpflichtigen Bruder Oskar und meiner Schwester Franzi im Dorf bleiben bis zu den großen Ferien. Mir oblag das Kochen, Aufräumen, Waschen, die Sorge für meine Geschwister, und außerdem musste ich selber auch zur Schule gehen. Ich hatte von Mutter viele gute Ratschläge bekommen und Ermahnungen und Aufträge. Vor allem sollten wir immer gut das Haus verschließen – das Letztere taten wir wohl am gewissenhaftesten, weil ja mit der Nacht immer die Angst über uns kam … Nur redeten wir nie darüber – wir waren ja schon so erwachsen!

Der Müller merkte bald genug die Abwesenheit unserer Mutter und schlich viel um unser Haus. Als er aber dann gar nachts durch unsere Fenster schaute, kriegten wir es so mit der Angst zu tun, dass wir uns entschlossen, im Dorf um Hilfe zu fragen. Man nahm unsere Sache wohl nicht sehr ernst – es fand sich wenigstens kein Erwachsener, der uns beistehen wollte. Aber eine gleichaltrige Freundin von mir, eine Dreizehnjährige, lockte das Abenteuer mit dem Müller, und so fand sie sich für die folgenden Nächte bei uns ein – um uns fürchten zu helfen, wie die Dörfler lachend sagten.

Auf meinen Bruder Oskar hatte das eine gewaltige Auswirkung. Sein künftiger Mannesmut kam frühzeitig zum Erwachen. Er kriegte geradezu Mutanfälle. Ach, ein Müller, was war das schon? Mit *zehn* Müllern wollte er es aufnehmen. Aber trotz dieses tapferen Helden, den wir im Hause hatten, verbarrikadierten wir unsere Türen von innen, bevor wir uns abends in unsere Betten legten.

Wir überlegten auch, dass der Müller möglicherweise aus den Kellerräumen in unser Haus kommen könnte. Wir hatten Phantasie genug, um auch dieser Gefahr zu begegnen. Wir füllten ein großes Schaff mit Wasser und setzten es auf die Kellerluke. Außerdem legten wir noch allerhand Gegenstände dazu, damit ein Geschepper und Gerolle entstehen sollte, wollte der Müller doch durch die Luke kriechen. Man konnte nicht wissen, was ein Müller, und gar der unsere, für Schliche haben könnte.

Und wirklich, der Müller kam eines Nachts durch die Kellerräume, und sein dicker Kopf stak aus der Luke. Wir standen ihm alle im Hemd, mit einer Kerze in der Hand, gegenüber. Weiter als er war, konnte der Müller nicht kommen, denn das große Schaff hatte sich gegen die Mauer verspreizt. Vaters große Eisstöcke waren ein weiteres Hindernis. Der Müller wollte mit uns reden, aber wir ließen ihm dazu keine Zeit. Wir schlugen die Türe zu, durch die wir geschaut hatten, schlossen sie ab und schleppten alle möglichen Gegenstände vor die Türe. In unserer Schlafstube türmten wir alle Betten zu Bergen und legten uns dann zu viert in eines. Wir fühlten uns wie in einer Festung, aber doch nicht ganz geborgen.

Im Dorf machten sie sich dann recht lustig über unser Abenteuer mit dem Müller. Auch Mutter wusste unser mutiges Benehmen nicht ganz zu schätzen. Sie meinte: Wir waren doch zu viert, und der Müller hätte uns doch nur ein wenig ängstigen wollen. Übrigens wäre er wohl nicht ganz kopfrein. Uns wurmte es ein wenig, denn für uns war es eine sehr aufregende Zeit, von der wir noch oft redeten.

Es wurde uns aber doch noch Genugtuung zuteil. Eines Tages kamen die Gendarmen in das Dorf und holten sich den Müller. Er hatte einige Bergbauernmädchen, die ihm Botschaft von den Höfen zu bringen hatten, in seiner Mühle geschändet. Es gab im Dorf großes Gerede um diese Sache, und Mutter fand unser Erlebnis mit dem Müller nicht mehr so unbedeutend.

Im Großen und Ganzen aber waren Dinge, die unsere Herzen oft stark berührten, für die Erwachsenen kein Problem. Es war noch nicht das Zeitalter des Kindes. Mit vielen Dingen hatten wir allein fertigzuwerden, ob wir dabei zu Schaden kamen oder nicht.

Wehleidig durfte man auf keinen Fall sein, das passte nicht in die Zeit von dazumal. Man war da, man wurde gefüttert und großgebracht, charakterliche Eigenschaften wurden übergangen – wer hatte auch Zeit und Verständnis dafür? Fielen sie unangenehm auf, so wurde man bestraft.

Hatte ein Kind besondere Talente, so ließ man die Buben auf Pfarrer studieren – und die Mädchen? Die sollten heiraten – und bis dahin gab es im Dorf Arbeit genug. Andere Möglichkeiten bestanden einfach nicht für ein Mädchen. Die Stadt war zu weit entfernt und außerdem: Schade um das viele Geld, das war für ein Mädchen schlecht aufgewendet. So war der Standpunkt, als sich die Schultüre hinter mir schloss. Ich aber habe sie gerne und mit Freuden zugemacht. Voller hoch gespannter Erwartung begab ich mich auf den Weg in das Großmenschendasein …

Die mütterlichen Vorfahren: Sehnsucht nach dem Fernen und Unbekannten

Wenn sich zu vierzehn Kinderjahren Jahrzehnt um Jahrzehnt dazugefügt hat, dann liegt das Leben eines Tages wie eine Schlussbilanz vor einem aufgeschlagen, das eigene Leben und das der anderen, mit denen man durch Jahre zusammengelebt hat. Je mehr Zeit zwischen den Ereignissen liegt, umso klarer wird die Einstellung.

Es ist mit dem Leben des einzelnen Individuums wie mit der Geschichte eines Volkes. Erst die Summe von Jahren rundet ab und gleicht aus. Der Abstand an Zeit klärt vieles. Nebensächlichkeiten fallen weg, und die Grundzüge treten scharf in Erscheinung.

Im Spiegel des Rückblickes sieht man seine Eltern, die Großeltern, die Geschwister. Aus ihren Fehlern und ihren Tugenden macht man Rückschlüsse auf ihren Charakter. Bestimmte Eigenheiten treten scharf zutage. Und manche Merkmale ziehen sich wie ein Faden durch die Familien hin.

In der Familie meiner Mutter war es der Wandertrieb, der immer wieder in irgendeinem ihrer Glieder rumorte. Und weil es eine Familie von sesshaften Bauern war, brachte dieser Trieb oft Kummer und Herzeleid. In der Familie meines Vaters vererbte sich immer wieder Schönheit. Und auch das war gar selten zum Segen und schon gar nicht zum Glück.

Großmutter Elisabeth hat uns manche Geschichte erzählt von dem Urahn, der Dorf und Heim verließ und in die Welt wanderte. Dazumal setzte man sich noch nicht in die Eisenbahn. Man wanderte mit Binkel und Stecken, und wenn es gut ging, saß man ein Stückerl des Weges auf dem Wagen eines freundlichen Fuhrmannes hinter den Pferden. Wenn man schon weit genug vom Dörfchen war, gab es auch Postwägen, aber nicht immer hatte der Wandersmann dafür das Geld. Das hatte man den Seinen zu Hause gelassen – man war kein Lump.

Meine Großmutter verstand sich auf das Erzählen dieser Geschichten, und sie hatte an uns immer dankbare Zuhörer. Großmutter war in ihrer Lebendigkeit und mit ihren geistreichen Einfällen eine lebende Chronik vergangener Zeiten.

Ihr eigener einziger Sohn war diesem unseligen Wandertrieb ebenfalls verfallen. Sein Fortgehen war für Großmutter ein Kummer und ein Jammer. Denn das kleine Gütl war ohne Bauern. Die Töchter waren aus dem Hause, bis auf die allerjüngste, und um die bewarb sich ein reicher Bauer. Großvater war tot, und so veräußerte Großmutter das Hoamatl und zog in ein kleines Hütterl hoch droben am Berge. Dieses Hütterl war das Austraghäusl, welches zum Hof gehörte. In diesem Hütterl wartete Großmutter auf die Heimkehr des Sohnes.

Sie hat viele Jahre gewartet.

Großmutter war klein von Gestalt, beweglich und zierlich bis ins hohe Alter. Immer geistig rege, voller Sprücherln, Geschichten und Witze. Einmal war sie auch sauber, wie die Bauern von einer zu sagen pflegen, wenn sie gut gewachsen und schön von Gesicht ist.

Ihr Sohn, der Wanderer, ist doch noch die Freude und der Stolz ihres Alters geworden. Er ist nach Jahren wieder heimgekehrt und hat mit den in der Fremde gesammelten Erfahrungen gar manches in seiner engeren Heimat verbessert. Er wurde der gern gesehene Berater von vielen.

Der Wanderonkel war für uns Geschwister ein sehr interessanter Mann. Es umwitterte ihn Fremde – die Fremde, in die ich auch einmal wollte. Aber er enttäuschte uns, denn er war von einer sehr schweigsamen Art, und wenn er mit Mutter redete, so war es über Viehzucht und Milchwirtschaft. Manches Mal, an den Winterabenden, hatten sie sich mehr zu sagen, aber da lagen wir in unseren Betten und hörten nur ihr Gemurmel. Der Wanderonkel war das Gegenstück zu unserer heiteren und fröhlichen Großmutter. Seine Art war die des verstorbenen Großvaters Simon, Bauernart: still, zäh, schweigsam, willensstark.

Großmutters jüngste Tochter Julie hatte vom Wesen ihrer Mutter nur einen Teil. Sie war rasch in ihren Bewegungen, flink mit dem Mundwerk und vom Aussehen wie sie. Aber Lieder, Sprücherln und Geschichten hörte man von ihr nie. Der andere Teil von ihr war die Art des Vaters – auf das praktische Leben und die Arbeit ausgerichtet, ohne die labende Quelle der Heiterkeit und des Frohsinns.

Es war kein Fehler, dieses Fehlen des mütterlichen Elementes. Das Schicksal hat sie in ein Leben gestellt, wo die Art ihres Vaters ihr besser zustattenkam. Denn sie heiratete den reichen Bauern und nahm die siebzig Jahre, die er schon gelebt hatte, mit in Kauf. Wohl hat der Pfarrer versucht, den betagten Hochzeiter zu bewegen, nicht die Tochter mit ihren siebzehn Kinderjahren zu heiraten, sondern deren Mutter. Der Bauer aber ließ sich vom einmal gefassten Vorhaben nicht mehr abbringen. So wurde Tant' Julie Bäuerin zu Aigen. Sie wurde Mutter von drei Söhnen und einer Tochter. In ihrem fünfundzwanzigsten Lebensjahr wurde sie Witwe und blieb es für ihr weiteres Leben.

Es fanden sich Männer, die die wohlbestallte Frau, die noch jung und sauber war, trotz ihrer vier Kinder ehelichen wollten. Sie aber hat alle Bewerber ausgeschlagen und hat ihren Sinn nur auf ihre vier Kinder und deren künftiges Erbe ausgerichtet. Ihr Leben kannte nur mehr Arbeit und Pflicht.

Sie war Bauer und Bäuerin, beides zugleich und beides ganz. Zwischendurch war sie auch Mutter, aber eine ohne Märchen, Geschichten und Lieder. Es wäre für die Kinder meiner Tant' Julie wohl ein sehr nüchternes Leben gewesen, das Leben ihrer Kindertage, wäre da nicht noch Großmutter Elisabeth auf dem Weg gewesen.

Auch für Tant' Julie wäre das Leben viel härter gewesen, wenn nicht Onkel Hans, der Wanderer, heimgekehrt wäre.

Weil Tant' Julie alle meine Geschwister und mich selber aus der Taufe hob, nannten wir sie »Godn«. Ihr verstorbener Mann, der »Göd«, war ein sehr fortschrittlicher Bauer. Außerdem war er rechtschaffen, fleißig und ein guter Hausvater. Sonntags, nach Kirchzeit, kam er immer zu meiner Mutter auf einen Plausch. Wir Kinder sahen den Göd gerne kommen, es fiel immer etwas für uns ab. Auch gefiel er uns in seiner alten Tracht: Der große Bauernhut, der kurze Janker, die Weste mit den Silberknöpfen, die Kniehosen, die weißen Stutzen und die Haferlschuh' machten aus unserem Göd einen stattlichen Mann. Die Jahre, die er schon gelebt hatte, sah man ihm nicht an. Mutter hielt große Stücke auf ihren Schwager. Auch verstand sie ihn in seinem Wesen besser als seine so junge Frau.

Nachdem der Göd gestorben war, begann Tant' Julie ihren ältesten Sohn Toni auf seine zukünftigen Pflichten als Bauer vorzubereiten. Sie hatte darin einen harten Sinn und eine kräftige Hand. Es half aber beides nicht gegen den Wandertrieb, der sich auf dieses Kind vererbt hatte. Es half ihr nichts, dass sie Herz und Sinn dagegen verschloss und nichts wissen wollte von Erbanlagen, nichts wissen wollte von dem, was sich durch Generationen immer wieder zugetragen hatte. Ihr Ältester, der Erbe des Hofes, hatte seine Gedanken auf nichts anderes auszurichten als auf dieses Erbe, mit allen seinen Pflichten.

Wir besuchten zusammen die Schule, mein Vetter Toni und ich. Mir vertraute er sich an. Weit fort wollte er einmal, sehr weit, ganz nach Amerika vielleicht – aber wie? Wahrscheinlich hat in seinem Blut und in meinem Blut derselbe Urahn rumort, denn ich war von seinem Plan begeistert, und ich wollte mit ihm mitgehen.

Von dieser Stunde an, wo ich versprach, sein Wegkamerad zu werden, hatten wir viele Geheimnisse zusammen. Ich vertraute mich mit meinen Plänen zwar der Mutter an. Die aber nahm sie nicht allzu ernst. Sie wusste um die starke Hand der Schwester und befürchtete nichts für den Toni. Mir aber sagte sie: »Du bist ein Mädel, und Mädel sind noch nie auf Wanderschaft gegangen in unserer Familie, immer nur Männer.«

Und doch sind diese Kinderphantasien Wirklichkeit geworden … Der zukünftige Bauer hat heimlich Haus und Hof verlassen und ist nie wiedergekehrt. Ich selber zog in die Welt und blieb Jahre der Heimat fern. Als ich wiederkam, war die Mutter nicht mehr.

Solange unsere Wege uns zur Schule führten, wussten wir noch nichts vom Lauf dieser Dinge. Wir träumten unsere Träume, ich hinterm Strickstrumpf und Toni hinter Pflug und Egge.

Tonis Schulzeit war schneller zu Ende als die meine – und eines Tages war er fort. Wohl kam er wieder, aber nur, um seine Mutter um sein Erbteil zu bitten. Sie gab ihm wenig, sie wollte hart gegen ihren Sohn sein. Sie wollte ihm die Fremde verleiden durch Armut, damit er wiederkäme. Aber er ist mit seinem Wenigen den Weg gegangen, den er gehen wollte.

Vielleicht waren seine Kindertage zu arm an Freude, die Kammern zu kahl im Vaterhaus? Das Wort Arbeit, Arbeit stand vielleicht zu oft und zu groß über all seinen Träumen. Vielleicht wollte er unbewusst diesem harten Bauernleben entfliehen. Das Unbekannte ist immer das Lockendere, das Schönere. Da hat die Phantasie noch weiten Spielraum. Wen hat es nicht schon fort verlangt aus der Enge seiner Tage in die unbekannten Weiten und Möglichkeiten?

Das Alter hat seine größere Erfahrung in diesen Dingen, aber die Jugend drängt es. Sie erhofft sich vieles und erkämpft sich manches Mal auch einiges unter dem Einsatz aller Kräfte, während diese Kräfte in der Heimat oft nicht zur Entfaltung kommen. Es ist gerade die Fremde, die die größeren und härteren Forderungen stellt, die den ganzen Menschen verlangt.

Mein Vetter Toni ist diesen Weg gegangen, trotz seiner Jugend, trotz seiner Unerfahrenheit, und vielleicht gerade darum ...

In Amerika aber hatte man nicht auf ihn gewartet. Unendlich beschwerlich war der Weg, den er gehen musste. Er aber ging ihn in seiner zähen Bauernart, und trotz Tod und Teufel kam er zum Ziele. Wenn ihr mich fragt, was er erreicht hat? – »Farmer« ist er geworden, aber erst nach viel Not, Schweiß und Arbeit. In der Heimat wäre der Weg zu demselben Ziele um vieles leichter gewesen.

Mich hat er in manchem Brief an mein gegebenes Versprechen erinnert und hat immer gehofft, ich würde es halten. Wohl lockte mich die Ferne, aber die Jahre waren vergangen. Aus den Kindern von damals waren erwachsene Menschen geworden. Der Bub, mit dem ich meine Amerikapläne geschmiedet hatte, war zum Mann geworden, und sein Wesen war mir durch den Abstand von Zeit und Raum entfremdet. Nachdem ich lange Zeit geschwankt hatte, schrieb ich dann doch den Absagebrief.

Toni war sehr enttäuscht über diese Wendung, denn mit meinem Kommen wollte er sein großes Heimweh eindämmen. So entschloss er sich nach einigen Jahren wieder zur Heimkehr. Er beauftragte seine Mutter, für ihn ein größeres Gut zu erwerben. Er setzte auch die wahrscheinliche Zeit seiner Rückkehr fest, erreichte aber nie mehr die Heimat. Er blieb verschollen.

Die Mutter aber hat noch Jahr um Jahr schweigend und arbeitend auf den Sohn gewartet.

Die väterlichen Vorfahren: Träume vom reichen und schönen Leben

Hat dieser Drang nach dem Fernen in der Ahnenreihe meiner Verwandten mütterlicherseits viel Herzweh und Kümmernisse verursacht, Leid gebracht und Trennung für ein Leben lang, so hat eine erbliche Schönheit in meines Vaters Sippe nicht weniger an Herzeleid verursacht. Man raunte und flüsterte über eine schöne Urahne und erzählte sich manches über ihre Enkelinnen.

Es war da eine wunderschöne Frau, weit zurück in der Familie, und es war ein Totschlag ihretwegen. Und dann war wieder eine Enkelin dieser Urahne und hatte ihren Namen, wie sie auch ihre Schönheit hatte. Sie hieß Anne und war von Abenteuern umwittert.

Drei Männer waren um sie: ein reicher Bauer, ein armer Schreiber und sogar der feine Herr vom Schloss. Das Rechte wusste man wohl von allen nicht. Das einzig Sichtbare war dann eine Tochter, die abermals Anne hieß und deren Vater ein armer Schreiber war, während die Mutter im Schloss wohnte. Diese Anne wuchs heran und glich auf ein Haar der Urahne, ihr Leben nahm denselben Weg.

Da war des Försters Sohn, da war ein reicher Bauer, und es war ein Herr aus der Stadt – sie bewarben sich alle um Anne. Die Mutter von Anne war für den Herrn aus der Stadt. Anne aber gefiel der Förstersohn. Es gab Streit und harte Worte.

Dann kam der kleine Hans zur Welt. Sein Vater war des Försters Sohn. Die schöne Anne heiratete aber nicht ihn, sondern den Herrn aus der Stadt. Sie beugte sich jetzt dem Willen der Mutter, nachdem sie den ihren gehabt hatte. Ihren kleinen Sohn ließ sie im Schloss zurück. Sie hat am Anfang wenig und dann gar nichts mehr von sich hören lassen.

So ist der kleine Hans herangewachsen, ohne Mutter und ohne Vater. Die Großmutter ist mit ihm im Schloss geblieben und hat den Hans so großgebracht, wie es bei den Kindern dazumal notwendig war. So verdiente Hans schon sein Brot ab seinem vierzehnten Lebensjahr. Er hat die Küh' gehütet, ist mit den Pferden gefahren, und er ist Holzknecht geworden. Er war sehr arbeitsam.

Seine Großmutter Anne hat er mit allen Ehren begraben lassen, als sie zum Sterben kam. Die Leute sagten: »Da geht der junge Baron vom Schloss, gleicht er nicht auf ein Haar seinem Großvater?« Und man redete noch vieles, auch über die letzte Anne, von der man nie mehr etwas vernommen hatte. Auch Hans dachte viel über seine Mutter nach, aber es waren keine guten Gedanken.

In seinen heimlichsten Wünschen und Träumen erhoffte Hans einmal ein reiches und schönes Leben, es lag ihm davon wohl etwas im Blut. Dass sich aber die Träume vom reichen und schönen Leben nicht erfüllen wollten, lag nicht an Hans.

Er hatte genug Willen und Eifer dazu und arbeitete hart und viel. Er schlug Holz im Winter und stand im Taglohn im Sommer, aber in dieser Sorte Arbeit lag nicht der Schlüssel zu Reichtum und Glück. Der Lohn seiner Plage war sehr karg, und das schöne Haus, der reiche Hof und Sonstiges lagen noch in weiter Ferne.

Aber da war eine junge Bauerntochter namens Magdalena. Die hatte ein kleines Erbteil, und der Hans rechnete: Wenn er sein bisschen und ihr bisschen zusammenlegen würde, so ergäbe das einen Anfang zu Größerem. So ehelichte er die Magdalena mit ihrem kleinen Erbteil, und sie stürzten sich jetzt zu zweit auf die Arbeit, denn sein Ziel war jetzt auch ihr Ziel geworden.

Dann kamen die Kinder, und wie es dazumal guter Brauch war, kamen viele Kinder, vier Buben und vier Mädchen.

Mit den Kindern kamen auch die Sorge und die Not. Hans und Magdalena aber wollten es nicht wahrhaben. Sie ließen nicht von ihren Hoffnungen, und so ließen sie auch nicht von ihrer Arbeit. Was Hans als Holzknecht und Taglöhner nicht erraffen konnte, wollten sie mit zusätzlicher Arbeit schaffen. So schufteten sie von einem Tageslicht zum anderen. Sie schnitzten Löffel, banden Besen und Bürsten und dachten, damit dem Schicksal doch noch etwas abzutrotzen.

Dann aber kam der Tod und holte sich die Mutter Magdalena fort aus ihrem harten Leben und weg von ihren acht Kindern.

Jetzt rückten die Mädchen an die Stelle der Mutter, und der Kreislauf des Lebens ging weiter. Nur hatte der Vater Hans jetzt nicht mehr so große Hoffnungen auf das große Glück. Er war müde geworden vom vergeblichen Jagen danach, und der Tod seiner Frau ging ihm sehr nahe.

So nach und nach zogen die Kinder aus dem Hause, zuerst die Söhne. Das Blut der Ahnen hatte sich gemeldet in den Kindern. Des Försters Sohn war wiedererstanden in zweien von den Buben – sie wurden Jäger. Die zwei anderen wollten den Wunschtraum des Vaters zur Wirklichkeit machen: Sie wollten sich Haus und Hof erwerben, und sie haben es erreicht.

Von den Mädchen wäre zu sagen, dass auch sie zu verwirklichen wussten, was sie wollten, denn der Wille aller Kinder war von frühester Jugend an auf dasselbe Ziel ausgerichtet: den Erwerb von Besitz.

Es kam für meinen Großvater Hans der Tag, auf den er viele Jahre vergeblich gewartet hatte: Seine Mutter meldete sich. Alt und einsam war sie geworden, und keine Liebe war um sie.

Jetzt schrieb der Sohn Hans den ersten Brief an seine Mutter. In diesem Briefe stand vieles, was sich in den langen und harten Jahren seines Lebens an Groll gegen sie angehäuft hatte. In seinem Leben hatte die Großmutter Anne den Platz ausgefüllt, der *ihr* zugestanden wäre. Es war ein harter Bauernbrief, den Hans an seine Mutter schrieb, und sie schwieg lange darüber. Aber als sie krank wurde und so sehr einer Liebe bedurfte, schrieb sie noch einmal an ihren Sohn Hans und bat ihn, ihr eine seiner Töchter zu senden, damit ihr Sterben nicht so einsam sei. Es war dann Katharina, die sich auf den Weg zur Großmutter machte, aus eigenem freien Willen.

Mit diesem Ereignis aber ist im Dorfe noch einmal Vergangenes lebendig geworden. Erst über dem geschlossenen Grabe der Anne wurde nochmals deren Jugend durchgeredet, aber mit einem etwas milderen Urteil.

Ihr Leben im Dorfe war kein leichtes mehr gewesen. Man war ihr mit Gehässigkeit und Spott begegnet, und sie hatte dem nichts entgegenzusetzen als ein hochmütiges Gesicht. Dieser Hochmut, geboren aus ewiger Abwehr gegen alle Anfeindungen, ist ein Teil ihres Wesens geworden. Man kann ihn selbst heute noch wiederfinden in manchem Frauenantlitz der Nachkommenschaft.

Viele Jahre aber waren über diese Dinge hinweggegangen. Das Dorf war milder geworden in seinem Urteil über die tote Anne, und Hans, der Bub, war einer von ihnen geworden, stand ihm auch die Nase genauso krumm im Gesicht wie dem ganzen Geschlecht.

Mutter wäre ihm ein guter Wegkamerad gewesen …

Von den vier Söhnen des Hans war einer mein Vater. Die Ahnen von zwei grundverschiedenen Seiten her haben in seinem Blut rumort. Da war einmal des Försters Sohn, der lebte in ihm fort in seiner Liebe zu den Bergen, Wäldern und zu allem, was da drinnen lebendig war – so wurde er Jäger. Aber auch die andere Ahnenreihe hatte ein gutes Teil an ihm, doch es sei gesagt, nicht immer das beste …

Alle Kinder meines Großvaters hatten den zähen Strebergeist ihrer Eltern mit auf den Lebensweg bekommen. Sie hatten sich auch alle zu den gesteckten Zielen hingearbeitet.

Nur mein Vater hat nicht das erreicht, was er angestrebt hat. Seine Geschwister hatten alle wenig Kinder, wir aber waren sieben. Daran allein aber ist es nicht gelegen, dass meines Vaters Weg seine Beschwernisse hatte.

Es lag an vielen anderen Umständen. Zum größten Teil aber lag es an ihm selbst. Er wollte vieles erreichen, vor allem Ansehen.

Der Weg zu diesem Ziele hatte aber viele Windungen – sie alle auszugehen, nahm er sich nicht die Zeit.

So nahm er schon vor der Zeit immer ein bisschen Vorschuss auf sein späteres »Ansehen«. Dieser Vorschuss bestand darin, dass er seine Freunde aus Kreisen wählte, die schon dort waren, wo er noch hinwollte. Es hätte vielleicht nicht geschadet, wenn seine besten Freunde nicht gerade schon auf dem Weg »bergab« gewesen wären, wo er noch »bergauf« musste.

Diese Freunde hatten ihren Besitz und ihr Ansehen von ihren Vätern geerbt, sie hatten es nicht selber erworben. Ererbtes aber gibt sich um vieles leichter aus als Erworbenes, und so wurden diese Freunde die Fußangeln auf meines Vaters Lebensweg.

Meine Mutter erkannte wohl die Gefahr, die unserer Existenz durch diese Freundschaften drohte. Sie ist meinem Vater und dessen Freunden mit allen Waffen entgegengetreten, deren sich eine Frau in solchen Fällen bedienen kann. Sie hat sich gewehrt gegen die Not und die Verarmung, die der Familie durch diesen Umgang drohten. Vaters Freunde hatten Haus und Hof, sie hatten bares Geld, Wälder und Jagdgebiete zu verspielen und zu vertrinken. Mein Vater aber hatte nur sein bisschen Gehalt und sieben Kinder.

Aus diesem Grunde gewitterte es manches Mal bei uns daheim. Es fehlte meinem Vater zwar nicht an Einsicht, aber es fehlte ihm an Standhaftigkeit. Seine Wankelmütigkeit hatte einen lächerlichen Grund. Damit sind viele Männer behaftet. Mein Vater wollte um keinen Preis in den Verruf eines Pantoffelhelden geraten. Deshalb rannte er den Weg seines Lebens mit beiden Beinen bergab, anstatt ihn gemeinsam mit einer tüchtigen und rührsamen Lebensgefährtin, wie meine Mutter eine war, zwar langsam, aber doch unbeirrbar aufwärts zu gehen. Die Mutter wäre ihm ein guter Wegkamerad gewesen. Sie war sparsam und hatte Fleiß und Ausdauer von ihren bäuerlichen Vorfahren geerbt. Sie hatte eine fröhliche Natur und besaß viel von der Schlagfertigkeit und dem Witz meiner Großmutter Elisabeth.

Die Leute sagten, sie wäre ein sauberes Weibsbild, was in der Sprache der Pinzgauer eine Anerkennung für frauliche Schönheit war. Sie roch immer nach einer guten Seife, und ganz heimlich roch sie auch noch nach ein bisschen Puder und Creme, was bei den Landfrauen von dazumal noch eine unbekannte Sache war. Wir Kinder bewunderten Mutter sehr für diese Schönheitsgeheimnisse und verrieten sie auch an niemanden – darin war auf uns Verlass.

Sie hatte Nähen und Goldsticken gelernt, und weit aus dem Umkreis kam man zu ihr, um sich die Pinzgauer Tracht arbeiten zu lassen. Diese Tracht war reich, schön und kostbar. Es musste sehr viel Fleiß aufgewendet werden, um sie herzustellen, weil alles Handnadelarbeit war. Selbst der Hut war mit einem Futter ausgekleidet, welches aus Goldstickerei bestand. Viele, viele Nachtstunden hat meine Mutter diese Geschicklichkeit ihrer Finger gekostet. Es brachte ihr viel Ehre ein, aber nicht sehr viel Geld.

Über ein anderes Talent meiner Mutter waren wir sieben Geschwister viel mehr erbaut – sie konnte herrlich kochen. War irgendwo eine Kindstaufe, Hochzeit oder sonst etwas los, dann war meine Mutter die Anführerin des Kochlöffels. Aber alle Torten und Kuchen, die dafür gebraucht wurden, buk sie bei uns zu Hause. Die Bauern vermieden es, um den Lebzelter zu gehen, weil meine Mutter es besser und billiger machte. Die Düfte allein schon, die dann durch unser Haus zogen, waren für uns eine Herrlichkeit, und es blieb nicht bei den Düften allein. Eine kleine Kostprobe für unsere Münder fiel immer ab. Also priesen wir sieben dieses Talent unserer Mutter wohl am allermeisten.

Auch Käse konnte meine Mutter machen, den guten Pinzgauer und auch Schweizer Käse. Vom Schweizer Käse schmeckten uns immer die Löcher am allerbesten. Der Wanderonkel hatte meine Mutter belehrt in diesen Dingen, und im Sommer auf unserer Alm kam ihr diese Wissenschaft sehr zustatten. Im Herbst standen die fetten und mageren Käselaibe dann reihauf, der saure Schotten war geräuchert, und goldgelb glänzte das Butterschmalz in den Holzschaffeln. Das war die Ernte eines Sommers, und die Mutter überrechnete deren Ertrag und was sie dafür alles kaufen würde …

War sie aber dann wieder im Dorf zurück mit ihrem Viehzeug und ihren Kindern, dann kamen die Wirte und hatten Forderungen an sie. Und es kamen andere gute Bekannte und hatten auch was zu kriegen, weil der Vater mit den Freunden verschiedene Geburtstage und andere Tage gefeiert hatte.

Dann bezahlte die Mutter zuerst einmal alle Schulden. Der Ertrag eines arbeitsreichen Sommers war dahin, und was übrig blieb, waren Tränen und Streit. Es gab dann wohl einen zerknirschten Vater, der Besserung gelobte, aber nach einiger Zeit ging mein Vater dann doch wieder den Weg der Peter, Hansln und Niklasse.

Sagenhafte Begebenheiten

Außer diesem großen Fehler hatte mein Vater viele Dinge, die ihn für uns doch immer wieder liebenswert machten. Er konnte singen, Schnitzarbeiten und Laubsägearbeiten machen, er tischlerte, zimmerte, und eine große Bienenzucht hatte er auch. Irgendwie waren immer schöne und große Fische in einem Behälter, die Mutter dann so wunderbar zubereiten konnte.

Und erzählen konnte mein Vater … Meine Mutter sagte es zwar anders, sie nannte dieses Talent des Vaters »Lügen und Phantasieren«. Aber der Vater verteidigte sich damit, dass man mit einem solchen Talent sogar Geld verdienen könnte. »Deines aber hat mich bis jetzt nur Geld gekostet«, sagte dann die Mutter schnippisch und meinte die Wirtshausabende, wo Vater seine vielen Geschichten zum Besten gab.

Einmal aber kam von irgendwoher ein Männchen. Dieses Männchen wollte von meinem Vater alles wissen, was an Sagen ging über das wilde Stubachtal und was der Vater halt sonst wie wusste. Das Männlein schrieb alles auf, er wollte darüber einmal ein Buch schreiben. Er ist eine Zeit lang bei meinem Vater in den Bergen geblieben, bis er alles wusste und alles schön aufgeschrieben war. Der Vater hat seine Freude mit dem Männlein gehabt, und das Männlein hatte viel Freude mit meinem Vater – es wäre ihm noch nie ein Mensch untergekommen mit so viel Wissen über diese Dinge. Meine Mutter hat darüber Tränen gelacht.

Das Männlein ist fortgezogen, aber ein paar Wochen später kam ein Fass Wein und eine große Schachtel voll guter Dinge. Das Männlein hatte es gesendet als Dank und mit vielen Grüßen. Jetzt wurde aber mein Vater mächtig stolz und sagte zur Mutter: »Na, was sagst jetzt vom Lügen und Phantasieren?«

Ich wurde durch diesen Vorfall äußerst angeregt und suchte in meiner nächsten Umgebung nach sagenhaften Begebenheiten. Ein Dorf aber ist nicht so mystisch wie eine Bergwelt. Wilde Leute oder sonst etwas Verzaubertes spazieren da nicht herum.

Wo aber ein Wille ist, ist auch ein Weg. Hatten wir nicht eine schwarze Katze, eine mit großen gelben Augen! Und hatte diese Katz' nicht manches Mal ein fremdes Gehaben? Oh, sicher hatte sie das! Je mehr ich mir die schwarze Katz' ansah, desto überzeugter wurde ich, dass es mit dieser Katz' eine eigene Bewandtnis hatte. Ich kam schließlich auch dahinter: Sie war niemand Geringerer als die Schlossfrau, die in den Nächten umging und von der so oft die Rede war. Wie ich dann so weit war mit meiner Erkenntnis der Dinge, wollte ich die Schlossfrau erlösen.

Meine Mutter hatte ich in das Geheimnis eingeweiht, nur wollte sie es nicht so recht glauben, dass es die Schlossfrau war. Sie neigte eher zur Ansicht, dass es eine ganz gewöhnliche Katz' sei.

So weihte ich, um etwas Verstärkung in dieser Sache zu kriegen, auch noch meine Freundinnen in mein Geheimnis ein. Die Freundinnen standen ausnahmslos zu mir. Sie glaubten alle, die

Schlossfrau geisterte in meiner Katz' herum, und umschlichen das Vieh in scheuer Ehrfurcht. Nur die Dorfbuben, welche zum Teil ja wieder die Brüder meiner Freundinnen waren, bereiteten mir in dieser Sache große Sorge. Sie begannen sich mehr für die Katz' zu interessieren, als es für eine verzauberte Schlossfrau und auch für eine Katz' gut ist.

Ich hatte also in dieser Sache gegen die Buben manchen harten Verteidigungskampf zu führen, wenn sie unsere Schlossfrau auf ihre eigene Manier entzaubern wollten. Weil aber bei diesen Balgereien meine Kleider sehr zu leiden hatten, kriegte ich die Schläge meistens zweimal. Einmal von den Buben, die ja immer in der Mehrzahl waren, und hinterher noch einmal von meiner Mutter.

Die Katz' entzauberte sich dann ganz von selber: Sie kam eines Tages mit einem Schüpperl junger Kätzchen angerückt, und diese Begebenheit ernüchterte mich dann. Das konnte sich eine vornehme Schlossfrau doch unmöglich leisten …

Kam mein Vater nach Wochen der Abwesenheit aus seinen Bergen zu uns heim, dann hatte ihm diese lange Abwesenheit nie geschadet. In der Einsamkeit der wilden Bergwelt und in ihrer gnadenvollen Stille kam mein Vater immer zur Einkehr und zur Besinnung. Er kehrte immer als ein Geläuterter zu uns heim. Er war stets randvoll mit guten Vorsätzen und brachte einen Kopf voller Pläne mit. Die guten Absichten hielten selten lange stand, denn alsbald bekam einer von seinen Freunden Wind von seiner Anwesenheit und benötigte den Vater für irgendetwas.

Aber manche Pläne wurden zur Ausführung gebracht. So kriegte die Mutter eine Gemüsegartenanlage, die geradezu eine Musterschau für das Dorf war. Die Hühner erhielten einen Stall, der so vollständig war, dass wir Kinder immer hineinkrochen, wenn die Hühner draußen waren. Auch den Schweinen kamen Vaters gute Einfälle zugute, sie erhielten auch eine Behausung, in

die wir uns gern hineinsetzten und zufrieden grunzten. Meine Mutter freute sich sehr über diese Neuerungen und war stolz auf Vaters Können.

Es war immer im Frühling, wenn mein Vater die Geburtswehen nach seiner winterlichen Gedankenbefruchtung kriegte. Dann roch es bei uns nach Leim, dann waren wir Kinder immer voller Farbe, denn wir mussten überall dabei sein. Wir waren behilflich beim Nageln, beim Pflanzen, beim Leimen und Anstreichen.

Für die Bienen wurden Stöcke gebaut nach den Anleitungen der Fachzeitschrift des Imkers. Darin hausten dann die Völker, und im Herbst wurde der Honig geschleudert. Da gab es den lichtgelben Wiesenhonig, den dunklen Waldhonig und den weißen Bergblütenhonig, denn mein Vater schleppte seine Bienenvölker in den Sommermonaten überallhin, wo es Blümlein und Blüten gab.

Der Herbst war dann die Zeit, wo wir Geschwister von früh bis abends ein recht klebriges Aussehen hatten. Selbst der Waldi war voller Honig, zum Teil von unseren Händen und zum Teil von seiner eigenen Genäschigkeit. Da half dann kein Waschen und kein Kämmen mehr – wir mussten samt und sonders in ein Bad, auch der Hund. Die Mutter hat dann noch alle Stühle und Tische gewaschen, und es wird wohl notwendig gewesen sein.

Es kamen auch viele Leute zu uns und bestellten sich etwas. Der eine brauchte einen schön geschnitzten Bilderrahmen, der andere wollte gar eine Truhe mit seinem ganzen Haus und Hof drauf ausgestochen. Die Godn bestellte sich eine Einrichtung für die gute Stube.

Dafür hat mein Vater seinen ganzen Ehrgeiz aufgewendet und monatelang seine ganze Freizeit geopfert. Wir Kinder nahmen an diesen Aufträgen lebhaften Anteil. Tagelang kamen wir nicht mehr aus den Kellerräumen, wo sich Vaters Werkstatt befand, nach oben. Kaum dass wir Zeit zum Essen und Schulgehen fanden.

Die Zeit der Gamsbärte

Wenn im Herbst die großen Jagden waren, kam die Zeit der Gamsbärte. Das war eine gar emsige Zeit für unseren Vater. Viel Kleinarbeit musste geleistet werden mit dem Sortieren der Haare auf Länge und Spitzenwert. Dann wurde gebüschelt und gebunden, gewaschen und fixiert. Der Buschen musste den wehenden, weichen Fall haben und vor allem den rechten Spitzenreif. Sie wurden dann in Papierrollen geschoben und nach ihrer Größe und nach dem Spitzenreifwert gepreist. Die Preise variierten von drei bis zu fünfzig Gulden. Fünfzig Gulden waren dazumal der Jahreslohn für einen guten Bauernknecht.

An den Feiertagen des Winters kamen dann die Liebhaber der Gamsbärte zu uns. Es kamen die Viehhändler, die Holzknechte, die Bauernknechte und die Bauernsöhne, aber selten ein Bauer. Nur der Peter war darin eine Ausnahme, der suchte sich jedes Jahr den schönsten Gamsbart aus, handelte um den Preis wie ein Bauer und bezahlte nie.

Die Bauernknechte mit ihren Jahreslöhnen von fünfundzwanzig bis fünfzig Gulden kauften sich die Drei- und Fünfguldenbärte. Die Bauernsöhne gingen bis zu fünfzehn Gulden. Die Viehhändler bezahlten die Preise von fünfzehn bis dreißig Gulden, und die Holzknechte handelten sich die Bärte in der Preislage von dreißig bis zu fünfzig Gulden ein. Sie verdienten sich ihr Geld nicht nur mit Schweiß, sondern auch mit Lebensgefahr, aber sie gaben es leicht aus.

Am Sonntag auf dem Kirchplatz feierten sie dann ihre Triumphe. Da spielten und wehten ihre Buschen im Winde und stachen die der Knechtlein und der Bauernsöhne bei Weitem aus. Man war ein Holzknecht, einer der stark war, einer der Gefahren trotzte. Die Buschen verkündeten Kraft, Schneid und Geld.

Der Neid erwachte, und es wurde ein bisschen gestänkert, denn die Dirndln sahen gerne zu den Holzknechten hin, wie sie da standen im Sonntagsstaat: sehnig, stark, jung, voller Kraft, den Duft von Wald und Holz an sich und Geld in der Tasche.

Im Wirtshaus, da klimperten die Holzknechte mit diesem Geld und taten ein bisschen zu sehr groß. Einmal hat einer, zur Krönung seiner Großtuerei, mit einer Zehnguldenbanknote seine Pfeife angezündet. Dieses Geld aber war der Preis seines Schweißes. Es war der Preis für seine einsamen Tage in den Wäldern und für die Entbehrungen der Wochentage, für die Kälte des Winters und für die Lebensgefahr. Aber die Dirndln sahen es, es sahen es die Knechtlein, und es sahen's die Söhne der Bauern. Sie sollten es sehen, die Schlucker, was so ein Holzknecht für einer war … Vor allem an den Tischen der Weiberleut sollte es gesehen werden.

Es wurde gesehen, und man machte seine Bemerkungen darüber. An den Tischen der Weiberleut sah man es mit Unwillen, und die Dirndln wendeten ihre Gesichter von dem Holzknechttisch ab. An den Tischen der Männer fielen Worte wie »Hungerleider« und dergleichen. Die Holzknechte plusterten sich nur noch mehr auf, um der Verachtung zu begegnen. Mehr Schnaps und mehr anzügliche Worte und ein paar Trutzgesangl, bis der Zunder in das Pulver flog.

Die Holzknechte waren zum Raufen aufgelegt, also wurde gerauft. Die Holzknechte wollten den Dirndln zeigen, was sie für Kerle waren. Die Knechtlein und Bauernsöhne wollten die Weiberleute sehen lassen, wie man mit so Großtuern fertigwird. Die Bauern sahen zu, wie ihre Söhne und Knechte rauften. Die Weiberleut kreischten, und manch eine Herzhafte griff zu und holte sich den Ihrigen aus dem Knäuel der Raufenden.

So wurde des Öfteren der Sonntag geheiligt. Meines Vaters Gamsbärte trugen daran keine Schuld.

Vaters Jägerglück und der Fleiß seiner Hände

Auch die Spielhahnfeder war ein begehrter Hutschmuck. Sie war zugleich die Schneidfeder, die sich keiner vom Hut nehmen ließ, wenigstens nicht ungestraft. So sind die Spielhahnfedern und die Auerhahnfedern, zu schönen Stößeln gebunden durch meines Vaters Hand, weit herumgekommen. All diese Dinge brachten Geld ins Haus. Außerdem gab es Fanggeld für das Raubwild und Schussgeld für noch anderes Getier.

Die Wände der Stuben unseres Hauses waren behangen mit allerhand Dingen: Geweihe aller Größen und Sorten gab es. Sie waren auf Schildern befestigt, die verziert waren mit schöner Handschnitzarbeit. Das war die Arbeit an den langen Winterabenden in den Bergen. Vater schnitzte diese Dinger einfach aus einem Stück Holz heraus. Ausgestopfte Eichkatzerln saßen auf Baumstämmen an der Wand. Seltene Vögel gab es in unseren Stuben. Die Flügelspannweite eines großen Geiers beschlug fast eine Stubenwand. Ein Adler horstete in einer Ecke. Über das ganze Haus – es gab fünf Stuben – waren Eulen, Uhus, Käuze und dergleichen verteilt.

Meiner Mutter verursachte es viel Arbeit, von all dem Getier, das Vater im Laufe vieler Jahre gesammelt hatte, den Staub und die Motten zu wehren. Manchmal fiel ihr auch, ausgerechnet immer des Nachts, so ein grausliches Vieh auf den Kopf, wenn sich wo ein Nagel gelockert hatte. Vater sagte zwar, das käme von ihrem Geschnarche, sie schnarche nachts alles von den Wänden – die Erschütterung, ja, ja, die Erschütterung! Dann verteidigte sich die Mutter heftig, der Vater solle nicht sie seiner eigenen schlechten Manieren bezichtigen.

Die Sammlung vermehrte sich immer wieder um ein seltenes Exemplar. Einmal aber kam ein Mann in das Haus und besah sich alle Wände. Der Mann redete lange mit meiner Mutter. Die Mutter redete dann mit dem Vater noch länger. Der Mann kam ein zweites Mal, da redete er mit Vater und Mutter zugleich, und als der Mann zum dritten Male kam, hatte er Pferd und Wagen, Kisten, Papier und Holzwolle mit. All unser Getier verschwand von den Wänden.

Als dann der Mann, Pferd und Wagen weg waren, war unser Haus nackt und leer. Die Mutter weinte vor den leeren Wänden, und wir Kinder taten es ihr gleich. Unser Stolz und unser Ruhm waren dahin. Jetzt kam unser Lehrer nicht mehr mit der ganzen Schuljugend zu uns, um den Kindern in unseren Stuben die Tiere des Waldes und der Lüfte zu zeigen. Wohl war ein Häuflein Geld zurückgeblieben. Aber meines Vaters Jägerglück und der Fleiß seiner Hände waren fort, denn auch die geschnitzten Holzschilder hatte der Mann mitgenommen. Die Stuben wurden frisch geweißt, aber die Wände blieben leer, denn der Mann, der all unser Getier mitgenommen hatte, kam immer wieder.

Der Sammlergeist war damit aber bei meinem Vater keineswegs ausgestorben, nur das Material war jetzt von einer anderen Sorte. Zuerst waren es einige seltene Steinchen, die Vater mitbrachte, dann wurden es mehrere. Einige Zeit später waren es schon viele. Und noch einige Zeit später waren es schon Kisten voll.

Zuerst standen die seltenen Steinchen in einem Zigarrenkistchen oben auf einer Stellage. Später kamen sie in eine größere Pappschachtel, und noch später stand eine größere Kiste unter Vaters Bett. Dann wurden es zwei.

Nach vielem Gegengezeter von Vaters Seite übersiedelten seine Edelsteine in die Holzhütte. Weil wir Kinder einen schwunghaften Handel mit Vaters Edelsteinen betrieben – die ganze Dorfjugend wollte damit reich werden –, gab es einen ganz großen Krach zwischen Vater und Mutter der Edelsteine wegen, und wir kassierten die Schläge. Die Kisten übersiedelten wieder in das Haus, aber diesmal in Vaters Werkstatt.

Irgendwo ist mein Vater dann einem Mann begegnet, das war ein Baron und ein Mineralienforscher. Er interessierte sich für das

Schloss und für Vaters Edelsteine. Er ließ sich die Fundstätten zeigen, stieg mit Vater in den Bergen herum und blieb dann den ganzen Winter bei uns im Schloss. Sie zimmerten Behälter für die Edelsteine, die mit Fächereinlagen versehen waren, nummerierten die Steinchen und legten einen Katalog an.

Meine Mutter war nicht sehr entzückt über dieses Treiben, und sie behielt ihre Meinung auch nicht für sich. Aber den Edelsteinsammlern war nicht beizukommen. Der Herr Baron, sonst an eine feine Küche gewöhnt, begnügte sich diesen Winter mit gewöhnlicher Hausmannskost. Es wurden ein Schwein und ein Schaf verspeist und ein Fass roter Wein ausgetrunken. Denn mein Vater wollte sich dem Herrn Baron gegenüber nicht von einer lumpigen Seite zeigen.

Als die Sammlung gegen Winterende versandfertig war, empfahl sich der Herr Baron mit den Kisten und mit Anerkennung und Dank für die Gastfreiheit. Vom Bezahlen sagte er nichts. Mein Vater vertröstete die schimpfende Mutter auf den Erlös der Edelsteine.

Niemals aber hat er Kunde erhalten, weder von dem Herrn Baron noch von den Edelsteinen. Meine Mutter aber sagte: »Der Kerl war genau so wenig ein Baron wie deine Kieselsteine Edelsteine waren.« Mein Vater war sehr beleidigt bezüglich seiner Steine – an der Echtheit des Herrn Baron zweifelte er selber.

Der Mann, der unsere Wände leer gekauft hatte, veranlasste Vater auch zu einer Käfersammlung, aber meine Mutter wehrte sich so dagegen, dass er es bald wieder aufgab. Meine Mutter fand Käfer eine widerliche Sache, und sie musste immer daran denken, wenn sie gerade beim Essen war – dann war es aus mit ihrem Appetit.

Vater machte dann noch einen Versuch mit einer Schmetterlingssammlung, aber er, der an Büchse und Bergstock gewöhnt war, kam sich etwas komisch vor in der Aufmachung eines Schmetterlingssammlers. So verschenkte er die gesammelten Exemplare und widmete seine ganze Aufmerksamkeit eine Zeit lang nur seinen Bienenvölkern – den Bienen und ihm selber zum Nutzen.

Drei Mahnmale auf Vaters Lebensweg

Es wäre mit so einem Vater und so einer Mutter kein schlechtes Hausen gewesen. Beide waren Menschen über den Durchschnitt hinaus. Ihre vereinte Kraft hätte unser Leben freundlich, froh und auskömmlich gestalten können. Aber da waren Vaters Freunde als das schädliche Element in unserer Lebensmitte. Es waren keine schlechten Menschen, aber leichtsinnig waren sie und ohne Verantwortungsgefühl.

Der Peter war der Schlimmste von allen. Einmal der reichste Bauer im Dorf, ging es jetzt mit ihm langsam, aber sicher dem Abgrund zu. Seine späte Heirat hatte daran nichts geändert, und das Geld seiner Frau vermochte ihn nicht zu retten.

Auf meines Vaters Lebensweg sind drei mächtige Mahnmale gestanden. Das erste war der Peter. Sein Sterben ging uns allen nahe, weil es auch ein so trauriges war. Es war am Tag vor dem Heiligen Abend, als der Peter zu uns kam. Er sagte zur Mutter, dass er den Heiligen Abend zusammen mit Vater in den Bergen verbringen wolle. Die Mutter war damit zufrieden, der Vater war nicht so allein, und viel konnten sie nicht anstellen in der Wildnis.

So ging der Peter von uns fort, um nie wiederzukommen. Wir Kinder gingen am Heiligen Abend mit der Mutter früh zu Bett. Es waren Weihnachten ohne Vater, und somit fehlte es an der wahren Stimmung. Ich als die Älteste hatte eine Schlafstube für mich allein. Der Umstand, dass es Heiliger Abend war, hielt mich lange wach. Plötzlich aber fühlte ich außerdem etwas Unheimliches um mich. Ich starrte ängstlich in die Finsternis, als ob ich erschauen könnte, was da auf einmal Ungutes um mich war. Als ich dann auch noch das Ticken einer Uhr vernahm, die gar nicht vorhanden war, nahm der Aberglaube von mir Besitz. Es war für mich nichts anderes mehr als das Ticken der Totenuhr.

Nach viel Furcht und Angstschweiß überwand ich mein Schamgefühl und begab mich in die Schlafstube meiner Mutter. Die lag noch wach. Sie schimpfte nicht einmal mit mir. Ich durfte mich in Vaters Bett neben sie legen. Das beruhigte mich für einige Zeit. Als aber wieder die Stille um mich war, kam die Angst doch wieder über mich, und auf einmal war das Ticken wieder unter meinem Kopfpolster. »O Mutter«, schrie ich, »ich höre die Totenuhr, ich habe sie drüben auch gehört, und ich fürchte mich so!« Die Mutter nahm mich zu sich in das Bett. Sie sagte mir, dass sie selbst so ein unruhiges Gefühl hätte. Sie hätte aus diesem Grunde schon nicht einschlafen können und sei eigentlich froh gewesen, dass ich zu ihr gekommen war. Wir verlegten uns zusammen auf das Beten. Wir beteten für den Vater, denn nur der konnte in Gefahr sein.

So lagen wir um drei Uhr morgens noch beide wach, als Mutter plötzlich mit einem Schrei aus dem Bett sprang. Auf dem hart gefrorenen Weg vor unserem Hause klangen Schritte. Es waren Vaters Schritte, aber sie bedeuteten nichts Gutes, denn er hätte im Dienst zu sein, und wenn er seinen Posten verlassen hatte, dann war es wegen etwas Unerfreulichem, wenn nicht ärger.

Vater sah wie ein Geist aus, als er bei uns eintrat. Es erwürgte ihn fast, was er uns zu sagen hatte. Er schlang die Arme um den Hals meiner Mutter und sagte: »Marie, erschrick nicht zu sehr, aber … der Peter ist tot!«

Dann setzte sich Vater hin, stützte seinen Kopf in die Hände, und seine Schultern zuckten. Vater weinte. Ich getraute mich kaum, Atem zu holen. Meine Mutter stand, noch immer im Hemd, zitternd vor Kälte, vor dem Vater. Sie sagte kein Wort, strich ihm aber immer über das Haar.

Auf einmal aber frug sie in die Stille hinein: »Hat er sich umgebracht?«

»Ja, er hat sich erhängt!«

»O Gott! Erhängt!«

»Ja«, sagte Vater, »ich ahnte gleich, wie es um ihn stand, als er zu mir kam. Ich habe ihm das Gewehr und die Patronen aus dem Weg geräumt. Eine Stunde musste ich ihn allein lassen, und in der einen Stunde hat er es getan! Auf der Polizei habe ich es gemeldet, aber wie bringe ich es seiner Frau bei?« Meine Mutter redete noch immer nicht. Sie machte Feuer, kochte Tee für den Vater, schüttete ordentlich Rum hinein und gab auch mir davon.

Sie hatte sich angezogen, holte eine geweihte Kerze aus dem Kasten, zündete sie an und betete: »Herrgott, gib ihm die ewige Ruhe, und das ewige Licht leuchte ihm.« Vater und ich beteten mit der Mutter mit. Dann drang sie in den Vater, dass er sich ein bisschen hinlegen solle, Peters Frau würde es noch früh genug erfahren, und das wollte sie auf sich nehmen, es ihr beizubringen.

Als Vater dann im Bett lag, setzte Mutter sich zu ihm auf den Bettrand und sagte: »Michl, habe ich nicht recht gehabt mit meinem Mahnen und Bitten? So sieht das Ende aus von diesen Dingen. Ich hoffe nur, dass dir diese Mahnung genügt. Er hat keinen anderen Ausweg mehr gewusst, aber die Schuld liegt bei ihm allein.«

Mehr sagte meine Mutter nicht.

Der Vater sagte: »Marie, das wird jetzt alles anders werden, du wirst es sehen. Diese Weihnachten werde ich nie vergessen, mein Leben lang nicht!«

Mutter ging dann in die große Stube, um einzuheizen. Weil ich vor lauter Aufregung doch nicht mehr einschlafen konnte, stand auch ich auf. Es war noch nicht ganz sieben Uhr, als jemand klopfte. Wir wunderten uns sehr, wer so früh am Morgen schon zu uns käme.

Es war Lies, Peters Frau.

»Ist der Michl da?«, war ihre erste Frage.

Meine Mutter war sehr verlegen. Sie wollte wohl ein bisschen Zeit gewinnen, so frug sie zurück: »Ja, wie weißt du denn, dass der Michl da ist?«

»Der Rossknecht hat es mir gesagt, der war im Stall, wie der Hund anschlug. Er hat nachgeschaut, was da am Weg sein könnte so spät in der Nacht. Da sah er einen mit einem Gewehr, einen großen Mann, das kann nur der Michl gewesen sein! Aber warum nur der Michl allein und der Peter nicht?«

»Ja weißt, Lies, der Michl ist marod, und jetzt ist er heimgekommen …«

Meine Mutter hatte noch nicht ausgeredet, als der Vater aus der Schlafstube kam.

»Setz dich nieder, Lies, dann reden wir miteinander.«

Die Frau aber blieb stehen. »Was ist mit dem Peter?«

»Er ist sehr krank!«

»Gestern war er aber noch ganz gesund, als er von uns wegging!«

»Ist dir nichts an ihm aufgefallen?«

»Nein!«

Meine Mutter hatte begonnen, ihre Hände aneinander zu reiben, zur Einleitung dessen, was sie jetzt sagen würde. Mein Vater warf ihr aufmunternde Blicke zu, und die Mutter begann: »Ja weißt, Lies, es ist halt so schwer … ich finde es so furchtbar – ich weiß nicht, wie ich es dir beibringen soll …«

Aber die Lies hatte es erfasst. »Ist der Peter vielleicht tot?«

Sie frug es mit einer vor Angst zusammengekniffenen Kehle. Sie hatte sich nun auch hingesetzt, sie hatte wohl nicht mehr die Kraft, das, was jetzt kommen musste, stehend anzuhören. Vater nickte heftig mit dem Kopf, Mutter fing zu weinen an.

Es war für lange Zeit nur Weinen und Schluchzen in unserer Stube, dann frug Lies mit einer kaum vernehmbaren Stimme: »Hat er sich umgebracht?«

»Ja!«

»Erschossen?«

»Nein, aufgehängt!«

Die Lies ist dann wieder gegangen, noch eine junge Frau, aber tief gebeugt.

Das Haus und den Hof konnte sie nicht halten. Sie hat für ihre Kinder einen Kostplatz suchen müssen und für sich selber einen Einstand als Wirtschafterin. So sah das Ende aus von Peters lustigem Leben.

Dieser gewaltsame Tod Peters war die erste Warnungstafel auf meines Vaters Lebensweg. Er hatte sie auch als solche erkannt. Als aber einige Zeit verstrichen war, lockerten sich die guten Vorsätze wieder etwas. Wohl war der Peter tot, aber der Hansl, der Niklas und der Jakob lebten noch. Die wollten es nicht gelten lassen, dass mit Peters Tod alle frühere Fröhlichkeit ein Ende haben sollte. So gab es, sehr zum Verdruss meiner Mutter, doch noch immer gebrochene Gelöbnisse, bis Vater auf der Wanderfahrt seines Lebens bei der zweiten Warnungstafel angelangt war. Das Schicksal hatte es so eingerichtet, dass er irgendwie mit dem gewaltsamen Sterben seiner drei besten Freunde verbunden war.

Der Niklas war der Nächste, den es traf. Von einem Gang in die Berge war er nicht mehr heimgekehrt. Vater war einer der Eifrigsten bei der Suche nach ihm. Es hat viel Aufsehen gemacht, aber der Niklas blieb verschollen. Man hatte allerlei Vermutungen. Er konnte abgestürzt sein, aber er konnte auch mit Wilderern zusammengetroffen sein, die auf seinem Grund jagten und die er gestellt hatte. Auch Steinlawinen gab es in den Bergen.

Nachdem man lange vergeblich nach ihm gesucht hatte, gab man es auf und überließ es dem Zufall, ihn zu finden. Nur mein Vater hatte keine Ruhe. Es ging schon dem Herbst zu. Bald konnte der Schnee die letzte Möglichkeit, ihn zu finden, zunichtemachen.

Ich erwachte eines Nachts von dem Stimmengemurmel vieler Menschen, die bei uns in der Stube waren. Es waren unsere Jäger mit ihren Frauen. Aus ihren Reden und ihrer Ausrüstung war zu entnehmen, dass die Jäger in die Berge gingen. Ich dachte zuerst, dass es sich um Wilderer handeln musste, aber aus den Gesprächen der zurückbleibenden Frauen und von meiner Mutter erfuhr ich dann, dass mein Vater einen fremden Traum gehabt hatte. Und dieser Traum war der Anlass, dass die Männer sich auf den Weg machten, um noch einmal nach dem Niklas zu suchen. Jäger sind abergläubisch, die Menschen in unserer Gegend sind es mehr oder weniger alle, oder waren es wenigstens dazumal.

Mein Vater hatte geträumt, dass er sich unter vielen Menschen befände. Unter diesen Menschen nahm er eine Gestalt wahr, die ihn immerzu umkreiste, sie winkte ihm auch mitzukommen. Das fremde Wesen hatte wohl die Umrisse einer menschlichen Gestalt, war aber unkenntlich und ohne Antlitz, denn es war von grauen Schleiern umweht und löste sich in Nebel auf.

Mein Vater erwachte und sann dem Traum nach. Nachdem er wieder eingeschlafen war, träumte ihm noch einmal dasselbe.

»Komisch«, sagte er zu Mutter, »jetzt träume ich zweimal denselben Traum.«

Meine Mutter, die in diesen Dingen sehr abergläubisch war, konnte darüber nicht mehr einschlafen. Mein Vater träumte noch ein drittes Mal dasselbe, nur folgte er dieses Mal dem Winken der Nebelgestalt.

»Es war, als ob eine Seele winkte«, sagte mein Vater. Die Seele führte Vater abseits der Menschen und flüsterte ihm etwas zu. Es waren keine Worte, die man wiederholen konnte. Die Seele hatte keine Stimme, aber trotzdem wusste Vater, was sie zu ihm sagte oder sagen wollte, denn er wusste auf einmal, wo er den Niklas finden würde.

Das Traumbild hatte meinen Vater derart aufgewühlt, dass er keinen Schlaf mehr fand. Er beschloss, an der Stelle nach dem Niklas zu suchen, die ihm im Traum gezeigt wurde. Es war in der Nähe der Roten Wand. Vater weckte einen seiner Jäger, damit er ihn begleite. Der wiederum alarmierte die anderen. Der Traum meines Vaters hatte diese Menschen der Berge irgendwie berührt. So kamen sie mit ihren Frauen noch in der Nacht zu uns, denn wir wohnten alle zusammen im Jägerhaus, und die

Geräusche des Aufbruches hatten sie alle wach und unruhig gemacht.

Den ganzen Tag über waren die Frauen in einer aufgewühlten Stimmung und beredeten die Sache immer wieder und führten Beispiele an von Traumgesichtern, die sich erfüllt hatten. Die mystische Bergwelt ist der Nährboden für derartige Seelenberührungen. Die Einsamkeit gibt die Voraussetzung dafür, sozusagen eine Witterung, die sonst nur das Tier noch besitzt.

Als dann der Abend kam, kam auch der Niklas – sie brachten ihn auf einer Bahre. Vater hatte im Traum einen großen Steinkoloss gesehen, unter dem, mit Tannenreisig zugedeckt, die Leiche seines Freundes lag.

So haben sie ihn dann auch gefunden. Aus einer Decke und zwei Bergstöcken hatten sie eine Trage angefertigt, und darauf lag er, mit den grünen Zweigen seiner Bergheimat zugedeckt.

Sein Tod wurde niemals geklärt. Es wurde nur festgestellt, dass er aus dem Hinterhalt erschossen worden war. Möglich, dass fremde Wilderer ihn für einen Jäger gehalten hatten.

Also war auch der Niklas nicht mehr im Kreise der fröhlichen Freunde – es war einsam um meinen Vater geworden. Er fand nach all diesen traurigen Ereignissen nicht mehr die rechte Einstellung zu den noch lebenden Freunden. So zog der Vater sich zurück – nicht zum Schaden seiner Familie.

Der Hansl aber war aus allen Fugen geraten, er betrauerte den Tod seiner Spezi mit weinerlichen Schnapstagen im Wirtshaus. Dort, wo er so viel mit ihnen gesessen war, dort betrauerte er sie aufrichtig. Der Hansl fand nicht mehr den Weg zurück und zu sich selber.

Obwohl mein Vater abseits der Dinge stand, die sich mit dem Hansl begaben, hatte er doch noch mit dem letzten Geschehen im Dasein dieses einstmaligen Freundes zu tun.

Das Schicksal fügte es so: In einer Nacht, wo es ringsum stockdunkel war in den Bergen, war der Hans noch auf dem Weg. Er hatte einen Gang auf die Alm. Weg und Steg waren schlüpfrig vom Regen. Den Tag über war Hans im Wirtshaus gesessen hinter dem Schnapsglas und seinen Erinnerungen. So blieb ihm nur die Nacht für seinen Weg, der aber führte ihn über einen schmalen Steg. Unter diesem Steg schäumte der Wildbach, sonst ein harmloses Bächlein, aber um die Frühlingszeit ein gefährlicher Geselle. Auf diesem Steg stand in dieser Nacht der Tod, und dem ist der Hans begegnet.

Früh am Morgen kam mein Vater dieses Weges. Wie er sich mitten auf dem schmalen Steg befand, der ohne Geländer war, winkte aus dem unter ihm rauschenden Wasser eine Hand nach ihm. »Es war wie ein Abschiedswinken«, erzählte Vater.

Es lag eine große Tanne im Wasser, an deren Ästen hing eine Leiche, und diese Leiche winkte aus dem Wasser mit einem Arm, den das rauschende Wasser bewegte. Zusammen mit den Leuten vom Wiesenwirt hat Vater die Leiche geborgen. Er war sehr erschüttert, als er in dem Toten seinen alten Freund erkannte.

Von dieser Zeit an ging das Leben meines Vaters andere Wege – nur etwas spät war es dafür geworden, aber doch nicht zu spät wie bei seinen Freunden.

Mein Bruder Gottlieb
Seine Seele war verschüttet …

Mit meinem Halbbruder Gottlieb verband mich nichts anderes als ein tief in der Seele verwurzeltes Mitleid, das mir aber nicht zu Bewusstsein kam.

Als meine Mutter noch jung war, sollte sie einmal Bäuerin werden auf dem Hof, wo ihr Sohn jetzt so ein armes und liebeleeres Leben lebte. Es sind nun einmal die feststehenden Gesetze des bäuerlichen Lebens, dass die Jungen warten müssen, bis die Alten müde sind. Weil aber diese Alten, die auf dem Bachhof hausten, nicht müde wurden, selbst das Regiment zu führen, dauerte es den Jungen zu lange, und so nahmen sie ein bisschen Vorschuss in der Liebe, deren Gesetzlichkeit noch in so weiter Ferne lag.

Die Folge davon war ein verfrühter Erbe, dessen Anrecht auf den Hof noch in den Händen des Großvaters lag und dessen Vater noch davor zu seinem Recht kommen musste.

Den Buben Gottlieb ließen diese Dinge noch unbekümmert, nicht aber seine Mutter. Sie befürchtete, dass die lange Wartezeit noch mehr zu früh geborene Erben ergeben würde, und wollte sich nicht mit einem Schüppel Kinder durch die Jahre plagen und von der Gnade oder Ungnade der Alten abhängig sein.

Dieses Gespreize und diese Widerspenstigkeit waren aber nicht nach dem Geschmack des jungen Bauern. Ob man die Wartezeit mit oder ohne Kinder aussaß, das bekümmerte ihn nicht so sehr. Einmal würden sie ja doch da sein, die Kinder! So gab es Zank, und aus dem Zank entstand die Scheidung. Der Bub Gottlieb verblieb bei seinen Großeltern auf dem Bachhof, seine Mutter aber verließ den Hof.

Sie ist dann die Frau vom Jäger Hochrainer geworden, und ich war die Erstgeborene aus dieser Ehe.

Wohl war da noch eine ältere Schwester, die Gretl, aber die hatte Vater fix und fertig mit in die Ehe gebracht. Die Mutter von der Gretl war eine Bauerntochter, die dachte, in der Liebe nach ihrem Willen handeln zu können. Der Wille ihres Vaters aber war der stärkere … Sie musste den Mann ehelichen, den der Vater für sie bestimmt hatte, und das war ein Bauer! Die Gretl aber verblieb dem Vater.

Das Leben meines Bruders Gottlieb war in seinen Kleinstkindjahren ein umsorgtes gewesen, aber das änderte sich mit dem Tode seiner Großeltern. Als der alte Bauer starb, brachte der junge die neue Frau auf den Hof, und die Frau brachte die drei Kinder mit, die sie im Laufe der Wartejahre dem Bauern geboren hatte.

Die alte Bäuerin und der Bankert Gottlieb mussten Platz machen. Bankert, so war fortan sein Name, den die neue Bäuerin ihm gab. Seine Großmutter nahm ihn mit in das Austragstüberl.

Schmal war der Platz für Gottlieb geworden, aber seine Welt und seine Rechte sollten noch kleiner werden. Mit dem Tag, wo man seine Großmutter auf den Schragen legte, war für ihn alle Liebe zu Ende. Sein Platz war nicht mehr im Haus. Im Stall, auf einer Pritsche, war sein Nachtlager, dort schlief auch der Rossknecht. Mit der neuen Frau war ein ungutes Wesen auf »Bach« eingezogen – das verspürte nicht nur der Bankert, das kriegten auch die Dienstboten zu spüren. Diese waren es dann, die meiner Mutter die Dinge hinterbrachten, die sich um Gottlieb begaben.

Wenig sah meine Mutter von dem Kinde. Die Bachbauern waren Bergbauern. Für den Schulbesuch gaben sie ihm keine Zeit, und nach der Kirche verdrückte er sich immer wie ein scheues Tier. Meine Mutter ertrug aber diesen Zustand nicht. Sie ließ sich den Bachbauern kommen und sagte ihm alles, was sie betreffs des Kindes auf dem Herzen hatte. Es war eine Aussprache mit gegenseitigen Vorwürfen, aber für den Buben Gottlieb veränderte sich nichts. Der Bauer hatte, um des Friedens willen, in seinem Hause nicht den Mut, es für den Buben mit seiner Frau aufzunehmen.

An den wenigen Tagen, wo er in der Schule war, hatte er einmal das Unglück, einem verwöhnten und zimperlichen Mädchen mit seinen groben Schuhen auf die Zehen zu treten. Das Mädchen hat wehleidig geweint, der Bub aber hat in seiner großen Aufregung über das Geschehene noch mehr geweint. Das Mädchen verklagte den Buben beim Lehrer, der ein Freund ihres Vaters war. Dieser fand es notwendig, mit dem Bauernlümmel (wie er sich ausdrückte) herumzuschreien, obwohl er sah, wie verängstigt und scheu der Bub ohnedies war.

Wäre es wenigstens dabei geblieben. Es kam aber noch der Vater des Mädchens dazu, und beide Männer zusammen machten sich dann mit einem Haselnussstecken über den Buben her. Weil der Bub sich wehrte, fand man es notwendig, ihn mit einem Strick zu binden. Sie fügten dann nicht nur seinem Leib, sondern auch seiner Seele noch mehr Schaden zu, als in den vergangenen Jahren bereits geschehen war.

Als meine Mutter von der Sache erfuhr, hat sie im Wirtshaus beide Männer in Gegenwart von vielen Zeugen gestellt. Sie hat ihnen ihre Feigheit und Gemeinheit in das Gesicht gespuckt. Sie sagte: »Hättet ihr ein richtiges Elternhaus hinter dem Kinde gewusst, so hättet ihr niemals den Mut zu eurem Tun aufgebracht, aber an der Wehrlosigkeit so einer armen Kreatur, da streift ihr auch noch eure dreckigen Pratzen ab. Wäre ich jetzt ein Mann, so kriegtet ihr die Tracht Prügel zurück, die ihr dem Buben gegeben habt – ihr großen Helden ihr! Viecher seid ihr beide! Weil ich aber nur eine Frau bin, muss ich mich anders wehren.«

Daraufhin spuckte sie beiden in das Gesicht. Die Männer redeten was von Ehrenbeleidigung und Klagen bei Gericht, aber die Mutter trumpfte auf: »Klagen, ja, das werde ich, und zwar wegen gröblichster Misshandlung eines Kindes!«

Sie trug ab dieser Begebenheit auf Jahre hinaus den Hass in ihrem Herzen gegen diese beiden Familien aus unserem Dorfe. Wir Geschwister trugen diesen Hass weiter, und es gab mancherlei Raufhändel deshalb.

Als dann die Schulzeit Gottliebs beendet war, hatte Mutter wieder eine Unterredung mit dem Bachhofbauern. Als Folge davon übersiedelte Gottlieb auf einige Zeit zu uns, aber nur so lange, als Mutter brauchte, um für ihn ein bisserl Wäsch' und einiges Gewand aus Vaters alten Sachen zusammenzunähen. Denn der Gottlieb sollte in die Welt hinaus. Das hieß eigentlich nicht mehr, als irgendwo, in einem anderen Dorf, bei irgendwem einen Einstand zu suchen als Kleinknechtl. Weil zu dem alten Zeug vom Vater auch ein bisserl neues Zeug dazugekommen ist, wurde es ein ganz schöner Wanderbinkel für den Buben.

Vater zimmerte ihm dann sogar einen Koffer, das erste Stück eines Besitzes, das ganz ihm gehörte. Auch einen Rucksack gab er ihm. Vorerst sollte er mit dem Rucksack auf Einstandssuche gehen, der Koffer würde ihm dann mit den anderen Sachen nachgeschickt werden.

Ohne Tränen nahm er Abschied von uns, seine Seele war verschüttet und taub geworden, das Wort Liebe stand nicht in seiner Erinnerung. Mich aber hat sein Weggehen eigentümlich berührt. Deshalb schenkte ich ihm noch in letzter Minute meinen ganzen kostbaren Besitz: einen geweihten Pfennig, ein Skapulier und alle Heiligenbilder, die ich besaß.

Durch einen Boten erhielten wir dann nach Wochen Bericht von ihm. Er ließ um seinen Koffer bitten und um die anderen Sachen. Wir erfuhren, dass er viele, viele Gehstunden weit weg einen Bauern gefunden hatte. Bei diesem Bauern hatte er Verbleib, aber ob es ihm gut oder ob es ihm schlecht ging, ließ er uns nicht wissen. Der Bote war ein Viehhändler, und auf eindringliches Fragen der Mutter erfuhren wir, dass der Bauer nur Menschen im Dienste hatte, die im »oberen Stüberl« nicht ganz rein waren. Jemand anderer blieb nicht. Der Bauer war ein Grober, einer, der es mit Vieh und Leut' nicht gut meinte.

Das war jetzt für die Mutter ein rechter Kummer. Sie schrieb einen Brief an den Buben und legte denselben in den Koffer, den sie mit der Bahn schickte. Sie legte auch noch ein bisschen von ihrem Herzen dazu … Ein Lebkuchenherz, einige Krapfen und ein weißes Brot, ein Weihwasserkesserl, einen Rosenkranz und ein Gebetbücherl hat sie dazugelegt. Ob das Kind unter all den Dingen das Mutterherz fand?

Es war Monate später. Ich saß auf dem Dach der Holzhütte in der Sonne und strickte Socken für den Vater. Ich strickte und träumte – ich war in den Jahren, wo Mädchen träumen.

Das Holzhüttendach war wohl ein etwas ungewöhnlicher Sitzplatz zum Sockenstricken. Aber über mir war die Sonne und rings um mich die Berge. Ich atmete Sommer, Glück und Heimat. Ich roch die Wärme, ich roch die Wälder und sah den ewigen Schnee auf den Bergen meines Vaters, denn beide waren für mich unzertrennlich.

Aus meinen Träumen schreckte mich ein »Pst!« auf. Weil ich aber in einer Lebzeit war, wo mich die Buben schon gerne neckten, tat ich, als ob ich nichts gehört hätte. Aber das »Ge-pste« wiederholte sich, und es rief auch leise jemand: »Lina.«

So stieg ich also doch vom Dach herunter und schaute hinter alles Gebüsch nach dem versteckten Rufer. Ich fand einen Buben, der hinter einem Zaun, von Stauden verdeckt, auf seinem Bauch lag. Das Gesicht hielt er in seinen Händen verborgen auf die Erde gedrückt. Auf seinem Kopf stand ein Schüppel ungeordneter schwarzer Haare, darauf starrte ich immerzu nieder. Ich kannte den Buben nicht. Weil er sich nicht mehr rührte und auch nicht aufsah, setzte ich mich mit meinem Stricksocken neben die Stauden und klapperte absichtlich recht laut mit den Nadeln – mir kam er ja doch nicht mehr unerkannt aus.

Nach einiger Zeit hob der Bub dann wirklich seinen Kopf und sah mich an. Mich durchfuhr ein förmlicher Schreck – es war mein Bruder Gottlieb, der da hinter den Stauden lag.

»Was tust denn du da?«, waren meine Begrüßungsworte. Er aber machte mir ein Zeichen, leise zu sein.

»Komm herüber«, flüsterte er – über den Zaun sollte ich zu ihm kommen.

Ich warf erst meinen Socken hinüber, denn stieg ich selber nach. Was mein Bruder von mir wollte, war Brot. Drei Tage war er schon ohne Essen. Von seinem Bauern war er weggelaufen, das sei ein Böser. Der schlug alles: seine Frau, sein Vieh und die Leute, die in seinem Dienst waren.

In der vergangenen Nacht hatte Gottlieb schon im Heu hinter unserem Hause geschlafen. Er fürchtete, dass die Mutter böse wäre, wenn sie ihn sehen würde. Er wollte gleich wieder weggehen, nur ein Stückerl Brot sollte ich ihm geben. Dann wollte er sich einen anderen Bauern suchen. Seine Sachen hatte er noch bei seinem bösen Bauern, auf die wollte er verzichten. Das Stückerl Brot blieb aber vorerst die Hauptsache. Ich war ganz ratlos. Wo sollte ich das Stückerl Brot hernehmen, wenn ich der Mutter nichts sagen durfte?

Was mag wohl in diesem Kinde vorgegangen sein? In seiner Not hatte es sich in die Nähe der Mutter geflüchtet, wagte es aber nicht, der Mutter unter die Augen zu kommen. Ich, selber noch ein Kind, erfasste nicht einmal zur Hälfte den Jammer dieses Kindes.

Ich ging in das Haus und strich um den Kasten herum, wo das Brot lag, hatte aber nicht den Mut, heimlich davon zu nehmen. So nahm ich die kalten Kartoffeln mit, die von Mittag noch übrig waren und die der Hund und die Hühner kriegen sollten. Er aß sie alle auf, er schälte sie nicht einmal. Das Weggehen zögerte er aber immer hinaus. Wollte ich gehen, dann bat er immer: »Geh, bleib noch a wengerl!«

Ich blieb und blieb ein wengerl bei ihm, bis es Abend wurde. Weil ich aber, wenn ich dann einmal im Hause war, nicht mehr herauskommen durfte, überredete ich den Buben, noch eine Nacht auf dem Heuboden zu schlafen. Vielleicht konnte ich ihm mein Nachtmahl bringen oder mein Frühstücksbrot. Diese Aussicht verlockte ihn zum Bleiben, und außerdem – das Weggehen fiel ihm schwer.

Als Nachtmahl gab es eine Kartoffelsuppe. Ich saß vor meinem Teller und starrte hinein und dachte nach, wie ich es bewerkstelligen konnte, die Suppe auf den Heuboden zu bringen. Meine Mutter beobachtete mich und missverstand mein zögerliches Essen. Ich kriegte schließlich noch eine hinter die Ohren, worauf ich die Suppe, die für den Gottlieb bestimmt war, mit meinen Tränen würzte.

Je länger ich über meiner Suppe saß und nachdachte, desto größer wurde mein Kummer. Vielleicht hat die Mutter befürchtet, dass ich krank werde – sie begann, gütig mit mir zu reden. Das aber vertrug mein aufgewühltes Gemüt am allerwenigsten, und ich sagte es ihr, für wen die schon kalt gewordene Suppe bestimmt gewesen wäre.

Meine Mutter ging sofort auf den Heuboden, mich nahm sie mit. Der Bub lag mäuserlstill in einer Ecke. Wir mussten ihn erst suchen, denn auf das Rufen der Mutter meldete er sich nicht, sodass wir zuerst dachten, er wäre gar nicht mehr da. Die Mutter behielt den Buben einige Wochen bei sich, bis er wieder etwas im Gleichgewicht war. Seinem Bauern schrieb sie einen Brief mit dem Auftrag, die Sachen des Buben zu senden.

Dann kam doch wieder der Tag, wo sich der Bub auf den Weg machte, einen neuen Einstand zu suchen. Mutter gab ihm ihren Segen und viele gute Ermahnungen mit auf den Weg und den Auftrag, bald und öfters zu schreiben. Ich begleitete ihn ein Stück des Weges auf der Landstraße. Aus dem einen Stückerl wurde aber immer wieder eines. »Noch bis zu dem nächsten Baum …«, »… nur noch bis zur Telegrafensäule …«, »… noch bis zum Wegmacherhaus …«, so bettelte er immer wieder.

Er hat mich damit ein ganzes Stück in den Tag hinein und vom Hause fortgelockt. Einmal aber musste ich umkehren und das schwere Wörterl »Pfiat Gott« sagen. Um das zu sagen, bleibt man stehen – und so blieben wir stehen: zwei Kinder auf der Landstraße – zwei Häufchen Unglück. Ich konnte nach dem Abschiednehmen heimwärts wandern, auf mich warteten die Mutter, das Heim und die Geschwister. Er aber ging dem Fremden, dem Unbekannten entgegen. Es stand ihm das Leid in den Augen …

»Pfiat Gott, und schreibe bald!« Das waren meine Abschiedsworte. Er aber sagte gar nichts. Dann waren zehn Schritte zwischen uns, dann zwanzig, und es wurden immer mehr. Aber es waren nur die Schritte, die ich ging. Er stand noch immer auf dem gleichen Fleck vor der verfallenen Hütte im Felde. Sooft ich mich auch umdrehen mochte, er stand immer noch und winkte ein bisschen müde und hoffnungslos. Beinahe wäre ich zurückgelaufen, um ihm zu sagen, er solle doch weitergehen. Zuletzt konnte ich ihn nur mehr als einen kleinwinzigen Punkt ausmachen, weil ich sehen wollte, ob er noch immer stille stand oder ob er sich bewegte. Ich sah lange auf diesen Punkt hin. Dieses Pünktlein war das Letzte, was ich im Leben von diesem unglücklichen Bruder sah.

Es war dann wiederum ein Viehhändler, der uns nach Wochen Botschaft von ihm brachte. Eigentlich war es sein Bauer, der uns wissen ließ, dass der Gottlieb wieder zu ihm zurückgekehrt sei. Einen weiteren Bericht erhielten wir nicht von ihm, obwohl ihm Mutter schrieb. Das bisschen, was er in der Schule gelernt hatte, war wohl nicht ausreichend für einen Brief.

Meine Mutter befürchtete, dass er nur aus Not auf seinen alten Platz zurückgekehrt wäre, dass es ihm nicht gelungen war, einen anderen Einstand zu finden. Sie beunruhigte sich sehr. Weil aber die Zeit ohne Ereignis verging, versank diese Sorge, um Platz zu machen für andere Kümmernisse …

Monate waren vergangen, von Gottlieb war keine Nachricht mehr gekommen, und wir nahmen an, dass es ihm erträglich ging. Ich war mit meinen Geschwistern auf dem Weg in das Dorf, das heißt, wir wohnten zu der Zeit im oberen Dorfe und gingen in das untere. Im Hohlweg begegneten wir einem Weiblein, das uns nach dem Haus der Hochrainerischen frug. Die Hochrainerischen aber waren wir. So kehrten wir um und begleiteten das Weiblein zur Mutter.

Sie kam, um uns eine Botschaft zu bringen: Gottlieb war tot … ein ausschlagendes Pferd hatte ihn getötet. Man hatte ihn tot im Stall aufgefunden.

Wir waren alle sehr bestürzt über diese Nachricht. Mutter probierte, Näheres zu erfahren, aber das Weiblein war nicht ganz kopfrein und zeigte sich sehr zurückhaltend im Reden. Da das Weiblein einen weiten Weg hinter sich hatte, musste es ein bisschen bewirtet werden. Die Mutter kochte Kaffee, ließ weißes Gebäck holen und wartete außerdem noch mit einem Schnäpschen auf.

Das Weiberl zeigte sich sehr gerührt über so viel Aufmerksamkeit. Es wurde alsbald etwas redseliger, und von der Redseligkeit zur Vertrauensseligkeit ist es kein weiter Weg. Mit jedem Schnapserl kam das Züngerl der Alten ein bisschen mehr los, und sie hatte meiner Mutter auf einmal viel zu sagen. Nur war ihr Gerede ziemlich durcheinander – in ihrem Dachstüberl herrschte keine Ordnung der Dinge.

Meine Mutter schenkte ihr erst Aufmerksamkeit, als sie ihr zuzuflüstern begann und mit Seitenblicken auf uns heimliche Gebärden des Schweigens machte. »Geht hinaus!«, befahl uns Mutter. Wir setzten uns in den Garten unter den alten Birnenbaum und beredeten das Gehörte.

»Hat jetzt der Bauer den Gottlieb erschlagen, oder hat das Ross ihn erschlagen?«, frug mein Bruder Oskar. Ich konnte es ihm nicht sagen, denn das Geflüster des Weibleins war zu undeutlich gewesen.

Eigentlich fühlten wir uns verpflichtet, den toten Bruder zu beweinen. Aber er, der unserem Leben immer so fern gestanden hatte, kam uns auch im Tode nicht näher. Aber eine tiefe Traurigkeit um die Not und den Jammer dieses Bruders legte sich auf unser Gemüt.

Nach einiger Zeit rief uns die Mutter, das Weiblein rüstete zum Abschied. Sie gab uns reihum die Hand und weinte vor Rührung über die gute Bewirtung. Meiner Mutter sagte sie noch, dass sie eine gute und schöne Frau sei, sie erging sich in tausend »Vergeltsgott«.

Als das Weiblein gegangen war, saß meine Mutter eine Zeit lang ganz ratlos da. Sie weinte, und von ihren Tränen nässten sich auch unsere Augen. Wir waren froh darüber, denn wir fühlten uns verpflichtet, wenigstens ein bisschen zu weinen. Wir dachten, es gehöre sich so, wenn jemand stirbt. Also taten wir nichts anderes als unsere Schuldigkeit, und der Mutter war geholfen …

Lange, gespenstische Schatten über unserem Weg

Es war schon später Nachmittag geworden, und die Mutter erinnerte sich mit sichtbarem Erschrecken, dass der Vater verständigt werden musste. Sie hatte wohl Bedenken, den Oskar und mich den langen Weg zu schicken. Es würde Nacht werden, ehe wir an unser Ziel kamen, und wir würden uns fürchten. Auch konnten wir auf dem schmalen Steg des Wildbaches in das Wasser fallen. Allerhand Bedenken und Befürchtungen äußerte die Mutter, aber es blieb ihr keine andere Wahl. Sie wollte den Vater so schnell als möglich bei sich haben, denn sie musste sich mit ihm bereden. Es war mit dem Tode des Buben etwas, was nicht stimmte, und ohne den Vater wollte sie nichts unternehmen.

Also machten wir uns auf den Weg, der Bruder und ich. Anfangs waren wir voll guten Mutes. Wir wollten sogar der Nacht ein Schnippchen schlagen, indem wir weit ausschritten, um die vier Gehstunden auf die Hälfte zu verkürzen. Aber bald ermüdete uns unser Gehen. Die Nacht kam doch, und sie warf, ehe sie in vollständige Finsternis überging, lange, gespenstische Schatten über unseren Weg. Wir hatten längst das Dorf, die Häuser und die Menschen hinter uns gelassen. Felsen, Gestein, Farne und Moos und Wasserrauschen waren über uns und um uns. Aus der Finsternis und aus der Wildnis kam die Furcht zu uns als unerwünschter Wegkamerad. Die lauten Worte und Gebärden hatten wir abgetan. Wir schlichen auf leisen Füßen flüsternd dahin. Der Wildnisschauer ließ uns zuerst frösteln und dann kalt werden bis in die Seele. Der Weg dehnte sich unendlich lang. Wir weinten aus Angst, aber wir machten einander weis, dass wir um den toten Bruder weinten, damit wir uns nicht zu schämen brauchten.

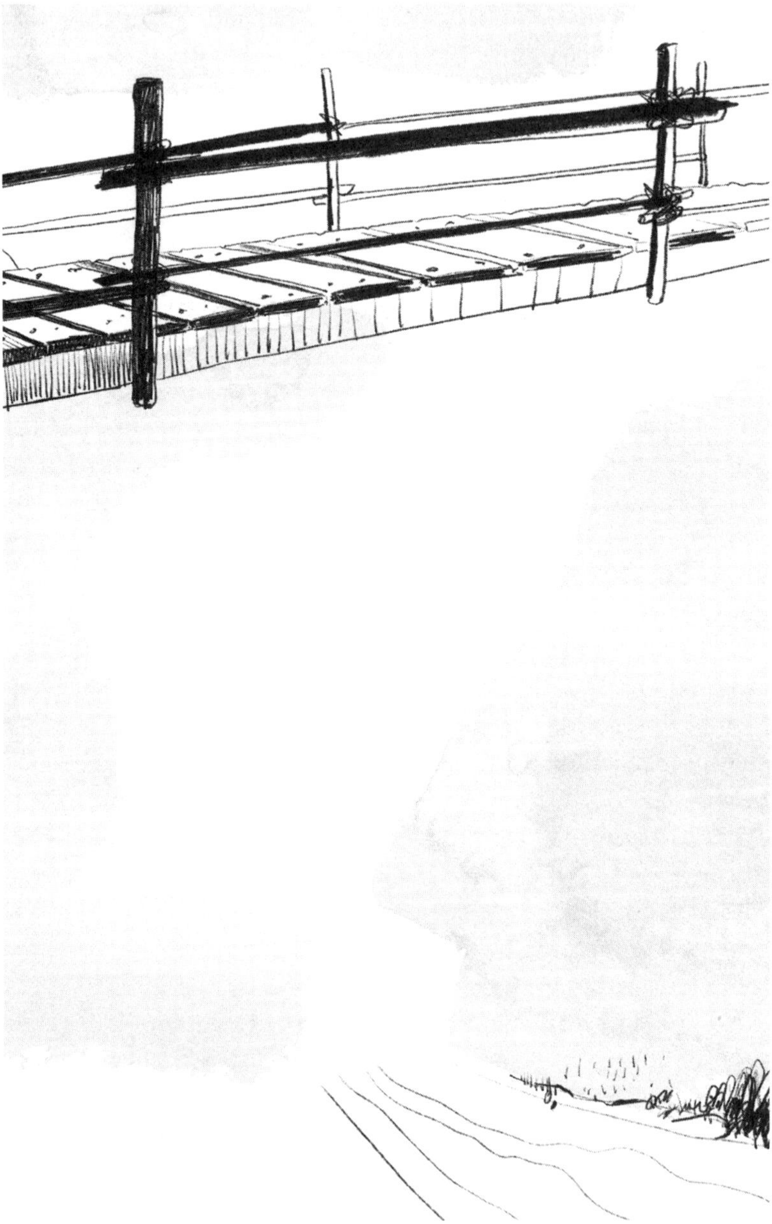

Dann kam das Wiesenwirtshaus, aber kein freundliches Licht blinkte aus den Fenstern. Seine Fenster waren gleich erloschenen Augen in der Dunkelheit. Aus diesen toten Augen aber tropfte noch mehr Not in unsere Herzen, weil jetzt das heimliche Lichtlein der Hoffnung erloschen war, dass der Vater vielleicht im Wiesenwirtshaus sitzen könnte und wir dann nicht den Gang über den Steg allein machen mussten. Denn auf diesem Steg war einmal der Tod gestanden, in einer regenfinsteren Nacht, und hatte dem Bauern Hans keinen Platz gegeben. Ob in dieser Nacht auch der Tod auf dem Steg stand …?

Wir warfen einen letzten Blick auf das Wiesenwirtshaus, das in der Finsternis dunkel, drohend und abweisend dastand. So freundlich es tagsüber aussah, jetzt war es ein totes Ding ohne Seele.

Vom Wiesenwirtshaus zum Jägerhaus verlor sich der Weg zu einem schmalen ausgetretenen Pfad. Diesen Pfad aber verloren unsere müden Füße in der Dunkelheit. Wir erreichten wohl den Wildbach, aber nicht an der Stelle, wo der Steg über das Wasser führte. Wir wanderten am Ufer auf und nieder, um den Steg zu suchen. Wir streckten Hände und Füße in die Dunkelheit, um den Augen zu helfen, aber wir konnten den Steg weder ersehen noch erfühlen. Eine große Verzagtheit kam über uns, und überdies hatten wir das Gefühl, als ob aus der Finsternis, aus dem Wasser und aus allen Höhlen etwas Böses kam und uns umschlich.

Vom anderen Ufer wäre es nur mehr eine halbe Gehstunde zu unserem Vater gewesen, wir aber konnten nicht hinüberkommen.

Die Verzweiflung darüber wuchs plötzlich so sehr über unsere Kraft hinaus, dass plötzlich unsere gellenden Stimmen die Nacht durchschnitten: »Vater! Vater!« Wir erschraken selbst über unser Geschrei, das die Stille der Nacht schändete, und in wachgerufenen bösen Dingen zu uns zurückkommen konnte …

Vielleicht gar der Tod selber, der dem Hans den Übergang zum anderen Ufer gewehrt hatte? Wir beteten ein Vaterunser für den Hans, der an dieser Stelle um das Leben gekommen war, und ein Vaterunser beteten wir für uns selber. Weil wir doch nichts anderes tun konnten, beteten wir nacheinander, was uns so einfiel: alle Schutzengelgebete und ganz zum Schluss noch alle Sterbegebete, die wir wussten. Weil aber vom Wasserhauch des Wildbaches kalte Schauer bis in unsere Seele drangen, mussten wir das Beten aufgeben und ein bisschen Bewegung machen. Wir machten einige zaghafte Schritte und … standen vor dem Steg. Die ganze Zeit über waren wir in der Nähe gestanden, ohne ihn zu sehen.

Als wir es dann der Mutter erzählten sagte sie: »Ihr seid sicher die ganze Zeit auf einer Irrwurz gestanden.«

Von uns aber glitt in dem Moment, als wir den Steg entdeckten, die Verzweiflung wie ein Mantel ab. Wir zogen unsere Schuh' und Strümpfe aus, weil wir mit der Gefühlssicherheit unserer nackten Füße über den Steg gehen wollten. Wir steckten die Strümpfe in die Schuhe und hängten uns dieselben um den Hals. Dann reichten wir einander die Hände. In diesem Augenblick, wo wir uns Hand in Hand zusammen in die höchste Gefahr begaben, ging von unseren Fingerspitzen bis in die Tiefe unserer Seelen ein Gefühl der Zusammengehörigkeit und der Liebe. Denn das war jetzt die wirkliche Gefahr und nicht nur die eingebildete. Wir tasteten mit unseren Zehen den Steg ab, und Fuß für Fuß schoben wir uns vorwärts. Im Rucksack hatten wir eine Laterne und Zündhölzer, aber wir wollten nicht mit einem Licht böse Dinge auf uns aufmerksam machen, deshalb blieb die Laterne im Rucksack.

Der Steg nahm ein Ende. Gras umschmeichelte unsere Füße und sandte Wellen der Beruhigung nach unseren Herzen. Der Tod war also doch nicht auf der Brücke gestanden in dieser Nacht, denn wir lebten! Nur noch eine halbe Gehstunde und dann …

Wir nahmen uns nicht einmal mehr die Zeit, unsere Strümpf' und Schuh' anzuziehen, wie auf Siebenmeilenstiefeln marschierten wir weiter.

»Vater! Vater!«, riefen wir ein zweites Mal in dieser Nacht, aber dieses Mal schon vor der Türe des Jägerhauses. Die liebe

Stimme unseres Waldis begrüßte uns von innen. Er wollte uns mit Gewinsel und einem furchtbaren Gekratze die Türe aufmachen, aber das genügte nicht. Unsere Herzen machten Freudenhupfer vor lauter Glück.

»Ja, um Gottes willen, was ist denn geschehen?« Mit diesen Worten begrüßte uns der Vater. Jetzt waren wir bei ihm … alles Leid fiel von uns ab und machte einer wohligen Müdigkeit Platz. Der Waldi leckte uns die nackten Füße, und der Vater labte uns mit heißem schwarzen Kaffee. Dann durften wir uns auf eine Stunde in sein noch warmes Bett legen, und er erlaubte es sogar, dass der Waldi sich zu uns legte, worüber wir alle drei sehr im Glück waren.

An dem folgenden Tage machten wir uns auf den Weg zu meinem Bruder. Dieser erste Besuch hätte ihm im Leben mehr Nutzen und Freude bereiten können als jetzt im Tode, ja, vielleicht auch sein Leben verändern …

Ein Stück des Weges fuhren wir mit der Eisenbahn, und ein langes Stück gingen wir zu Fuß. Als wir des Hauses ansichtig wurden, das »Einödhof« hieß, hatten wir alle drei das Gefühl, als ob wir etwas Feindlichem und Ungutem entgegengingen. Ein wüster Hund lag an einer Kette und bellte uns wütend an. Das Tier sah gänzlich verwahrlost aus und hatte triefende Augen.

»Von diesem Tier haben sie auch schon längst die Seele erschlagen«, sagte Mutter, als wir an dem Hund vorbei in das Haus gingen. Niemand hielt uns auf, niemand kam uns entgegen. Vater klopfte an mehreren Türen, aber nirgends hörten wir ein »Herein«.

Leer war die Küche, leer war die Stube, und leer war die Kammer. In einer ganz kleinen Kammer aber brannte eine Kerze, da lag einer auf dem Schragen, und das war mein Bruder …

Seine Augenlider waren mit zwei Kupfergeldstücken geschlossen – das war das Erste, was ich sah. Wirr und unordentlich hingen seine schwarzen Haare um seinen Kopf, Strohteilchen hingen darin. Auf der Stirne klebten Strähnen schwarzen Haares, mit Blut verkrustet. Blut lief in einem eingetrockneten Rinnsal von den Nasenlöchern bis in das Genick. Auch von seinem Mundwinkel verlief ein solches Rinnsal in seinen Hals. Auf seiner Brust hatte man seine im Tode noch geballten Fäuste zusammengeschoben und dazwischen ein Kreuz gesteckt. Seine Kleidung war voller Flicken, zerrissen, schmutzig, und Strohteilchen hingen überall daran.

»O Gott, wie ein Stück Vieh!«, schrie meine Mutter auf.

Ein Räuspern im Rücken ließ uns umsehen. Im Türrahmen stand eine Frau. Die Frau trug ein Kopftuch, das unter dem Kinn gebunden war. Man sah nur ihre kalten, blauen Augen, eine spitze Nase und einen hart verkniffenen Mund. »Eine zum Fürchten«, sagte Vater später einmal, als von der Frau die Rede war.

Sie bot uns den christlichen Gruß. Vater erwiderte ihn. Mutter schwieg, denn das Leid erdrückte sie beinahe.

Vater frug: »Bist du die Bäuerin?«

»Ja!«, kam es kurz zurück.

»Dann kannst du mir sagen, wie sich das zugetragen hat«, sagte Vater und wies mit seiner Hand nach der Leiche.

»Ich habe es nicht gesehen … der Bauer hat ihn gefunden … im Stall, tot …« Sie biss in Pausen die Worte aus ihrem Mund.

»Wo ist der Bauer?«

»Weiß ich nicht!«

»Hat er sich versteckt?«

»Wüsst nicht warum!«

»Aber vielleicht weißt du, ob der Bauer dem Buben mit einem Prügel auf den Kopf gezimmert hat …?«

»Ja, wie kumman S' denn da drauf?«

»Das ist meine Sache, ich frag nur, ob es stimmt.«

»Jo, ist der feine Herr vielleicht gar von der Polizei?«, frug die Frau mit frechem Spott.

»Nein, das bin ich nicht, aber ich kann sie dir schicken!«, sagte Vater böse.

Er griff nach Mutters Arm und sagte: »Komm Marie, gehen wir, wir haben hier nichts mehr verloren, beten für den armen Teufel können wir auch anderswo.«

Mutter aber wand noch einen Rosenkranz um die Hände ihres Kindes, ordnete ein bisschen sein Haar und machte das Kreuzzeichen über sein Gesicht. Sie wollte ihm auch noch das Gesicht waschen, aber Vater ließ es nicht zu. Er sagte, er hätte seine Gründe dafür.

Ohne Gruß verließen wir das ungute Haus und fuhren zur Tant' Nanni.

Der Onkel, die Tante, Vater und Mutter berieten und beredeten die Sache von allen Seiten. Ich lag daneben im Bett und hatte meine eigenen Gedanken. Ich erwog alle Zeiten im Leben meines Bruders, in denen ich ihm vielleicht etwas Liebe hätte erweisen können und die ich versäumt hatte …

Den nächsten Tag fuhr ich mit Mutter wieder heim. Vater blieb zurück. Er wollte, wie er sagte, ein bisschen Licht in diese düstere Sache bringen. Das Licht in dieser Sache aber war mit dem Tode meines Bruders erloschen. Das närrische Weiblein wusste von rein gar nichts mehr, das Ross konnte nicht reden, und Tote schweigen …

Meine Schwester Gretl
Wenn er beizeiten den Hof übergeben hätte …

Das Leben meiner Schwester Gretl nahm einen anderen Verlauf. Ihre Kindheit war nicht so bar jeder Liebe wie die meines Bruders Gottlieb. Sie wuchs zusammen mit uns Geschwistern auf und teilte mit uns alles, was es zu teilen gab, auch die Schläge. Ihre Mutter war die Erbin eines Hofes, die sich den Wünschen ihres Vaters fügte und den zum Manne nahm, den ihr Vater für sie bestimmte. Somit kannte die Gretl nur eine Mutter, und das war die meine.

Mit der Beendigung ihrer Schulzeit kam für sie der Tag, wo sie, wie alle Kinder aus meiner engeren Heimat, auf den Weg gestellt wurde, der in das Großmenschenleben führt.

Es ging diesen Weg vor ihr mein Bruder Gottlieb, und nach ihr hatte ich ihn zu gehen, nach den ungeschriebenen Gesetzen der damaligen Zeit. Es galt bei uns als Schande, schulentlassene Kinder zu Hause zu behalten. Die Bauern brauchten Arbeitskräfte, und die jungen Kräfte waren die billigsten. Mit viel, viel Tränen und Schluchzen ging meine Schwester den Weg, den vor ihr ungezählte bange Herzen gegangen sind. Das Zeitalter des Kindes gab es dazumal noch nicht. Eine Nachgiebigkeit in diesen Dingen galt als Lächerlichkeit.

Meine Schwester Gretl hatte einen großen Teil der Schönheit geerbt, die in meines Vaters Familie so unrühmlich berühmt geworden ist. Aus diesem Grund waren schon sehr bald die Männer hinter ihr her. Ihr aber gefiel nur einer, und das war der Örg vom Berghof.

Der Örg konnte sich auch sehen lassen. Er war einer der saubersten Burschen aus der ganzen Umgebung. Auf dem Berghof selber aber saß noch der alte Bauer, und der Örg und die Gretl mussten noch mit der Liebe warten. So verging ein Jahr, es verging ein zweites Jahr, es verging ein drittes Jahr. Auf dem Berghof aber saß noch immer der alte Bauer.

Seit Jahren war er Wittiber. Die Töchter, die ihm die Wirtschaft führten, hatten so nach und nach aus dem Hause geheiratet. Es war hoch an der Zeit, dass er in Austrag ging und dem Sohn den Platz einräumte. Die Gretl hatte wohl den Platz der Töchter bezogen, sie führte die Wirtschaft am Berghof. Bäuerin aber war sie noch nicht, und der Örg war nur Knecht.

Dessen ungeachtet aber kam das Soferl zur Welt. So verging abermals ein Jahr.

Dem Örg und der Gretl begann die Wartezeit lang zu werden, und sie redeten mit dem Vater. Auch die Schwestern des Örg redeten für die Jungen – der Alte auf dem Berghof aber blieb, wo er war. Der Örg und die Gretl verließen den Berghof und pachteten einen Hof im Dorf. Das zweite Kind hatte sich angekündigt, und sie wollten heiraten.

Also sollte der Örg demnächst als Brautwerber zu uns kommen. Meine Mutter fand es zwar etwas überflüssig, aber sie buk für den Abend einen Kuchen, machte einen guten Kaffee und empfing den Örg mit all der heiteren Freundlichkeit, die ihr angeboren war.

Der Örg trank den Kaffee und lobte ihn. Er verspeiste den Kuchen und lobte ihn auch. Er redete vom Wetter, vom Vieh, von den Schwestern, von deren Männern, er redete von den Nachbarn, aber über die Gretl und sich selber sagte er nichts.

Der Kuchen war aufgegessen, der Kaffee ausgetrunken, der Abend war weit in die Nacht gerückt. Meine Mutter gähnte, der Örg gähnte auch, und ich war schon fast eingeschlafen.

Da sagte meine Mutter: »Örg, du hast noch einen weiten Weg und wirst jetzt heimgehen müssen. Es hat mich gefreut, dass du gekommen bist. Und wegen der Gretl, das ist alles in Ordnung, bei mir und auch beim Michl. Wir wissen, dass du brav bist und rechtschaffen, und wir freuen uns, dass die Gretl so einen Mann kriegt. Wir wünschen euch alles Glück!«

Der Örg war sehr froh und bedankte sich für die Jause, als ob ihm Mutter eine Kuh geschenkt hätte. Ich aber bin ganz ernüchtert in mein Bett gegangen – ich hatte mir unter einer Brautwerbung ganz etwas anderes vorgestellt.

Der Alte auf dem Berghof nahm sich eine Wirtschafterin und immer wieder eine, er wechselte sie wie ein anderer sein Hemd. Schließlich, nach allen trüben Erfahrungen mit den Wirtschafterinnen, beschloss er zu heiraten. Meine Godn, die Bäuerin zu Aigen, wäre ihm gerade noch recht gewesen. Die Godn aber bedankte sich für die Ehre, und der Berghofer musste sich anderweitig umsehen. Er hatte aber in dieser Sache alle seine Kinder gegen sich.

Der Sohn wartete auf den Hof, die Töchter und Schwiegersöhne warteten auf den ihnen zufallenden Teil. Der Alte aber, der seit vielen Jahren schon Witmann war, hatte über einem harten Leben die Weiber versäumt. Jetzt dachte er, noch nachholen zu müssen, was ihm in dieser Hinsicht das Leben schuldig geblieben war. Die Kinder aber stemmten sich so kräftig gegen den Willen ihres Vaters und brachten die Meinungen aller Köpfe im Dorf auf ihre Seite, sodass der Alte in seiner verspäteten Erotik nur mehr die Lächerlichkeit sah, der er sich damit aussetzte. So begnügte er sich mit einer neuen Wirtschafterin und gab seine Heiratsabsichten auf.

Gretl und Örg wirtschafteten auf ihrem Gütl herum, von einem Tageslicht zum anderen. Die Kinder kamen eines ums andere, die Sorgen kamen auch eine um die andere. Sonntags gingen sie wohl in ihrem besten Staat zur Kirche, aber die Schuhe trugen sie in der Hand. Schuh' und Strümpfe wurden erst am Rande des Dorfes angezogen. Auf dem Heimweg hielten sie es genauso. Obwohl die Leute über diese Form von Sparsamkeit lachten und spöttelten, waren Gretl und Örg ihres Fleißes wegen geachtet.

Und dann kam der Krieg von 1914 und holte den Örg weg aus seinem harten, barfüßigen Leben und zwängte ihn hinein in die noch härteren Soldatenstiefel.

Jetzt redeten die Leute über die Schande vom Alten auf dem Berghof. Wenn er beizeiten den Hof übergeben hätte, dann hätte der Sohn nicht so rasch einrücken müssen. Die Gretl verließ ihren Hof, den sie mit ihren vielen, kleinen Kindern nicht mehr allein bewirtschaften konnte. Im Taglohn bei den Bauern verdiente sie aber immer noch etwas zu ihrer Unterstützung dazu und legte es auf die Seite, damit sie mit barem Gelde ihren Einstand auf dem Berghof machen konnten, wenn Örg dann heimkehrte. Wohl kamen die Kinder etwas zu kurz bei diesem Leben, sie kamen sogar um vieles zu kurz, aber wie gesagt: Es war noch nicht das Zeitalter des Kindes …

Weil das Dorf keine Ruhe mehr gab und das Gerede des Dorfes dem Alten auf dem Berghof keine Ruhe mehr ließ, nahm er sich im vierten Jahre des Krieges die Schwiegertochter mit ihren elf Kindern in das Haus.

Ein Jahr nach Kriegsende kehrte auch der Sohn heim. Der Alte ging in Austrag, und der Junge legte sich zum Sterben hin. Aus der russischen Gefangenschaft hatte er ein Fieber mit heimgebracht, das seine Kraft langsam verbrauchte. Im sechsten Monat nach seiner Heimkehr starb er. Die Gretl hat ihr Leben mit den elf Kindern und dem Alten weitergelebt – es ist kein leichtes gewesen …

Das erste Fahrrad

Auf einmal war es auch in unserem Dorf – das erste Fahrrad, und es gehörte meinem Vater.

Wir Geschwister waren mächtig stolz auf diesen Besitz, nur die Mutter nicht. Sie jammerte um das viele Geld und überdachte alle Gefahren, die aus dem Gebrauch so eines Vehikels entstehen konnten. Mutter benannte es von der Stunde an, wo es in unser Haus kam, »Vehikel«.

Vater aber schlich sich abends auf allen Hinterwegen des Dorfes auf die Landstraße hinaus, um zu üben. Heim kehrte er immer in der Dunkelheit, Hände und Knie zerschunden und mit zerrissenen Hosen. Der Mutter machte das neue Fahrrad wenig Freude, dem Vater schon.

Eines Tages mussten wir alle mitkommen auf die Landstraße, Vater wollte uns seine Künste zeigen.

Also kamen wir alle mit, auch Mutter. Zuerst ließ uns Vater sehen, wie man ein Rad besteigt. Er neigte das Fahrrad ein bisschen nach links, schwang das rechte Bein darüber und hüpfte mit dem linken neben dem Rad her, dann fiel er um.

Vater sagte, das wäre nichts Besonderes. Er hüpfte noch einige Zeit mit dem Rad herum, auf einmal aber war er droben und fuhr weg. Zuerst brauchte er wohl die ganze Straße, aber dann ging es

wie an einem Schnürl dahin. Nur das Umkehren hatte noch einen Haken, aber ein paarmal gelang ihm sogar das. Wir bewunderten Vater sehr, und in der Schule erzählten wir Wunderdinge von unserem Rad fahrenden Vater. Damit aber wuchs die Anzahl der Feinde und Neider unter den Dorfbuben noch mehr an, und meine Raufhändel mit ihnen mehrten sich.

Eines Tages erlaubte Vater, dass ich mitfahre. Jetzt war meine Stunde gekommen. Wohl wollte Vater anfangs nichts davon wissen, mit dem Rad durch das Dorf zu fahren, der Weg war voller Löcher und Steine. Ich aber wollte um jeden Preis durch das Dorf fahren – und so geschah es auch. Hinten auf dem Fahrrad hatte Vater ein Brett befestigt, das war meine Sitzgelegenheit.

Die Abfahrt vor unserem Haus verursachte uns Schwierigkeiten. Wir gerieten sehr ins Schlingern und landeten dann auch auf dem Misthaufen der Nachbarin. Das war unsere erste Station.

Wir brachten es aber doch so weit, dass wir fuhren, und ich schaute stolz nach den Haustüren und Fenstern der Dorfhäuser, denn aus den Fenstern schauten meine Neider, und in den Hauseingängen standen meine Widersacher. Und ihr Geraune war hinter mir her, aber nicht lange, dann gaben sie das Raunen auf. Die Dorfbuben waren hinter uns her, und Schimpfworte wurden laut. Ein Dreckbatzen flog mir an den Kopf, Zungen streckten sich heraus, lange Nasen wurden gedreht – das waren also die sichtbaren Erfolge meines Triumphzuges durch das Dorf, auf den ich nicht verzichten wollte. Ich hätte zu gerne eine lange Nase zurückgedreht, aber ich durfte Vaters Rock, an dem ich mich festhielt, nicht auslassen. Ich setzte also mein hochmütiges Hochrainergesicht auf – ich habe bestimmt meine Urahne damit übertroffen – und tat so, als ob mir alles nichts anhaben könnte.

Als ich aber dann doch für einen kleinen Augenblick den Hochmut vom Gesicht nahm, um meinem größten Widersacher, dem Zechner-Hansl, die Zunge herauszustrecken, stolperte Vater mit dem Fahrrad über einen Stein, schoss dann überdies noch in ein Loch hinein, und das hätte mich beinahe meine Zunge gekostet, so kräftig habe ich darauf gebissen.

Die Buben machten sich über mein Auf-und-nieder-Gehupfe sehr lustig, und ich war dann wirklich froh, wie der Triumphzug durch das Dorf beendet war und wir uns auf der Landstraße befanden. Zwar gab es auch auf der manche Löcher, in die wir hineingerieten, aber gegen den Dorfweg war es die reinste Himmelsstraße.

Jetzt schwoll uns beiden sehr der Kamm, wir wollten im nächsten Dorf ein Glas Bier trinken und dann wieder heimfahren. Aber der Mensch denkt, und Gott lenkt … An diesem Tag hat Gott das Fahrrad meines Vaters auf einen großen Schotterhaufen hingelenkt, und diesen Schotterhaufen hat Vater im Galopp genommen …

Es hat uns nicht gutgetan – uns nicht, und dem Fahrrad auch nicht. Ich hinkte auf einem Fuß, Vater hinkte auf beiden. Das Fahrrad sah am ärgsten aus, es war ganz »verwedelt«. Vater sagte zwar, es wäre nicht verwedelt, es hätte nur einen Achter, und der könne wieder herausgebogen werden.

Dieses Wort, Achter, hat mir so viel Eindruck gemacht, dass ich es einmal angewendet habe, als meine Schwester Franzi aus dem Kirschbaum gefallen war. Ich tröstete meine erschrockene Mutter mit den Worten: »Es fehlt ihr weiter nichts, sie hat nur einen Achter, und der kann wieder herausgebogen werden.« Die Mutter gab mir eine um die Ohren und sagte: »So, da hast du jetzt auch einen Achter, bieg ihn wieder heraus!«

Also, da saßen wir im Straßengraben, mein Vater und ich, seine Tochter. Beide waren wir zerschunden und zerknirscht. »Was wird uns Mutter loben«, sagte ich, uns beiden zum Trost.

Wir sind dann auf einen Heustadel zugehinkt, um von der Landstraße zu kommen, denn wir wollten nicht in aller Leute Blickfeld sein. Wir wollten weder ihren Spott noch ihr Mitleid haben.

Im Dämmerdunkel begaben wir uns auf den Heimweg. Vater trug das Fahrrad auf seinem Buckel, ich hinkte neben ihm her.

Den lieben Gott bat ich in meinem Innern, dass er es so schicken möge, dass alle Dorfbuben schon in ihren Betten liegen, wenn wir unseren Einzug im Dorf hielten. Wir trugen auch selber etwas bei, indem wir uns auf einem Umweg ganz von hinten in das Dorf einschlichen.

Unsere Wunden und Abschürfungen hat Mutter mit Fuchsschmalz geheilt. Den Achter hat Vater selber aus seinem Fahrrad geholt. So nach und nach wurden der Fahrräder immer mehr im Dorfe, und es hinkte des Öfteren einer umher.

Und dann erzählte man sich im Dorfe von einem anderen Ding, das es in der Welt da draußen gab. Manch einer hatte es schon gesehen, und wir Dorfjugend wollten es auch sehen. So setzte ich mich, vereint mit meinen Geschwistern und allen meinen Freunden und Feinden, Tag um Tag neben die Landstraße. In der Krimml toste der Wasserfall, rauschend, stäubend und wild. Viele Leute kamen, um sich dieses wilde Wunder der Natur anzusehen, vielleicht kam auch einmal so ein Automobil des Weges …

Es kam auch eines, aber gesehen haben wir es nicht. Denn als wir in der Ferne eine Staubwolke sahen und ein Rattern und Hupen hörten, dachten wir, dass nur der Teufel so einen Spektakel machen könne, und sind über alle Zäune davon, ohne uns umzusehen.

Ausflüge in das Reich der Phantasie

Die Hennen, die meine Mutter hielt, hatten nicht die Liebe meines Vaters – er liebte sie nur im gebratenen Zustand. Darüber ärgerte sich meine Mutter immer ein bisschen. Ihr Federvieh lag ihr sehr am Herzen, sie hatte für jedes einzelne einen Namen. Nur gefielen mir diese Namen nicht besonders, sie waren so dörflich profan: Schopferl, Sprekerl, Tschauperl usw. benannte Mutter die Hühner je nach ihren äußerlichen Merkmalen.

Der geistige Horizont eines Dorfkindes ist zwar begrenzt, aber seine Gedanken nehmen darum nicht weniger ihren Flug in das Reich der Phantasie. Meine Gedanken weilten nur zu gerne in diesem Reich ohne Grenzen. Ich holte mir aus diesem Reich alle möglichen Einfälle, und so geschah es auch, dass ich für unsere Hühner neue Namen ausdachte, die von überall hergeholt waren.

Ich konnte eine alte Ballade, die so begann: »Es zieht ein Hauf zur Burg hinauf, was mögen die wandern und wallen? Die Brücke fällt, das Tor geht auf, es sind Kunigundens Vasallen ...« Im weiteren Verlauf der Ballade aber stellte es sich heraus, dass diese Burgfrau ein richtiges Luder war, die ihren Vasallen ans Leben ging.

Im Hühnerstall hatten wir so einen Drachen von einer Henne – wenigstens sah ich sie dafür an –, sie musste den Namen der bösen Burgfrau kriegen. Die Henne Ludwiga hatte ihren Namen von einem schönen Königskind, welches an seiner unglücklichen Liebe gestorben war. Die Ludwiga war eine, die immer abseits der Schar ihre eigenen Wege ging und sich gewiss mit heimlichen Kümmernissen trug.

Selbst Wallensteins Tochter Thekla kam in unserem Hühnerstall vor. Aber nicht nur Wallensteins Tochter, auch die Pfarrersköchin hatte ihren Namen hergeben müssen, und zwar für unseren raufiustigsten Vogel. Josefa benannte ich dieses Tier, das immer zerzaust und ewig auf Zank aus war.

Meine Mutter aber konnte sich diese Namen nie merken. Sie wusste nie zu unterscheiden, ob die Königstochter oder die Pfarrersköchin ein Ei gelegt hatte, sie redete immer noch vom Schopferl und Sprekerl und Tschauperl usw. – sehr zu meinem Ärger.

Mein Vater wollte mir in dieser Sache behilflich sein. So hatte er Taferln angefertigt, wo die neuen Hühnernamen draufstanden, und jeder Henne eines umgehängt. Auch der Hahn kriegte so ein Ding um den Hals; auf seinem Taferl stand »Petrus« drauf.

Wir haben diese Arbeit abends zusammen verrichtet, als die Hühner schon auf dem Stock saßen. Die Mutter war bei der Nachbarin und hatte nichts bemerkt, als sie heimkam. Aber früh am nächsten Morgen ist der Spektakel dann losgegangen. Mutter hat gedacht, die Hühner bringen einander um, so ein Zustand war im Hühnerstall. Sie hatten sich mit ihren Tafeln alle ineinander verhaspelt. Mutter brauchte eine Schere, um sie wieder auseinanderzukriegen.

Aber dann ist es über uns losgegangen, Mutter hat in ihrer langen Rede allerhand gesagt. Dem Vater wollte sie auch ein Taferl malen und umhängen, da sollte »Alter Depp« draufstehen.

Damit fand diese Sache ihr unrühmliches Ende, und meine Hühnernamen sind nicht in die Geschichte eingegangen, es sei denn in meine eigene.

Damit aber habe ich meine Ausflüge in das Reich der Phantasie keineswegs beendet. Es kamen mir immer wieder neue Einfälle zugeflogen. In irgendeinem der vielen Bücher, die ich wahllos las, fand ich ein Duell haarfein beschrieben. Dieses Duell ist auf Leben und Tod gegangen, und ich habe mich lange mit dem Nachdenken darüber beschäftigt.

Das Ergebnis davon war, dass ich mich fortan mit meinem Bruder Oskar nicht mehr raufen wollte – wenigstens nicht auf diese Art, wie wir es täglich einmal oder sogar einige Male zu tun pflegten. Ich wollte mich mit ihm duellieren.

Wo ein Wille ist, ist immer auch ein Weg. Mir fiel alsbald etwas ein, wie sich so ein Duell zwischen uns abspielen könnte, ohne dass einer von uns sein Leben zu lassen brauchte. Sogar weniger schmerzhaft konnte es sein als das Haareausreißen, welches bisher unsere Kampfmethode war.

Jetzt galt es nur noch, meinen Bruder für meine Idee zu gewinnen. Ich redete und redete, bis er mit allem einverstanden war, auch mit der Art, wie unsere künftigen Duelle sich abwickeln sollten. Der Anlass zu einem Streit fand sich sehr rasch, und so schritten wir zur Tat …

Sekundanten hatten wir keine, die hatte ich meinem Bruder wieder aus dem Kopf geredet, nachdem ich sie ihm zuerst hineingeredet hatte. Er nahm einen Eimer, randvoll mit Wasser, und ich nahm mir auch einen. In der Hohlgasse vor unserem Haus bezogen wir unsere Kampfstellung. Ich hatte für mich die höher gelegene Stelle gewählt, denn nach meiner Ansicht goss sich das Wasser leichter von oben nach unten als umgekehrt. Wer am nässesten war oder wer weglief, hatte verloren – so war es ausgemacht. Wir hatten dreißig Schritte Abstand gewählt, auf die Seite springen durfte keiner. Wir zählten bis fünf, dann ergossen sich unsere Wasserstrahlen. Oskar hatte bergauf zu wenig Schwung, und so blieb sein erster Guss am Wege liegen. Ich aber hatte gut getroffen …

Meinem Brüderl rann das Wasser aus den Haaren in das Gesicht. Darüber war er furchtbar böse. Wäre er nicht so zornig gewesen, hätte ich bestimmt Mitleid mit ihm gehabt. Ich hätte ihn abgetrocknet und hätte ihm gut zugeredet. Er aber ließ mich in seinem Zorn gar nicht in seine Nähe kommen. Schöpflöffel um Schöpflöffel schüttete er bergauf, ohne zu zielen. Selbst alle anständigen Abmachungen hatte er vergessen. Er hielt sich nicht mehr an die dreißig Schritte Abstand und kam mit seinem Eimer immer näher heran. Ich begegnete dieser Gefahr mit meinem Schöpflöffel – Guss um Guss flog bergab, und immer traf ich.

Schließlich schmiss Oskar Eimer, Schöpflöffel und einen seiner Schuhe in meine Richtung, was durch den Blecheimer ein furchtbares Geschepper ergab, und lief schreiend zur Mutter. Jetzt war es aber für mich hoch an der Zeit zu verschwinden, wollte ich meiner Mutter nicht gleich beim ersten Zornesausbruch zwischen die Finger geraten.

»Was sagst, was hat sie dir getan?«, hörte ich Mutters Stimme fragen.

»Nudelliert hat sie mich!«, schrie Oskar mit weinerlichen Tönen und Zorn im Halse. Oskar hatte das noble Wort vergessen, und Mutter konnte nicht dahinterkommen, was ich dem Buben angetan hatte.

»Wo hat sie dich denn nudelliert?«, ging das Fragen weiter.

»Überall!«, plärrte der Bub zurück.

»Du bist ja waschelnass, hat sie dich irgendwo hineingeworfen?«

»Nein, nudelliert hat sie mich!«

Der Abrechnung mit einer höheren Instanz bin ich aber dann doch nicht entgangen, und ab da zankte ich mich mit meinem Bruder wieder auf ganz gewöhnliche und unromantische Art.

Das schönste Märchen des Lebens …

Am Tage nach einem Christkindabend kam eine Nachbarin, um die schönen Sachen zu bewundern. Wir teilten sozusagen unsere große Freude ein wenig mit ihr.

»Wo hast du denn den schönen Stoff gekauft?«, frug die Nachbarin und ließ unseren Kleiderstoff prüfend durch ihre Finger gehen.

»Bei der Verwalter-Kathl«, sagte Mutter ahnungslos.

»Was hat er gekostet?«

»Eine Krone und zwanzig die Elle.«

»O Mutter«, schrien wir im Chor, »das Christkind hat ihn doch gebracht!«

»O Jegerl, jetzt hab ich was angestellt!«, rief Mutter ganz entsetzt aus.

Für uns wurde dieser Tag ein ganz schwarzer, denn alle Sonne war aus unserem Kinderleben verschwunden. Das schönste Märchen des Lebens war zu Ende erzählt …

Nichts konnten wir mehr mit Silberfäden durch unseren Alltag weben. Wir waren um das Wunderbarste, was es gab, betrogen worden. Unser Schmerz darüber war maßlos. Wir verkrochen uns dorthin, wo sich der Hund verkroch, wenn er Kummer hatte, und das war die Holzhütte. Jetzt war unser Leben ein ganz armes geworden, ohne Sonne, ohne Licht und ohne Wärme. Es gab kein Hoffen mehr auf ein wunderbares Geschehen, es gab kein Vorausschauen mehr und keine Erfüllung. Trostlos war es, kalt war es und öde. Mutter war ganz ratlos mit unserem Jammer. Unsere große Verzagtheit rührte an ihr Herz, und unsere reichlichen Tränen machten sie weich. Sie begriff, dass für uns etwas Kostbares, Unwiederbringliches in Scherben lag. Sie hätte sonst unsere Wehleidigkeit mit harten Worten überwunden, aber an diesem Schmerz rührte Mutter nicht mit einem bösen Wort.

Da gab es nur eine Hilfe: Das Christkind selber musste zu uns in die Holzhütte kommen. Es kam, aber es hatte eine Lederhose an, und an seinen Kleidern hingen Hobelspäne. Es roch nach Leim, dieses Christkind, und nicht nach dem weihnachtlichen Christkind.

»Kinder, Kinder«, sagte das Christkind, »was ist denn geschehen, dass ihr so einen Verdruss habt?« Ein herzzerbrechendes Geheule war die Antwort.

»Schauts, Kinder«, redete das Christkind mit uns, »da ist doch gar nichts verändert, ich begreife nicht, warum ihr so einen Spektakel macht. Jetzt wird es doch erst recht schön werden, denn jetzt könnt ihr mir viel helfen, ich brauche nicht mehr alles allein machen. Zuerst könnt ihr mir schon mit Sparen helfen, und wenn wir dann mehr Geld haben, können wir auch mehr kaufen. Die Mutter …«, Vater fing zu flüstern an, »… die will schon so lange einen neuen Sparherd haben. Ich werde ihr sagen, wenn sie das ganze Jahr recht brav ist und nie brummt, dann wollen wir mit dem Christkind reden, versteht ihr?«

Der Gedanke an eine »recht brave« Mutter belustigte uns ein wenig, wir gaben das Weinen vorerst einmal auf. Nur die Franzi, die, wenn sie einmal gut damit in Schwung war, nicht so schnell aufhören konnte, machte von Zeit zu Zeit noch einen großen Schluchzer.

»Aber – du bist ja selber das Christkind!«, entgegneten wir Vater, und unsere Stimmen klangen wie eine Anklage.

»Na, und ihr seid dann eben die Christkinder, das heißt, wenn ihr mir helfen wollt … Aber sparen müsst ihr, damit wir der Mutter die Freude machen können. Wir fahren dann alle zusammen nach Zell und suchen einen schönen Herd aus. Der Bote kann ihn bringen, wir stellen ihn beim Schuster ein bis zum Heiligen Abend. Der Schuster darf halt nichts verraten, und ihr auch nicht.

Am Heiligen Abend muss die Mutter dann zur Wagnerin gehen – das verabreden wir noch mit der Wagnerin, die soll ihr eine Post schicken, dass die Kuh im Kindsbett liegt, damit wir die Mutter aus dem Haus kriegen –, mir wird bis dahin schon was einfallen. Dann holen wir den Herd beim Schuster und stellen ihn beim Christbaum auf. Vielleicht haben wir noch so viel Geld, dass wir auch ein paar Reindln kaufen können, die stellen wir dann oben drauf. Wird das dann eine Überraschung sein, könnt ihr euch das vorstellen?«

Und ob wir uns das vorstellen konnten, wir waren ganz begeistert – selbst die Franzi hatte ihre Schluchzer und Schnaggel eingestellt und war ganz Ohr für diese wunderbaren Aussichten. Eine Reise nach Zell mit dem Vater, und der neue Herd und die neuen Reindln vielleicht auch noch! Der Traum vieler Jahre sollte endlich Erfüllung werden – und wir konnten dazu etwas beitragen.

Aber Vater war noch nicht fertig mit seinen Plänen. Jetzt war er einmal so recht im Zuge, uns zu trösten, und so verrichtete er seine Sache ganz gründlich:

»Ich schnitze eine schöne Spartruhe mit einem Christbaum drauf …«

»Und mit einem Stern …«, warfen wir ein.

»Auch mit einem Stern …«, sagte Vater gutmütig. »Dahin lege ich dann all mein Fanggeld und mein Schussgeld. Die Mutter wird alles hineinlegen, was sie beim Kartenspielen mit mir verliert, und das ist nicht wenig. Na, und ihr?«

Ja, wir wollten sparen, sparen und nochmals sparen! Wir dachten gar nicht daran, dass wir ja sowieso nie einen Kreuzer besaßen oder anderweitig verwenden konnten.

»So, dann wären wir ja auf dem rechten Weg. Und jetzt suchen wir gleich das Holz aus für die Spartruhe. Aber Mund halten, nichts der Mutter verraten!«

Mutter hatte dann auch ihre heimlichen Pläne. Vater brauchte einen neuen Hobel und Schnitzwerkzeug. Neue Laubsägevorlagen brauchte er auch und einige Bohrer, aber das war jetzt auch wieder ein Geheimnis, und am Ende vom Tag wussten wir Geschwister eines vom andern, was das Christkind bringen würde.

So klärte sich der Himmel also doch wieder über unserem Kinderleben. Es hatte wieder Inhalt, Farbe und Freude gewonnen. Nichts war uns genommen, es war uns Neues geschenkt worden, das wir mit unserer ganzen Phantasie ausschmücken konnten.

An dieser Stelle möchte ich das Erzählen aus Linas Kinderzeit beenden. Es gäbe noch vieles zu berichten. Ich habe da und dort aus den Erinnerungen herausgegriffen und bin jetzt an dem Punkt angelangt, wo das Reich der Träume und der Phantasie für Lina zu versinken hatte, weil vor der Schultüre, die sich hinter ihr schloss, des Lebens raue Wirklichkeit auf sie wartete.

Vielleicht, dass ich ab und zu noch einmal eine Seite aufblättere aus den Tagen ihrer Kindheit, weil es trotz allem doch die unbesorgtesten waren; wo sie alle Kümmernisse – und es waren deren viele – noch mit ihrer Mutter geteilt hat. Auch gab es in ihren Kindertagen mehr Pflichten als Spiele, weil sie als die Älteste dazu ausersehen war, so manche Last von der Schulter der Mutter auf die ihre zu nehmen.

Vor ihr waren Gottlieb und Gretl die Straße gegangen, die in das Leben führt; es war im wahrsten Sinne des Wortes die Landstraße gewesen. Jetzt stand sie selber auf diesem Weg.

Wie sie mit diesen neuen Dingen in ihrem Leben fertigwurde, mag sie uns wieder selber erzählen. Ich schlage eine Blattseite auf und gebe der Lina aus dem Pinzgau das Wort.

Das Schlenkern ist eine harte Sache …

Der große Tag ist da – ich gehe heute ein letztes Mal zur Schule. Es ist viel Aufregung in meinem Herzen, Freude ist auch dabei. Jetzt kommt dann das neue Leben. Ich habe viele Wünsche für mich selber und für die Mutter. Ich möchte, dass es uns allen einmal sehr gut geht. Die Mutter sollte einmal gar keine Sorgen mehr haben, und wenn sie keine mehr hat, dann habe ich auch keine. Ich muss aber erst viel Geld verdienen, um das zu erreichen, weil es doch immer die Geldsorgen sind, die gar so arg drücken.

Bald wird für mich die Entscheidung fallen, dann muss ich Abschied nehmen. Ich werde ganz traurig, wenn ich daran denke, vielleicht muss ich sehr weit von zu Hause fort …

Die Entscheidung ist gefallen. Unsere Postmeisterin hat eine Freundin, diese Freundin wohnt viele Dörfer von uns weg, und sie hat fünf Kinder, ein sechstes ist angesagt. Sie braucht eine Hilfe, und die soll ich jetzt sein. Ich habe dabei nicht viel zu reden, die Postmeisterin hat alles mit meiner Mutter besprochen. Jetzt müssen noch alle meine Sachen zusammengerichtet werden, damit ich ordentlich aussehe und Mutter sich nicht für mich zu schämen braucht.

Vater zimmert mir einen schönen, großen Koffer. Ich kann mich aber gar nicht so recht über den Koffer freuen, weil es ja mein Schlenkerkoffer ist.

Das Schlenkern ist aber eine sehr harte Sache, das merkt man erst, wenn man selber davorsteht. Es hat dem Gottlieb nicht getaugt, es hat der Gretl nicht getaugt, und es taugt mir auch nicht. Aber ich werde es wohl überleben. Erschlagen lass ich mich gewiss nicht, da laufe ich eher davon. Wenn ich nur nicht vor lauter Heimweh eingeh …

Viele gute Lehren hat Mutter mir mit auf den Weg gegeben. Sie hat mich mit Weihwasser ganz nass geschüttet, sodass das wohl für ein Jahr ausreicht. Dann hat sie mir viele Kreuze gemacht. Gesagt hat sie nichts, ich auch nicht. Worüber hätte ich denn reden sollen? Wenn ich meinen Mund aufgemacht hätte, hätte ich zu weinen angefangen, und das durfte ich nicht, denn Mutter hat immer gesagt: »Dass d' mir ja nicht reast!« Also habe ich nicht geweint, aber gewürgt hat es mich ganz schrecklich.

Ich bin nicht auf der Landstraße gewandert. Mit der Eisenbahn bin ich gefahren, und jetzt bin ich schon acht Tage auf meinem Platz. Mutter hat schon geschrieben, ob es mir gefällt. Das weiß ich selber nicht, ich muss abends immer so viel weinen, dass ich auf meinem Kopfpolster picken bleibe.

Die Arbeit bin ich ja gewöhnt von zu Hause, aber das Heimweh nicht! Das plagt mich gar sehr. Und immer plagt es mich in der Nacht. Wenn ich die Mutter nur fünf Minuten sehen könnte, dann wäre es mir schon leichter. Schon als kleines Kind bin ich des Nachts oft Stunden wach gelegen, und es hat mich der Gedanke gequält, die Mutter könnte sterben, ohne dass ich ihr noch ein liebes Wort gesagt hätte. Und so ergeht es mir jetzt auch wieder. Früher durfte ich dann manches Mal zur Mutter ins Bett kommen. Das war dann so ein Glück für mich, dass es fast fühlbar wurde. Es war wie ein warmer Mantel, der sich über einen breitete, der Wärme gab und Schutz und Schirm verlieh. Dieses Glück ist jetzt nie mehr bei mir.

Tagsüber habe ich viel Arbeit, aber nachts, in meiner eisig kalten Kammer, erfriert mir mein Herz und auch meine Zehen – ich weiß oft nicht, was kälter an mir ist.

In jedem Brief fragt Mutter, ob es mir gut geht, sie gibt mir viele Ermahnungen. Jeder Brief ist eine große Freude. Ich stecke sie alle hinter meine Bluse. Es ist jetzt schon ein großer Binkel, und ich werde ein paar wegtun müssen. Auch habe ich schon einen ganz schwarzen Busen von der Tinte, die abgibt. Jetzt bin ich schon einen Monat von zu Hause weg, aber es kommt mir noch viel länger vor. Der Waldi hat sehr um mich geweint, ja, wenn ich doch wenigstens den bei mir hätte …

»Lina, kannst du Frösche fangen?«, hat mich der Förster gefragt – das ist der Herr, wo ich bin. Er sagt, er kennt meinen Vater und findet ihn ein »feines Haus«. Das ist auch so ein Ausdruck – mein Vater ist kein Haus, ein Mensch ist er.

Also bin ich mit dem Förster auf Froschfang gegangen, es war um die Ostern herum. Wir sind weit gegangen, es war Nacht und sehr kalt. Als wir bei den Froschlacken ankamen, haben wir ein Feuer gemacht, denn auf das Feuer kommen die Frösche ab. Aber in dieser Nacht kam und kam kein einziger Frosch, und uns haben die Zähne geklappert vor lauter Kälte. »Komm Lina, wir kaufen uns ein Bier beim Wirt, und die Frösch' können uns gernhaben«, sagte der Förster.

Beim Wirt waren noch mehr Manderleut, die freuten sich, dass der Förster sich auch sehen ließ. Nur meine Begleitung fanden sie etwas eigentümlich, und so machten sie sich sehr lustig darüber. Sie wurden aber noch um vieles anzüglicher, als sie unseren großen Sack sahen, in dem sich nicht *ein* Frosch befand. Den Förster störten die Sticheleien nicht im Geringsten, ich aber wurde sehr verlegen, worüber die Männer noch mehr Freude hatten.

Einer war dabei, ein Handlungsreisender, der flüsterte allerhand Witze herum, immer mit einem schiefen Blick nach mir hin, und die Männer lachten. Dann zog er etwas aus seiner Westentasche, das sah aus wie ein winziges Hütchen, es war auch ein ganz kleines Federchen drauf. Er balancierte es auf einem Finger herum, und die Männer wieherten vor Vergnügen. Dann wollte er mir das Ding schenken. Weil aber so viel Gelächter darum gewesen war, weigerte ich mich, das Ding auch nur in die Hand zu nehmen. Das ergab noch mehr Gelächter, und die Männer sagten: »So jung und schon so viel Erfahrung!«

Ich wusste nicht, was sie damit meinten, aber ich verlangte sehr, aus ihrer Nähe fortzukommen. Sie waren mir alle zuwider mitsamt dem Wirt und meinem Förster, und mit dem musste ich noch den weiten Weg nach Hause gehen.

Als wir dann gingen, wollte mir der Reisende unbedingt das Ding schenken. Er sagte: »Für unterwegs …«

Der Förster hat es dann angenommen. Die Männer gaben uns noch viele Ermahnungen mit auf den Weg, die alle sehr doppelzüngig waren.

Der Förster frug mich unterwegs, ob ich das Ding kenne, das mir der Reisende schenken wollte.

»Nein!«, sagte ich.

»Warum wolltest du es dann nicht annehmen?«

»Weil ihr so darüber gelacht habt.«

»Nur deshalb?«

»Ja!«

»Ist dir kalt?«

»Ja!«

»Soll ich dich ein bisschen wärmen?«

»Nein!«

»Warum nicht?«

»Weil … Sie haben eine Frau zu Hause.«

»Die weiß es ja nicht!«

»Ja, aber ich sag es ihr …«

Eines Sonntags standen plötzlich mein Vater und meine Mutter vor unserem Gartentürl.

Sie gaben vor, einen Ausflug in die Krimml gemacht zu haben. Sie wollten sich bei dieser Gelegenheit auch nach der Tochter umsehen.

Der Herr Förster und die Frau Försterin konnten meine Eltern nicht in das Haus bitten, weil gerade an dem Tag eine große Reinemacherei stattfand. Wir waren alle voller Kalk und sahen gar nicht sonntäglich aus.

Der Förster unterhielt sich mit meinem Vater, und die Frau Försterin redete mit meiner Mutter. Zuerst hechelten sie mich ein bisschen durch, alle meine Fehler kamen an die Reihe. Dann redeten sie über Kinder im Allgemeinen und andere Dinge. Ich hatte keine Gelegenheit, auch nur ein Wort mit meinen Eltern zu reden.

Weil sie uns bei unserer sonntäglichen Arbeit nicht zu sehr aufhalten wollten, verabschiedeten sich meine Eltern bald wieder. Die Förstersleute luden sie zum baldigen Wiederkommen ein und entschuldigten sich sehr, dass ich sie nicht einmal ein Stück begleiten konnte. Aber es treffe sich so unglücklich mit der Reinemacherei, die wir noch am selben Tage beenden mussten. Sie winkten noch über den Zaun, und ich winkte zurück, dann schaute ich mit wehen Augen auf ihre Rücken.

Sie waren ganz gewiss nur für mich allein gekommen, denn sie machten sonst doch nie so weite Ausflüge. Vater hatte seinen schönen Jägeranzug an und Mutter ihr Steirerkostüm. Da gingen sie immer weiter von mir weg, und das Heimweh vieler Nächte war ungestillt. Es war nur noch ärger geworden.

Ich war niemals mit Zärtlichkeiten verwöhnt worden, das lag nicht im Wesen meiner Mutter, aber in mir selber lag so viel aufgespeichert an verlangender Liebe, dass meine Nächte schlaflos wurden dadurch. Weil es aber auf dem Weg in das Leben kein Zurück mehr gab, musste ich versuchen, mit meinem Weh fertigzuwerden. Ich probierte, meinen Gedanken eine andere Richtung zu geben.

Also nahm ich meine Phantasie zu Hilfe und das Wunschziel früherer Jahre wieder auf und dachte mich in ein wunderbares Leben hinein, wo alles gut war und wunschlos. Reich würde ich werden und sehr berühmt. Wodurch – das war mir wohl noch nicht klar.

Ich war anscheinend auch nicht auf dem guten Weg zu diesem großen Ziel. Denn mit den drei Gulden, die ich in einem Monat verdiente, würde sich dieses Ziel wohl nicht verwirklichen lassen. Ich rechnete in den Nächten den Verdienst von zehn Jahren aus. Die Summe ergab dreihundert Gulden. Kleider und Schuhe, die ich in zehn Jahren bei größter Sparsamkeit ja doch auch brauchen würde, durften von diesen dreihundert Gulden nicht gekauft werden, die mussten dann schon zusätzlich herausschauen.

Dann spann ich meine Pläne weiter mit dem vielen Geld. Sechsundzwanzig Jahre war ich dann schon alt – ob sich mit dreihundert ersparten Gulden ein Mann finden ließe? Sicherlich, denn die waren doch alle auf Geld aus.

Aber man konnte es auch der Mutter geben und eine Kuh dafür kaufen. So eine Kuh konnte der Anfang sein von einem Großhof mit noch mehr Kühen und Pferden und Schweinen. Auf diesem Hof war man dann Bäuerin. Diese Kuh, dieser Urbeginn eines reichen Lebens, nahm jetzt meine Gedanken sehr in Beschlag. Sie wuchs sich aus zur Stammkuh einer wunderbaren Rasse. Nur eine Pinzgauer Kuh durfte es aber sein, und Lies, Scheck, oder Bless durfte sie nicht heißen. Einen besonderen Namen sollte sie erhalten: »Glückauf« – ja, das war das Richtige für so eine besondere Kuh.

Als ich dann mit meinen Zukunftsträumen so weit war, verewigte ich diese meine Geisteskuh in einem Gedicht. Es dichtete mein Vater, es dichtete meine Großmutter, und ich hatte selber schon ein paar Gedichte hinter mir. Eines auf eine unglückliche Liebe, eines auf unseren Waldi – eigentlich auf einen unserer vielen Waldis.

Hier kommt nun mein Kuhgedicht zu stehen:

Glückauf
Du Zukunftskuh – Kuh meiner Arbeit,
Du Samenkorn vom Wohlstand, du,
Ist auch heut der Tag noch ferne,
In zehn Jahren schreist du »Muh«.

Du kriegst eine Glocke und ein Halsband,
Du bleibst stets die Liebste mir
Und zur Hochzeit such ich dir dann
Aus dem Dorf den schönsten Stier.

Dann bist du vielleicht der Anfang
Von einem reichen Bauernstand,
Von Pferden, Hühnern und Schweinen,
Von Ackerbau und Weideland.

Glückauf ist dein stolzer Name,
Der im Stammbaumbuche steht,
Sodass vom Krimml bis nach Zell dann
Nur von dir die Rede geht.

Mit diesem Gedicht war aber mein Trost zu Ende. Der Schmerz um die Mutter kam mit aller Macht zurück. So fasste ich mir ein Herz und frug die Förstersfrau, ob ich nicht auf einen Sonntag heimfahren könnte. Das Herz schlug mir dabei im Halse aus lauter Angst, sie könnte Nein sagen.

Nein sagte sie gerade nicht, aber sie sagte: »Deine Eltern sind doch erst hier gewesen ... Diesen Sonntag geht es auf keinen Fall, da will ich zu meiner Mutter fahren. Ein andermal vielleicht ...«

Hätte sie doch wenigstens gesagt »nächsten Sonntag« – ich wäre ihr so dankbar gewesen. So aber hängte sie mir eine rabenschwarze Wolke vor meine Sonne, die mir alle Aussicht nahm. Weil meine Förstersfrau aber jeden Sonntag etwas vorhatte – sie wollte wenigstens einen Tag in der Woche Ferien von ihren sechs Kindern haben und noch ein bisschen jung mit ihrem Mann sein –, wichen die Sonntage in den Sommer, und ich hatte die Meinen noch immer nicht wiedergesehen. Das aber ertrug ich nicht mehr länger. So machte ich mich eines Sonntags ganz heimlich davon und fuhr nach Hause.

Mutter freute sich sehr über mein Kommen, ich selber aber hatte ein sehr bedrücktes Herz. Der Umstand, dass ich einfach durchgebrannt war, trübte meine Wiedersehensfreude sehr. Ich hatte auch nicht den Mut, meiner Mutter etwas davon zu sagen.

Ich fuhr noch an demselben Abend zurück und ließ wortlos all das böse Gerede der Förstersleute über mich ergehen. Von ihnen erfuhren es auch meine Eltern. Meine Mutter ergriff aber Partei für mich, worüber ich sehr glücklich war.

So nach und nach kam ich zur Einsicht, dass ich mit meinen drei Gulden Monatslohn meine Traumkuh auch in zehn Jahren nicht erreichen würde.

Die Prinzen waren keine erfahrenen Hausfrauen …

So nahm ich zum ersten Mal mein Schicksal selbst in die Hand und kündigte nach acht Monaten meine Stellung. Vorher hatte ich mir schriftlich bereits einen anderen Einstand verschafft. Ich stellte damit meine Mutter vor die vollzogenen Tatsachen, und sie wendete auch nichts dagegen ein. Ich sollte folglich meiner eigenen Wahl in den Haushalt unseres Arztes kommen. Der Umstand aber, dass die Tant' Nanni erkrankte, erforderte meine Anwesenheit in Bruck.

Jetzt traf es sich, dass im Spätherbst zwei Prinzen ohne Dienerschaft in dem Schloss eintrafen. Die Gutsverwaltung und mein Onkel waren darüber nicht sehr erfreut. Zuerst sollte einmal eine Köchin besorgt werden.

Alle Hausfrauen im Dorfe aber behaupteten, dass sie sich nicht darauf verstünden, für so hohe Herren zu kochen. Auf dem Gutshof waren auf einmal alle Frauen krank, und meine Tante war es wirklich. Mein Onkel hatte die Aufgabe, die Prinzen davon in Kenntnis zu setzen – er tat es sehr ungerne. Die Prinzen hörten sich das Gerede von meinem Onkel an und sagten: »Ihre Tochter, Herr Rouge, schicken Sie uns diese.«

Die »Tochter« aber war zu meinem und zum Schrecken von Onkel und Tante – ich! Von meinen Kochkenntnissen hatte der Onkel den Prinzen solche Gräuel erzählt, dass sie davon absahen.

Er hatte ihnen die Geschichte von dem erkrankten Schwein erzählt und sich selber noch als krank dazu gedichtet – obzwar ihm gar nichts gefehlt hat, als ich einige Tage in Abwesenheit der Tante für ihn und das Schwein gekocht hatte.

Die Prinzen beschlossen, sie würden selber kochen, aber ich könnte ihnen an die Hand gehen. Ich war sehr unglücklich über diese Ehre, und die Tant' war es mit mir. Sie sagte: »Wenn das nur gut geht, so ein ungeschliffener Edelstein, wie du noch einer bist.« Sie hatte große Bedenken, und ich hatte sie auch.

»Wie heißen Sie, schönes Fräulein?«, sagte der eine Prinz zu mir …

Schönes Fräulein – so etwas, ich stieg gewaltig in meiner eigenen Achtung, und die Prinzen waren mir auf einmal sehr sympathisch. Sie sagten sogar Fräulein Lina zu mir! Ich brachte ihnen aus dem Dorf alles, was sie sich gewünscht hatten: einen ganzen Lungenbraten, eine Kaltwasserseife, aus unserer Gärtnerei Kartoffeln und Gemüse und noch mancherlei.

Die Prinzen hatten unterdessen im größten Ofen in der Schlossküche Feuer gemacht. Es wunderte mich ein bisschen, warum sie für das bisschen Kochen gerade den größten Ofen ausgesucht hatten. Der Lungenbraten, den ich mitgebracht hatte, wurde begutachtet und mit Salz eingerieben. Dann suchten die Prinzen mit viel Gerede eine passende Bratpfanne aus und legten das Fleisch hinein. Sie zankten sich ein wenig, ob das Wasser, das jetzt darüber gegossen werden sollte, kalt oder heiß sein müsse. Ich erlaubte mir die schüchterne Bemerkung, dass meine Tante erst viel später Wasser dazugäbe.

Nach meiner Ansicht müsste man mit heißem Fett beginnen und dahinein dann den Braten legen. Auch würde meine Tante überall mit einer Nadel Speck durchziehen. Die Prinzen fanden, dass der Onkel mit seiner Geschichte vom sterbenden Schwein ein wenig viel von meiner Ehre abgeschnitten hätte, denn ich schiene ja doch etwas vom Kochen zu verstehen.

Mir kam zur rechten Zeit noch ein guter Einfall. Die Tante hatte einige Kochbücher, so eines wollte ich holen. Die Prinzen waren ganz begeistert über meinen Einfall.

Mithilfe dieses Kochbuches kam der Braten dann auch so, wie es sich gehörte, in die Röhre, nur musste ich vorher noch einige Gänge in das Dorf machen, um Dinge zu holen, die immer noch fehlten. Die Prinzen waren keine erfahrenen Hausfrauen, es fiel ihnen alles erst so nach und nach ein.

In der Küche wurde es immer heißer und heißer. Die Prinzen hatten sämtliche Fenster und Türen offen stehen und hatten begonnen, sich auch der Kleider zu entledigen. Sie sahen etwas komisch aus in ihrer halben Bekleidung – sie hatten jeder eine Lederhose an, Kniestrümpfe und grobe Nagelschuhe. Die Strümpfe aber hatten sie wegen der Hitze bis auf die Enkel hinuntergerollt. Oben aber hatten sie nur noch Leiberln an, und diese hingen ihnen über die Lederhosen, weil sie sie herausgezogen hatten.

Als ich wieder von einem Gang zurückkam, hatten sie auch noch den letzten Rest ihrer Bekleidung abgelegt. Sie hatten jeder nur mehr eine Schwimmhose an, und die waren sehr klein … Auch Schuh' und Strümpf' waren verschwunden. Sie saßen droben auf dem großen Küchentisch. Ihre nackten Füße hatten sie umeinander herumgestreckt und dazwischen stand eine große Schüssel mit Kartoffeln. Diese Kartoffeln schälten sie und ließen dieselben in einen Eimer plumpsen, der auf dem Boden stand. Der Boden war ringsherum schon ganz nass.

Schön fand ich die Prinzen jetzt nicht mehr, sie waren mir zu nackt und hatten zu viele Haare. Die Brust war voller Haare wie bei den Holzknechten, auf dem Bauch hatten sie Haare, und sogar auf den Zehen. Ich fing geradezu zu stottern an, so verlegen machte mich dieser Zustand. Am liebsten hätte ich die Augen zugemacht.

Die Prinzen, die schon sehr gut aufgelegt waren, wurden immer lustiger. Sie frugen mich, ob ich das jetzt beichten müsse, dass ich zwei nackte Männer gesehen hätte? Darüber war ich im

Zweifel, ich sagte, das wisse ich nicht genau, ich müsse erst im Beichtspiegel nachsehen. Sie frugen, wie alt ich sei? Fünfzehn Jahre fanden sie wohl sehr wenig, und es kränkte mich ein bisschen, dass ich nicht älter war.

Als es mit dem Essen dann so weit war, stellten die Prinzen fest, dass nur das Innere vom Braten zu gebrauchen war, denn das Auswendige war schwarz und bitter. Sie hatten anscheinend doch etwas zu viel eingeheizt.

Das Kochen gaben die Prinzen nach diesem Versuch auf – sie gingen in ein Hotel im Dorf essen. Dafür machten sie sich mit dem Waschen Arbeit. Sie wollten die Kaltwasserseife, die ich aus dem Dorf mitgebracht hatte, ausprobieren. Die dreckige Lederhose von dem einen Prinzen sollte damit wieder neu werden. Also wurde sie gewaschen und gebürstet und geschwemmt und in die Sonne zum Trocknen gehängt.

»Fräulein Lina, wissen Sie ein Mittel, um die Hose wieder weich zu kriegen?«

Der Prinz hielt mir eine bocksteife Lederhose entgegen. Ich fühlte mich durch diese Frage sehr geehrt, denn die Prinzen zeigten damit Vertrauen in meine Kenntnisse. Mir fiel auch gleich etwas ein: »Schuhfett wird ganz bestimmt helfen«, versicherte ich diensteifrig.

Der Prinz machte über meinen Rat ein etwas bedenkliches Gesicht, schmierte aber dann doch eine ganze Dose Schuhfett auf seine Hose und hängte sie abermals in die Sonne. Das Ergebnis war ein sehr betrübliches. Die Hose sah aus wie Schuhsohlenleder. Der Prinz fand, dass mein Rat seiner Hose mehr geschadet als genützt hätte. Ich war darüber sehr betrübt, und die prinzliche Hose hat lange Zeit mein Gewissen bedrückt.

Nach einigen Tagen zogen die hohen Herren wieder ab. Sie hatten einen schönen Gämsbock geschossen und waren bester Laune. Sie gaben mir zehn Gulden und waren dem Onkel gegenüber voller Lob über mich. Von der Hose erzählten sie ihm nichts, worüber ich sehr froh war. Am frohesten aber war meine Tante. Sie sagte: »Gott sei Dank, dass diese Sache so gut verlaufen ist und dass die Böck', die du geschossen hast, nicht größer waren als der von den Prinzen!« Ich dachte: Ja, wenn sie von der Hose wüsste, dann würde sie sicher anders mit mir reden.

Weil in Kürze im Schloss noch mehr Gäste erwartet wurden, musste noch manche Arbeit verrichtet werden. Parkettböden mussten gereinigt werden, Fenster geputzt, gelüftet und Staub musste überall entfernt werden. Obwohl mehrere Frauen für diese Arbeit aufgenommen wurden, war ich doch viel allein im Schloss. Ich wanderte dann durch alle Räume, legte mich in alle Himmelbetten, schaukelte mich in allen Schaukelstühlen und tat recht vornehm. Ich ließ die langen Schleppkleider hinter mir herrauschen, dass der Staub aufwirbelte, dazu band ich mir ein altes Tischtuch von hinten nach vorne. Ich gab meiner Dienerschaft Befehle, und zum Schluss trat ich auf den Altan hinaus und hielt eine Ansprache an mein Volk. Das Volk stand Kopf an Kopf unter meinem Altan, ganz vorne aber standen meine waffenklirrenden Vasallen. Weil ich gerade ein Buch las, das von der Französischen Revolution handelte, redete ich zu meinem Volk in diesem Geist.

»Geht nach Hause«, schrie ich, »geht an eure Arbeit, gebt eure Rebellion auf, es schaut nichts Gescheites dabei heraus!«

Zu den Vasallen sprach ich folgendermaßen: »Ihr, meine tapferen Helden, ihr Stützen meines Reiches, schwört mir auf die Fahne euren Treueeid, hebt eure starken Hände und …«

»Wenns d' mit dem Fensterputzen fertig bist, sollst Knödel essen kommen, du narrische Goaß!« Unter dem Altan stand mein Onkel und deutete mit einem Finger auf seine Stirne. Um Gottes willen, der hielt mich nicht mehr für kopfrein! Ich schämte mich sehr, und es ärgerte mich, dass mich gerade der Onkel spektakeln gehört hatte.

Als dann die großen Jagden stattfanden, gab es Hände voll Arbeit im Schloss. Meine Hände waren zwei davon. Auch der Peperl war dabei, der Forstgehilfe, der mir immer so schöne Augen drehte.

Der Haushofmeister hatte ihn dazu ausersehen, an den ganz großen Abenden die Speisen und das angewärmte Geschirr aus der Küche in das Vorzimmer des großen Speisesaals zu bringen. Der Peperl erledigte diese Aufgabe vorbildlich. Er ließ weder eine Speise noch jemals einen Teller fallen.

Einmal ist ihm aber doch etwas recht Zuwideres passiert: Ein Tellerstoß ist so glühend heiß gewesen, dass es seine Finger nicht vertragen konnten. Die Serviette, die er sonst für diesen Zweck bei sich hatte, fehlte ihm in diesem kritischen Augenblick. So hat der Peperl sein großes, blaues Taschentuch aus seinem Jägerrock gezogen und hat es um die Teller gewickelt. Was der Haushofmeister dann dazu gesagt hat, hat uns der Peperl nicht alles erzählt. Aber er musste alle Teller mit einer Serviette nachwischen, was der Peperl sehr überflüssig fand. Von den hohen Gästen hatte es ja niemand gesehen – und wos ma nit woaß, mocht oan nit hoaß!

Den Winter über blieb ich bei der Tante. Sie war noch immer nicht ganz hergestellt und bedurfte einer Hilfe. Im Frühjahr gab es im Garten und Park Arbeit in Hülle und Fülle, und im Sommer war wiederum das Schloss besiedelt mit Gästen von überall her, und ich konnte mich da wieder nützlich machen. Mein Spartopf wurde zusehends voller, und meine Pläne stiegen immer höher – sie hatten längst schon die Kuh übersprungen.

Bei einem Kirchtag in Bruck sagte Onkel Heinrich: »Da hast einen Gulden, geh und kauf dir etwas!« So zog ich von Stand zu Stand, um zu sehen und zu prüfen, auf welche Weise ich meinen Gulden am vorteilhaftesten anlegen konnte. Vieles stach mir wohl sehr in die Augen, auf manches hatte ich auch einen Gusto. Weil aber meine Mutter unseren Sinn schon früh nur auf das Praktische ausgerichtet hatte, bezwang ich meine Gelüste. Als ich nach

Hause kam, bestanden meine Einkäufe aus einem Gebetbuch und einem Paar Wollstrümpfe. Der Onkel war zufrieden mit mir, hat aber trotzdem gelacht über meine Einkäufe.

Wir landeten in der Steiermark

Im Herbst ereignete sich etwas, das eine große Veränderung in mein Leben brachte.

Meine Eltern zogen aus dem Pinzgau fort. Der Tod seiner Freunde und noch manches bewogen meinen Vater, aus dem Pinzgau wegzuziehen.

Ich durfte mit meinen Eltern in die neue Heimat mitfahren, nicht aber mein Bruder Oskar. Für den hatte jetzt die Stunde geschlagen, die wir alle erwarteten und fürchteten. Oskar hatte seinen Einstand gefunden, er stand auf dem Weg ins Leben, und es wurde für ihn ein beschwerlicher und mühsamer Weg.

Wir landeten in der Steiermark zwischen den Bergen und in der Einsamkeit. Das Dorf war viele beschwerliche Wegstunden weit entfernt. Es gab in Rufweite auch nirgends einen Nachbarn. Die spärlichen Häuser klebten an den Bergen. Und es ist herzlich wenig, was diese Berge an ihre Bewohner zu verschenken haben. Das Wenige, was sie geben, dient streng dem Nutzen und nicht der Freude.

Und doch geht auch das Glück um in den Bergen der Steiermark. Das Glück ist rosenrot und hat Pfirsichflaum auf den Apfelwangen. Es ist die Jugend dieser Berge. Diese Jugend begegnet der Einsamkeit und der Rauheit der Natur durch Brauchtum. Nach des Tages harter Fron sammeln sie sich abends zur fröhlichen Schar und gehen reihum in die einsamen Häuser. Sie bringen den Frohsinn und die Heiterkeit auf die stillen Höfe. Die Berge hallen wider von den frischen Jodlern, die das durch die Nacht ziehende Jungvolk aufklingen lässt. Diese Menschen arbeiten gemeinsam in der Erntezeit, und sie beten gemeinsam an der Bahre ihrer Toten.

So war auch ich bald auf allen Höfen reihum zu Hause. Man holte mich zur Arbeit, aber man holte mich auch zu den Freuden des Feierabends. Wurde auf ein Haus ein neuer Dachstuhl gesetzt, dann bestellten die Bauern nur den Zimmermeister und sonst niemanden. Das Hilfspersonal, das außerdem noch benötigt wurde, stellte die Nachbarschaft. So ein allernächster Nachbar wohnte stets eine gute halbe Gehstunde weit entfernt. Aber von allen Höfen fand man den Weg zum Nachbarn, wenn er in Not war.

Mir übertrugen die Bäuerinnen meist das Kochen an solchen Tagen. Ich hatte darin die glückliche Hand der Mutter. So war ich an allen Waschtagen, an den Dreschtagen, an den Schlachttagen und bei der Heuernte auf den Höfen. Ich kannte die Alten, ich kannte die Jungen, und sie kannten mich.

Sonntags ging ich den stundenweiten Weg zur Kirche, und da ergab es sich, dass ich manches Mal in die Kirche ging, die ihren Glauben hatte, und dass sie ein andermal in die Kirche gingen, die meinen Glauben hatte. Und wir sind ohne Schaden davongekommen, weil wir zu ein und demselben Gott gebetet haben. Das aber bezieht sich nur auf die Jugend, die Alten blieben in ihren Kirchen, nur wir Jungen nahmen das nicht so genau.

Der Nachbar Rossmar hatte eine Tochter, die »Miaz«, das heißt, er hatte deren zwei: die Miaz und die Zilli. Auch hatte er noch einen ganzen Schüppel Buben. Aber die Miaz war in meinem Alter, und wir waren verschworene Freundinnen.

Die Miaz war ein besonders schönes Mädel. Das wusste der Rossmar, das wusste die Miaz selber, und es wusstens alle Buben im weiten Umkreis.

Jetzt war das so eine Sache – die Miaz und ich hatten einander geschworen, dass wir für alle Zeit Jungfrauen bleiben wollten. Wir waren sehr stolz auf diesen unseren Entschluss, und wir überwachten uns gegenseitig sehr strenge. Ein heimliches Getue mit den Buben ließ eine bei der anderen nicht gelten.

Obwohl ich die weniger Schöne war, war mein Stand um vieles schwieriger, denn die Miaz hatte viele Brüder. Von diesen Brüdern waren der Hans und der Fritz ein steter Strauchelblock für mich. Wenn wir in den Mondscheinnächten mit unseren Schlitten in sausender Fahrt zu Tal rasten, dann fuhr ich immer mit irgendeinem Bruder von der Miaz, und sie fuhr mit dem andern. Wir tauschten diese Brüder zwar mit jeder neuen Fahrt aus, aber es blieb sich so ziemlich gleich, ob man mit dem Fritz zu Tal fuhr oder mit dem Hans …

Wir fuhren den gefährlichen Weg, den die Holzknechte fuhren, wir lagen in den Kurven mit einer winddurchschneidenden Schnelligkeit. Unsere Jugend lachte aller Gefahr, die in unserem Tun lag. Wir steuerten unsere Schlitten mit unseren Körpern, wir federten und bogen uns und meisterten die Gefahr, die in allen scharfen Kurven lag. Wir nahmen sie in rasendem Dahingleiten – es war aufregend, gefährlich und wunderschön. Was Wunder, wenn die Buben übermütig wurden und belohnt werden wollten für ihre sichere Führung.

Aber die Miaz ließ es nicht gelten. Sie war mein Schutz und Schirm in den wunderbaren Mondscheinnächten in den steirischen Bergen. Miaz und ihre Brüder hatten schöne, klare Stimmen, und sie sangen Lied um Lied in das Schweigen der Nacht hinein. Der Kältehauch konnte uns nichts anhaben, wenn wir so durch die Nacht wanderten im Bewusstsein unserer Jugend und Zusammengehörigkeit. Der Schnee knirschte bei jedem Tritt unserer Füße, unsere Herzen aber waren warm vor Glück.

Ich habe meiner Mutter erzählt von dem Gelöbnis, das ich zusammen mit der Miaz gemacht hatte. Ich dachte, sie würde sich sicherlich darüber freuen. Sie aber hat darüber gelacht, und das hat mich sehr gekränkt, so sehr, dass mein Gelöbnis einen förmlichen Rutscher in das Nichts gemacht hat.

Unser Gelöbnis kam auch immer mehr in Bedrängnis, denn in den Wintermonaten war, je nach Anlass, immer in irgendeinem Haus eine Festlichkeit mit Tanz. Die Musik machten die Buben selber, das Essen brachte jeder mit. Ich hatte mich zwar anfänglich auf das Tanzen nicht verstanden, aber das hatte man mir schnell beigebracht.

Ich tanzte viel und gerne mit dem Zimmermeister. Obwohl er schon fünfunddreißig Jahre alt war, war er noch Junggeselle, aber er war nicht so frech und zudringlich wie das jüngere Männervolk, deshalb hielt ich mich gerne an den Zimmermeister.

Eines Tages aber frug mich Mutter: »Was hast du mit dem Zimmermeister?«

»Ich – nichts!«

»Doch, und Vater ist sehr böse darüber, dass du ihm nichts gesagt hast – der Zimmermeister hat um deine Hand angehalten.«

Es hat viel gebraucht, bis ich meine Mutter von meiner eigenen Unwissenheit in dieser Angelegenheit überzeugt hatte, und wir wunderten uns dann gemeinsam über den komischen Zimmermeister. Ich war sogar ein wenig traurig, denn ich befürchtete, einen guten Freund verloren zu haben, ohne dafür etwas gewonnen zu haben.

Wohl ging es schon dem Frühling zu, aber wir in den Bergen des Dachsteingebietes waren noch tief eingewintert, als mein jüngster Bruder geboren wurde. Ich durchstand diese Stunden ganz allein mit Mutter, wie ich schon so viele bange Stunden mit ihr gemeinsam durchstanden hatte.

Als mein Vater mit der halb erfrorenen Hebamme ankam, war mein Brüderchen schon abgenabelt, gebadet und eingepackt. Ich aber hatte einige todesbange Stunden in der Lehre des Lebens hinter mich gebracht.

Nach einigen Tagen musste das Neugeborene zur Taufe gebracht werden. Der Pfarrer und die Kirche aber lagen weit hinter allen begehbaren Wegen. Die Hebamme und ich aber wanderten mit dem Täufling auf diesen Wegen dahin. Das heißt, wir rutschten und glitten, obwohl wir unsere Füße mit Tüchern umwickelt hatten.

»Trag du das Kind«, sagte die Hebamme, nachdem sie eine Schlittenfahrt auf ihrem Sitzteil hinter sich gebracht hatte.

Also trug ich das Kind, aber nicht lange, dann geriet auch ich ins Gleiten und konnte mein Gleichgewicht nicht mehr erlangen. Der Säugling flog von meinem Arm weg in weitem Bogen in eine großmächtige Schneewehe. Die erschrockene Hebamme fischte ihn wohl gleich wieder heraus, klopfte ihn tüchtig aus und sah nach, ob noch alles ganz an ihm war. So begann sein Leben, in Schnee und Eis – und so hat es fünfunddreißig Jahre später auch geendet …

»Lina«, redete mich der Reinerwirt an, »möchtest mir nicht auf meiner Hube mit Kochen aushelfen bei der Heumahd. Wir sind an die dreißig Leut, und niemand will kochen für so viele.« Also kochte ich auf der Huben vom Reinerwirt. Zuerst einmal die übliche Schottsuppe, und als sie fertig war, vergrub ich den Topf im Heu, um sie warm zu halten. Dann kochte ich die Bohnen und das Kraut und steckte auch dieses Gericht zu der Schottsuppe in das Heu.

Für den Schmarren verwendete ich zwei große Pfannen, von denen immer abwechselnd eine auf dem Boden und eine auf dem Herd stand, sodass der Inhalt von beiden zur gleichen Zeit fertig war. Die saure Milch und die Schwarzbrotschnitten standen bereit zur Nachspeise. Holzläden legte ich auf Schragen, und auf diesem rauen Tisch wurden die Löffel ausgelegt – dann läutete ich Sturm mit der Essensglocke.

»Lina, magst mir nit a daheim a Zeit aushelfen, bis meine Alte niedergekommen ist?«, frug der Reinerwirt, als die Heumahd vorüber war.

»Muss erst die Mutter fragen.«

»Seh's nit gern – is a Wirtshaus«, sagte Mutter, »aber wenn's nur bis zur Niederkunft von der Hanna ist, dauert's ja nit so lang.«

Drei Hochzeiten gab es hintereinander beim Reinerwirt, und so hieß es, viele Nächte hintereinander ohne Schlaf auskommen. Wie mir der Bäcker da einmal die vielen Hochzeitssemmeln aus seinem Korb vorzählt, bin ich stehend, an eine Türe gelehnt, in Schlaf gefallen.

»He, du!«, schrie der Bäcker, »was tust denn jetzt, wirst doch nit stehend einschlafen – möcht wissen, was du in der Nacht tust?«

Hans, ein Bruder von der Miaz, mit dem ich manche Mondscheinnacht gerodelt war, war einmal unter den geladenen Hochzeitsgästen.

»Lina, soll i dir leicht helfen?«, frug er mich, als er sah, dass ich die viele Arbeit kaum bewältigen konnte.

»Ja, Hansl, wennst so lieb sein möchtest!«, und der Hansl war so lieb. Er tat sein Allerbestes, und ich war ihm sehr dankbar dafür.

Weil aber Männer ihre Dienste meist mit Hintergedanken erweisen, hat der Hans sich nach dem Abschiednehmen, anstatt nach Hause zu gehen, in meine Kammer geschlichen und sich da in mein Bett gelegt. Wie ich dann selber in dieses Bett wollte, lag der Hans drin und schnarchte, was das Zeug hielt.

Ich habe mich leise davongemacht und habe mir eine andere Liegestatt gesucht. Als aber dann die Reinerwirtin in ihrem kurzen Hemdchen in meine Kammer gelaufen kam, um mich zu wecken, und der Hans seine schönen blauen Augen zu ihr aufschlug, hat sie einen Hupfer und einen Schrei gemacht und ist auf und davon. Es gab dann viel Gelächter um den Hans, aber der Hans war einer von denen, die mitlachen können, geht es auch auf ihre Kosten.

An mein Zusammensein mit der Miaz habe ich wunderbare Erinnerungen, und ich habe unsere Tage in meinem Reimbuch verewigt. Aus dem bescheidenen Anfang meiner Reimerei ist immer mehr geworden, und ich fand es in meinem Ordnungsdrang notwendig, auch diese Dinge irgendwie unterzubringen. In diesem Reimbuch fand neben der Kuh, den Hunden und anderen Dingen also auch die Miaz ihren Platz.

Die Miaz
Blaue Augen, blonde Haare,
Die Zahnderl weiß, ein Prachtgebiss.
Von dem Scheitel bis zum Wadel,
Rundherum ganz ohne Tadel,
Ist sie ein nudelsauberes Madel,
A Steirermadl gonz gewiss.

Wenn sie jodelt auf den Bergen,
Ruckt's die Manderleit in d' Füaß,
Ruckt's die Manderleit beim Herzen,
Die Miaz, die is' holt gor so süaß.

Der Hansl, Franzl und der Michl,
Der Veit, der Lix, der Ibidumm,
Von der Gmoan dö gonzen Klacheln
Schleichen sich um d' Miaz herum.

Sogar dö alten, krumpen Krauterer
Bleameln ihr noch gern was vor,
Zwicken s' do – und zwicken s' dorten,
Flüstern ihr wos Liabs ins Ohr.

Die Miaz, die bleckt dö weißen Zahnderln,
Tritt mit ihre Hax'n aus,
Sogt: »Du alter, bleder Trottel,
Bleib mit deine Pratzen z' Haus.

Und dein Buam, dem gschert'n Lackel,
Sogst von mir an schönen Gruaß,
Und dös Fensterln soll er loss'n,
Wei' er bei mir gor nit sein muaß.«

Die Stadt lockte mich immer mehr ...

»Mutter, weißt du die Adresse vom Onkel Franz?«

»Warum?«

»Ich möchte ihm schreiben.«

»So ...«

Mutter wusste – jetzt hatte die Stunde geschlagen, wo das Ahnenblut sich meldete in einem ihrer Kinder. In meinem Herzen saß der Zwiespalt: Die Anhänglichkeit an die Meinen und das Fernweh nahmen mir die Ruhe des Herzens.

Meine Zukunftspläne hatten ungezählte Male ihre Gestalt gewechselt, aber wie sollte ich überhaupt auch nur einen davon verwirklichen bei der Begrenztheit meiner Bergheimat, in der ich lebte?

Die Stadt, in der meines Vaters Bruder lebte, lockte mich, und sie lockte mich immer mehr.

Und dann kam eine lange Nacht, die ich durchweinte – es waren die Tränen des Abschiedswehs ...

Und dann kam die frühe Morgenstunde eines kalten Wintertages – nasse Augen – geschlossene Lippen – ein letzter Händedruck – eine Türe, die zuklinkte ...

Raue Bergesluft – Schnee, der unter den zögernden Tritten aufknirscht. Fünf Schritte weg vom warmen Herzen der Mutter, sechs Schritte, sieben. Einmal noch umsehen – steht da jemand? – Winkt da nicht jemand? – Nein! – Ja, doch!

Wenn nur nicht das Herz so furchtbar wehtäte ...

Eine kleine Haltestelle am Bahngeleise mit drei Wänden und einem Dach, nirgends ein Mensch ... Ich ganz allein mit meinem grenzenlosen Weh. Das Dachsteingebirge ragt hoch in den dämmernden Morgen auf, die Enns rauscht ihr Frühgebet, und ihre Eisluft durchfriert mein Herz.

Wie schmal ist die Grenze des Lebens? – Hinter diesem weißen Wald mit seinem steilen und beschwerlichen Weg liegt die Geborgenheit des Elternhauses, und irgendwo, am ziellosen Endpunkt dieser glänzenden Eisenschienen, liegt mein Schicksal.

Noch könnte ich umkehren – dann schrillt ein Pfiff durch die entdämmernde Nacht. Auf Stahlrädern braust es heran und bleibt vor mir stehen. In meiner Brust klopfen hundert Hämmer, dann hebe ich meinen Wanderkoffer und steige ich ein …

Jetzt stehe ich nicht mehr in grauer und eisiger Nacht einsam und allein im schmalen Tale des wilden Dachsteingebirges. Es umfängt mich Wärme, Menschen sind da, aber ich werde kaum froher – wann werde ich diesen Weg wieder fahren?

Lebe wohl Mutter – lebe wohl Vater – lebet alle wohl!

Es war Nacht, als ich am Bahnhof in Innsbruck ankam. Ich hatte meinem Onkel, den ich nicht kannte und der mich nicht kannte, ein Foto von mir gesendet. Mit klopfendem Herzen hielt ich Ausschau nach ihm. Aber es war einer da, der an Größe alle überragte, und dieser eine war mein Onkel. Überdies trug er die grüne Jägeruniform, die gleich auffiel.

»Eine richtige Hochrainervisage«, sagte er, als er mir die Hand zur Begrüßung gab, »ich hätte unmöglich eine Verkehrte erwischen können.«

Dann wanderten wir durch die Stadt. Es lag viel Schnee, nicht gerade in der Stadt, aber außerhalb der Stadt. Wir stiegen bergan und immer bergan auf gänzlich verschneiten Wegen. Ich verwunderte mich nicht darüber, war ich doch in meinem Leben schon immer bergauf gegangen und immer auf mühsamen Wegen – warum sollte es jetzt anders sein?

Mein Vater war Jäger, der Onkel war Jäger, und Jäger hausen immer abseits der Menschen, also stiegen wir bergan, der Onkel und ich. Wohl frug ich einige Male, wie lange es noch dauern würde, bis wir am Ziele wären. Weil aber der Onkel immer dieselbe Antwort gab – »eine Stunde« –, merkte ich, dass er mich foppen wollte, und frug nicht mehr.

Der Onkel erzählte mir, dass er ganz allein in einer Villa wohne, die dazugehörige Herrschaft sei nur im Sommer da. Zur Gesellschaft hatte er einen großen Bernhardinerhund, mit dem er sich die Bewachung der Villa teilte.

Er frug nach dem Vater, der Mutter und den Geschwistern. Die Briefe waren immer nur spärlich hin und her gegangen, aber jetzt war ich da, und Onkel Franz wollte alles wissen, was sich so im Laufe der Jahre bei uns ereignet hatte.

In der Villa war es eiskalt, kälter noch als draußen im Schnee. Um mir mein Zähneklappern zu vertreiben, kochte der Onkel Tee mit viel Rum. Dann lag ich im Bett und konnte nicht warm werden, weder innen noch außen.

Der Onkel wollte mir gewiss behilflich sein, in Innsbruck etwas Passendes zu finden, nur wusste er nicht, was, weil ich es doch selber nicht wusste. Meine Kenntnisse im Käsemachen, Butterrühren, Dreschen und Heuernten würde ich wohl kaum verwerten können.

Vielleicht dass sich mit den Kochkenntnissen etwas beginnen ließe, aber in dieser Beziehung hatte ich kein allzu festes Vertrauen. Ich konnte wohl steirisch und pinzgauerisch kochen – bei meiner Tante und im Schloss hatte ich manches gesehen, auch bei der Mutter zu Hause –, aber ob das genügen würde für all die noblen Menschen, die in den Städten lebten?

Der Onkel lachte mich aus und sagte, er glaube, es könnte genügen. Nur sehr jung wäre ich halt noch. Da könnte das Vertrauen fehlen bei den Damen, aber er würde schon schauen, was sich machen ließe. Also legte ich mein Geschick in Gottes und des Onkels Hände und schlief die erste Nacht über einer Stadt, denn die Villa lag in den Bergen um Innsbruck.

Barri hieß der Bernhardinerhund, den Onkel zur Gesellschaft und zur Bewachung hatte. Der war darauf abgerichtet, einen Menschen im Ansprung umzuschmeißen. Er setzte einem dann seine dicken Pfoten auf den Brustkasten und bleckte einem die Zähne in das Gesicht mit einem drohenden Gebrumm.

Vom Aufstehen war keine Rede mehr, wenn man einmal am Boden lag. Er erwies gleich am nächsten Tag diese Kunst an mir, als ich mir die Villa von außerhalb ein bisschen ansehen wollte. Im lang gestreckten Lauf sprang er mich an, und ich lag schon auf meinem Rücken im Schnee unter ihm.

Ich suchte alle lieben Wörter zusammen, die ein Hund verstehen konnte, und sagte sie ihm, aber der Barri blieb unbestechlich. Der Onkel musste mich aus meiner ungemütlichen Lage befreien. Obwohl ich mit Barri rasch Freundschaft schloss, spielte er doch noch ein paarmal dieses Spiel mit mir.

Der Onkel hatte seine Wohnung im Souterrain. Im Hochparterre und im Stockwerk waren die Schlaf-, Wohn- und Gästeräume, auch das Telefon befand sich dort. Als Erstes machte mich der Onkel mit der Bedienung des Telefons vertraut. Ich sollte damit in seiner Abwesenheit keine Schwierigkeiten haben. Denn der Onkel wollte verreisen und mir auf vierzehn Tage die Bewachung der Villa überlassen.

Leider hat es der Onkel nicht für notwendig befunden, mich auch in die Funktion der verschiedenen Wasserhähne im Badezimmer einzuweihen. Er überließ das meiner eigenen Findigkeit – aber sehr zu meinem Schaden. So entlud sich beim ersten Hantieren damit eine eiskalte Brause über meinen ahnungslosen Kopf. Ich dachte sofort an eine Explosion und lockte mit meinem Weltuntergangsspektakel den Onkel herbei. Der wollte sich totlachen über meine Dummheit, denn ich wollte wissen, warum er denn den Spritzkrug ausgerechnet da über den Brunnen aufgehängt hätte?

Etwas mehr Tapferkeit hätte ich brauchen können

Nachdem mir der Onkel noch allerhand Wissenschaft beigebracht hatte, wollte er es wagen und mir die Villa auf vierzehn Tage zur Bewachung anvertrauen. Sie lag mitten in den Tiroler Bergen, tief verschneit in einem großen Park.

Der Park war mit hohen Gittern umgeben, die Schlüssel von zwei Seiteneingangstoren und vom Haupteingangstor hingen in Onkels Küche. Ich hatte das Telefon, den großen Hund und außerdem noch einen kleinen Revolver. Sollte ich mich doch fürchten, dann brauchte ich nur nach der Stadt zu telefonieren, und die Herrschaft würde den Hausdiener für die Nacht herauf senden. Ich aber wollte mich nicht fürchten, ich wollte auf den herrschaftlichen Hausdiener verzichten und die Einbrecher alleine fernhalten.

Dieses tapfere Vorhaben hat aber nicht einmal den ersten Tag überdauert. Eine halbe Stunde, nachdem mich der Onkel verlassen hatte, begann für mich schon das Erlebnis, das mich veranlasste, doch gleich für die erste Nacht des Alleinseins den herrschaftlichen Hausdiener für mich auszubitten.

Der Onkel verließ mich bei Nacht und Nebel. Er hatte einen weiten Weg zur Bahn. Bevor er die Türe auf vierzehn Tage hinter sich schloss, kam er noch an mein Bett. Es gab da noch das eine oder andere zu sagen, aber in meinem halb wachen Zustand erfasste ich nicht viel von dem, was der Onkel von mir wollte. Damit aber begann das Verhängnis.

Ich wurde aus dem tiefen Schlaf meiner Jugend durch ein gewaltiges Gerumpel aufgeschreckt. Der Onkel war fort – wer konnte diesen Spektakel verursachen?

Aus der Finsternis kroch die Angst auf mich zu. Das Poltern wiederholte sich – es kam aus dem Hochparterre. Rasch zog ich mich an und fischte im Dunkeln den Revolver aus der Schublade des Tisches.

Den Revolver hatte ich, aber der Barri fehlte mir noch, und etwas mehr Tapferkeit hätte ich auch brauchen können. Der Hund schien mir das Wichtigste in meiner Lage. Was war so ein Revolver? – Ein totes Ding! Der Barri aber war etwas Lebendiges, der stand zu einem.

Ich zog meine Schuhe wieder aus, denn ich wollte kein Geräusch machen. Auf bloßen Füßen schlich ich durch den eiskalten Gang, mein Herz machte eigentümliche Sprünge in meiner Brust. Es war mir, als ob ich ein Tappen hörte. Ich dachte an den Hausgeist, von dem mir der Onkel erzählt hatte. Den hatte doch der Pfarrer schon einmal aussegnen wollen, aber er war nicht zu vertreiben. Es war der verstorbene Besitzer, der sich umgebracht hatte und noch immer nicht zur Ruhe gekommen war. Ich hatte aus den Bergen der Steiermark den Aberglauben mit in die Stadt gebracht.

Auf einmal war ein Schnaufen irgendwo, das mir durch Mark und Bein ging. Ich stand im Finstern wie angewachsen vor lauter Schrecken. So konnte nur eine böse Macht schnaufen, vielleicht gar der Teufel selbst. Wie der Teufel dann aber sogar noch zu kratzen und winseln begann, wusste ich auf einmal, welche Gestalt der Ungeist haben konnte und wo er sich befinden mochte. Es kam geradezu wie ein Glücksgefühl über mich.

Vor dieser Entdeckung aber habe ich erst noch eine Dummheit gemacht. Im Vorraum des Hochparterres, wo ich mich befand, waren alle Fenster mit Holzläden geschlossen. Es war stockfinster. Weil ich die Richtung zur Treppenöffnung ins Souterrain verloren hatte, musste ich eine Hand ausstrecken, um die Wände abzutasten. Ich tat dies nur äußerst ungern, voller Angst, was meine Finger im Dunkeln wohl streifen konnten. Es begegnete meiner ausgestreckten Hand weiter nichts als das Telefon – das aber war mein Verhängnis. Denn in diesem Moment schnaufte etwas in meiner Rückengegend. Auf welche Art ich mich des Telefons bedient habe, könnte ich nicht mehr sagen, aber »Hilfe!« habe ich hineingerufen.

Zu mehr kam ich nicht, denn in meinem Rücken wurde es lebendig: ein Schnaufen, Winseln, Kratzen und wieder Schnaufen.

Es kam aus der Blumenstube, wo die Topfpflanzen auf treppenförmigen Regalen standen und wo geheizt wurde. Dort war der heiß ersehnte Barri und schickte seine mächtigen Schnaufer durch den unteren Türspalt, weil er sein Herrli erriechen wollte, dessen Abgang ihn beunruhigte. In diese Stube durfte der Hund nie hinein, weil er nur Unheil anrichten konnte. Das hat er auch gründlich besorgt. Viele kostbare Topfpflanzen hatte er von den Ständern gerollt und damit das geisterhafte Gerumpel verursacht, das mir so viel Angst eingejagt hatte.

Ehe ich mir aber zusammenreimen konnte, wie sich wohl alles zugetragen haben mochte, geschah noch etwas. Wie ich die Türe zur Blumenstube aufmachte, flog der Barri mit einer so gewaltigen Fahrt auf mich zu, dass er mich umschmiss. Ich wollte wohl wieder schnell aufstehen, aber der Barri wollte anders. Er legte mir beide Vorderpfoten auf meinen Brustkasten und spielte mit mir Einbrecher.

Hätte ich den Revolver noch in der Hand gehabt, so wäre das Spiel bald aus gewesen. Denn der Hund fürchtete dieses Knallding, wenn man es nur in die Höhe hob. So aber lag der Revolver irgendwo, und ich lag anderswo. Ich versprach dem Barri ein »Wursti«, aber er rührte sich nicht. Ich tat befehlend, das rührte ihn auch nicht – er blieb auf meinem Brustkasten stehen wie ein Standbild. Er brummte und zeigte mir die Zähne, wenn ich mich erheben wollte, und ich wusste nicht recht, ob es Ernst oder Spaß war.

Schließlich fiel mir etwas ganz Listiges ein: »Barri, 's Herrli kommt!«, rief ich ein paarmal. Das half. Er nahm zuerst eine Pfote weg, und nach einiger Zeit auch die zweite, weil er alle viere dazu brauchte, um an der Haustüre nach seinem Herrli zu schnüffeln.

Jetzt konnte ich den Revolver suchen und den Barri mit einem »Wurstiversprechen« ins Souterrain locken. Dort angekommen, wärmte ich zuerst einmal meine eiskalten Füße im zottigen Fell des Hundes und überdachte bei Kerzenschein das Geschehene. Es war mir, als hätte der Onkel etwas gesagt, dass er den Hund in das Haus lassen wollte. Aber wie war er in die Blumenstube gekommen? Auch dieses Rätsel hat sich später gelöst. Der Hund hatte sich dort eingeschlichen, während der Onkel vor seinem Weggehen noch den Ofen versorgte.

Weil mir das Telefon etwas Sorge machte – ob meinen gewaltigen Hilfeschrei vielleicht gar jemand gehört hatte? –, begab ich mich nach oben, um das Ding anzusehen. Es war mittlerweile sechs Uhr morgens geworden, und es könnte die alte Köchin Hanne in der Stadtwohnung schon auf dem Wege sein. Der Hörer vom Telefon baumelte noch. Ich legte ihn vorsichtig auf und wollte noch ein bisschen überlegen, was ich tun sollte, als das Ding zu läuten anfing, und dann ging es los …

Mein Hilferuf war irgendwie durchgekommen – man war schon unterwegs. Mir standen alle Haare zu Berge, so schämte ich mich. Ich stammelte meine Erklärungen in das Telefon. Am andern Ende vom Draht war man recht froh, dass sich alles so verhalten hatte und ich noch nicht umgebracht war.

Mir war selbst nun viel wohler, da ich auch das hinter mir hatte. Jetzt musste ich nur noch mit meinen Rettern zu einem guten Ende kommen. Der weite Weg in der Kälte – sie würden nicht sehr erfreut sein, mich so springlebendig vorzufinden. Ich bedauerte es beinahe, nicht doch gefesselt und geknebelt in einer Ecke zu liegen – auf jeden Fall hätte ich eine bessere Figur gemacht als so. Also machte ich mich für den Empfang zurecht.

Vier Männer waren es, die sich meinetwegen so weit herbemüht hatten, zwei waren von der Polizei. Sie fanden mich wohl recht jung für dieses Amt eines Bewachers und beschlossen, für die Nacht doch jemanden zu senden. Ich spreizte mich nicht dagegen, denn ich war den vier Männern gegenüber sehr kleinlaut. Außerdem war mein großer Mut in der vergangenen Nacht ziemlich zusammengeschmolzen.

Der noble Franz

So kam also doch Franz, der herrschaftliche Hausdiener, abends zum Schlafen nach oben. Ich war recht verlegen mit meinem noblen Bettgast. Der Franz sah recht fein aus, viel feiner, als ich so die Männer gewöhnt war aus dem Pinzgau und aus den Bergen der Steiermark. Es war mir auch höchst unangenehm, dass der feine Herr sich meinetwegen so spät am Abend solche Strapazen auferlegen musste. Ich zeigte ihm sofort seine Schlafgelegenheit – es war die Stube, wo der Onkel schlief –, und der Franz ging auch gleich zu Bett. Die Tür nach der Küche, wo ich schlief, machte er hinter sich zu, worüber ich sehr froh war. Wenn der Onkel da war, blieb diese Tür offen. Durch diese Tür hatten wir uns immer noch viel zu erzählen, ehe wir einschliefen.

Des Morgens beim Weggehen war der noble Franz schon gesprächiger. Er lobte den Kaffee, redete vom Wetter und versprach mir das Wiederkommen am Abend.

Der Franz war ein außerordentlich hübscher Bursche, er war sehr groß, dunkelblond, hatte blaue Augen, und mir gefiel er sehr gut. Ich verlangte nach dem Ende des Tages, um den Franz wiederzusehen.

Ich hatte Tee gemacht, mürbe Krapferln dazu gebacken, und der noble Franz lobte die vorzügliche Bewirtung, als er am Abend bei mir in der warmen Küche saß. Er wurde sehr gesprächig, und ich erfuhr, dass er ein Patenkind von der Frau Baronin war. Seine Mutter war jahrelang Köchin bei seiner Gnädigen gewesen. Er hoffte, es bei seiner vornehmen Taufpatin noch weit zu bringen. Ich dachte dann in der Nacht darüber nach, wie weit es wohl ein Hausdiener bringen kann, aber der Franz war ja das Godnkind seiner Gnädigen, und somit konnten seine Aussichten ganz gut sein.

Am dritten Abend war unsere Unterhaltung noch um vieles angeregter, das heißt, ich redete wohl am meisten und habe den Franz des Öfteren zum Lachen gebracht. Er sagte mir dann, dass ich ein sehr lustiges Mädel wäre, und er hätte schon gehört, dass die Steirer ein fröhliches Volk wären. Jetzt musste ich den Franz aufklären über meine urwüchsige Pinzgauer Abkunft. Das ergab dann noch ein langes Gerede. Als der Franz dann endlich bettwärts ging, wollte er für die lange Nacht noch ein »Gute-Nacht-Bussl« haben – er sagte, das wäre er eigentlich so gewöhnt.

»So«, sagte ich, »küsst die Frau Baronin alle ihre Leute, bevor sie in das Bett steigen?«

»Nein, die Frau Baronin nicht«, erwiderte Franz.

»Die alte Hanne vielleicht?«

Franz streckte einen Finger in die Höhe, wedelte damit nach mir und sagte: »Du bist eine Gerissene!«

»Oh, gar nicht, ich habe nur eine gute Schule gehabt.«

»Schule?«

»Ja, die Brüder meiner Freundin Miaz wollten auch immer gutenachtgeküsst werden.«

»So, so, wie viele waren es denn?«

»Sieben.«

»Und die hast du alle küssen müssen?«

»Nein, bloß drei davon, die anderen waren noch zu klein, um in der Nacht beim Mondschein zu rodeln.«

Der noble Franz ging dann doch ungeküsst in seine kalte Kammer, und ich dachte an Hans, Fritz und Karl, die Brüder von der Miaz, mit denen wir in den steirischen Bergen in den Mondscheinnächten in sausender Fahrt auf den Schlitten zu Tal gefahren waren. Die hatten nicht lange gefragt, die hatten sich die Busseln, die sie haben wollten, einfach selber genommen. Da half kein Wehren, aber das waren halt steirische Buam ohne Pomade im Haar und ohne Schlips am Hemdkragen, aber mit einer Schneidfeder am Hütl.

Der vierte Abend verlief so ganz anders, als ich es mir vorgestellt hatte. Franz ging sofort zu Bett. Er hatte es sich schon überlegt, ob er nicht besser zu Hause bleiben sollte. Er fühlte sich krank. Nachts fing er stark zu fiebern und phantasieren an, dass ich in kein Bett mehr kam. Vom Aufstehen am Morgen war keine Rede mehr.

Ich musste telefonieren und die Frau Baronin ersuchen, sofort einen Arzt zu senden. Sie versprach es mir. Ich verrichtete rasch meine Arbeiten, fegte die Stube, holte Holz und Wasser, legte den Schlüssel für das große Parkgitter griffbereit, legte den Hund an die Kette, damit er nicht den Herrn Doktor umschmeißen konnte, und war sehr zufrieden mit mir selber – und vollständig ahnungslos, was sich gleich ereignen sollte.

Weil mein Kranker etwas ruhiger war, habe ich mich ein bisschen zum warmen Ofen gesetzt. Wahrscheinlich bin ich da eingeschlafen. Irgendetwas aber hatte mich aufgeweckt, und da sah ich vor dem Küchenfenster einen Mann. Es fiel mir sofort ein, dass ich die Haustüre nicht geschlossen hatte. Ich machte einen raschen Griff nach dem Revolver und wusste mit einem Mal auch, was mich geweckt hatte: Es war die mächtige Stimme vom Barri, der draußen im Park an der Kette liegend die ganze Welt zusammenbellte. Mein Gedanke war: die Haustüre schließen, bevor noch der Mann um das Haus herumgekommen war. Ich musste schneller sein als er, und so machte ich meine allerlängsten Beine, um nach oben zu kommen. Ich erreichte die Haustüre gerade in dem Moment, als sie aufging und sich ein Kopf zur Türe hereinschob. Ich steckte schnell meine Hand mit der Waffe in die Türöffnung und erkannte zur gleichen Zeit die Baronin, aber es war zu spät …

Ein Schrei – ein Zurückweichen – ein Au-weh-Ruf – und ich stand beschämt mit einem hochroten Gesicht vor den vielen Herrschaften. Der Bruder der Baronin wollte mir durch das Küchenfenster sagen, dass ich die Haustüre aufsperren solle. Dazu aber habe ich ihm keine Zeit gelassen. Ich hatte ja auch nur den Arzt erwartet und damit gerechnet, dass derselbe beim großen Eingangstor klingeln würde. Jetzt war wieder einmal alles anders gekommen. Ich hatte die Baronin zu Tode erschreckt, die wiederum hatte die Hühneraugen von ihrem Freund halb abgetreten, und jetzt waren sie alle bös auf mich.

Vielleicht dachten sie auch noch, dass ich Schuld trug an der Krankheit vom Franz. Mir war ganz jämmerlich zumute. Es tröstete mich auch niemand. Die Frau Baronin musste erst einmal Wasser kriegen und einen Stuhl. Darauf sitzend, seufzte und stöhnte sie zum Steinerweichen, und der Bruder sagte immer: »Aber Hedwig! Aber Hedwig!« Er sagte es wohl zehnmal hintereinander.

Der Arzt kümmerte sich um den Kranken. Nachdem er den Franz lange genug angeschaut hatte, sagte er der Baronin, er befürchte, dass es die Masern wären. Also wurde um den Rettungswagen telefoniert, und die Gesellschaft zog ab, bis auf den Bruder der Baronin. Beim Weggehen sagte die Baronin: »Ich finde es unverantwortlich, so einem jungen Ding einen Revolver zu überlassen, der Hochrainer wird es zu hören bekommen.« Mit diesem Trost blieb ich ganz zerknirscht zurück.

Der Baronin-Bruder sah mich so ab und zu ein bisschen an und pfiff sich was. Dann begann er mich auszufragen – die Erkrankung von Franz angehend. Auf einmal aber sagte er: »Machen Sie sich doch keinen Kummer wegen der Frau Baronin, das rede ich ihr schon wieder aus. Die Schuld haben wir selber gehabt.« Ich war ihm sehr dankbar für diese Rede, nur sagen konnte ich es dem feinen Herrn nicht.

Lina hoffte, dass mit der Rückkehr ihres Onkels ihr Leben eine große Veränderung erfahren würde. Sie hatte sich so viel erträumt von der Stadt und dem Leben in derselben, und sie saß zurzeit noch genauso in Schnee und Eis und Bergeseinsamkeit wie zu Hause im Dachsteingebiet. Sie hatte das Tor ihrer Kindheit geschlossen. Mit ihren achtzehn Jahren stand sie auf dem Weg in das Großmenschenleben. Mit mutigem Herzen wollte sie diesen Weg gehen.

Es gibt viele Dinge zu erzählen von dieser Wanderfahrt durch das Leben, und im Laufe des Erzählens werden wir erfahren, wie Lina diese Dinge gemeistert hat. Die Seiten ihres Tagebuches berichten darüber, und ich blättere sie irgendwo auf …

Als hielte ich den Tod selber bei den Füßen …

Sonntag ist heute, aber ein sehr trauriger Tag. Heute starb der Hans. Es ist heute genau sechs Monate, dass ich in die Badeanstalt kam.

Der Onkel Franz weiß nicht genau, wie wir mit dem Hans verwandt sind. Der Hans weiß es auch nicht, und die Anna erst recht nicht. Das macht auch weiter nichts aus. Der Onkel Franz hat gesagt: »Die brauchen dringend eine Hilfe«, und so bin ich jetzt schon sechs Monate bei ihnen.

Anna, die Frau vom Hans, und die Schwester Maria, die den Hans pflegt, wollten in die Kirche gehen. So haben sie mich beauftragt, auf den Kranken aufzupassen. Sie hatten aber beide vergessen, dass der heutige Tag sein Sterbetag sein könnte. Denn vor fünf Wochen hatte der Hans einen Kalender verlangt und darin den heutigen Tag mit einem Kreuz angezeichnet. Wie sie das sah, sagte Schwester Maria zu Frau Anna: »Pass auf, an dem Tag stirbt der Hans!«

Ich habe auch nicht mehr daran gedacht, denn der Hans ist schon so lange krank. Er hat die Schwindsucht und wartet nur mehr auf den Tod. Es ging schon stark auf den Abend zu, als der Tod zu Hans kam, und ich war mutterseelenallein bei ihm. Ich setzte mich zum Hans an das Bett und wollte ihn ein bisschen unterhalten. Ich wusste nicht, dass da noch einer mit am Bett saß, aber der Hans wusste es – und er fürchtete sich vor diesem einen …

Bald merkte ich es aber auch, dass außer uns beiden noch ein ungutes Wesen in der halbdunklen Kammer war. So begann ich, mich mit dem Hans mit zu fürchten. Ich wusste auch nicht, dass das fremde Gehabe, das er zeigte, schon der beginnende Todeskampf war. Weil der Hans in allen Ecken irgendetwas Grauenhaftes zu sehen glaubte, fing auch ich an, mich umzusehen. Er verlangte von mir, ich solle die furchterregenden Dinge aus der Stube entfernen, und verkroch sich unter die Tuchent. Ich tat recht tapfer und verjagte die bedrohlichen Ungeheuer. Aber es half nichts. Die furchtbaren Angstaugen, mit denen Hans irgendwohin starren konnte, zeigten es mir an, dass sie nicht zu verjagen waren.

Schließlich kam der Hans in seiner Angst gar noch aus dem Bett – er wollte dem Furchtbaren entfliehen. Wo er aber auch hinwollte, es stellte sich ihm etwas in den Weg, vor dem er zurückwich. Mir standen vor Angst schon die Schweißtropfen auf der Nase, und das feuchte Nachthemd vom Hans klebte in meinen Händen, so zog und zerrte ich an ihm, um ihn wieder in das Bett zu befördern.

Als er endlich vollständig erschöpft wieder drinnen lag, holte ich aus der Küche Weihwasser, um damit die unguten Dinge aus der Stube zu verjagen. Ich verlegte mich außerdem noch auf das Beten, aber auch das war umsonst. Die bösen Dinge kamen zurück, und die Angst wurde größer als vorher – so groß, dass der Hans, trotz meiner Gegenwehr, nochmals aus dem Bett kam und aus dem Fenster springen wollte.

Ich konnte das nur verhindern, indem ich mich auf den Boden fallen ließ und ihn an den Fußgelenken hielt. Ich verspreizte meine eigenen Füße an der Fenstermauer, sodass mein ganzes Gewicht an ihm hing und außerdem noch meine Kraft. In dieser Lage kam es mir zu Bewusstsein, dass ich nur mehr ein ausgemergeltes Gerippe in meinen Händen hielt. Seine Füße waren große Schaufeln, seine Beine waren nur mehr Knochen mit etwas faltiger, gelber, verwelkter Haut. In mir wuchs die Angst zum Grauen – es war mir, als hielte ich den Tod selber bei den Füßen. Ich wusste jetzt auch, dass der Hans seinen letzten Kampf kämpfte, es war nicht das Fieber, es war das Sterben, mit dem ich da herumrang …

Als es dann doch mit der Kraft des Hans bergab ging, gelang es mir, ihn wenigstens zur Hälfte wieder in das Bett zu bringen.

Ich musste ihn dabei aber mit meinem ganzen Gewicht niederhalten. Damit aber erschwerte ich sein röchelndes Atemholen um vieles mehr. Seine armseligen gelben Knochenarme fing ich ein, indem ich die meinen um sie schlang. Mein Gesicht war unmittelbar über dem seinen, und die Tränen meines Mitleids tropften auf ihn. Seine schwarzen Haare klebten auf seiner Stirne. Seine Augen lagen in tiefen Höhlen und waren ein Spiegel von Qual und Todesangst. Sein Atem streifte immerzu mein Gesicht, sodass ich meinen Kopf abwenden musste.

Die Zeit wuchs und dehnte sich ins Unendliche. Die Tränen meines Erbarmens durchnässten sein Hemd, aber mein Gewicht drückte ihn mitleidlos nieder. So war das Sterben von Hans …

Als endlich die Schwester Maria aus der Kirche kam, befreite sie mich nicht aus meiner Lage, sondern sie lief schnell wieder weg, um den Pfarrer und die Frau Anna zu holen. Darüber war ich sehr böse. Ich hätte zuerst einmal von der Schwester aus meiner Lage befreit werden müssen.

Dann waren sie alle da, die Anna, der Pfarrer, der Sohn und die Schwester Maria. Der Pfarrer hielt die Hand von Hans in der seinigen, redete gute Worte und betete, und wir beteten alle mit. Wenn wir auch oft auf Gott vergessen, aber wie trostlos wäre unser Sterben ohne diesen letzten Trost?

Leise legte dann der Pfarrer die Hand von Hans auf ihn zurück. »Gott gebe ihm die ewige Ruhe, und das ewige Licht leuchte ihm, amen.« Somit war der Hans tot.

Es fing jetzt einmal ein großes Geweine an, dann aber musste überlegt werden, was zu geschehen hätte. So wurde ich ausgeschickt, um den Arzt zu verständigen und die Leichenbestattung. Weil ich mich aber in meiner Unerfahrenheit ohne Papiere auf den Weg gemacht hatte, musste ich zurück, um diese zu holen. Ich fand alle Hausgenossen in der Küche versammelt. Die Papiere jedoch waren im Totenzimmer, dahinein wollte ich nicht mehr. Weil aber die Anna, die Schwester und der Sohn auch nicht wollten, blieb mir nichts anderes übrig, als doch hineinzugehen.

Die Augen machte ich zu, ich wollte den Hans nicht sehen. Im Kasten wühlte ich aufgeregt nach den Papieren. Weil ich aber in meinem Rücken eine Leiche wusste, drehte ich doch meinen Kopf herum …

Wer beschreibt mein Entsetzen – der Hans lag in seinem Sonntagsanzug auf seinem Bett, also war er doch nicht tot! Wie war er in die Kleider gekommen? Ich verzog mich schleunigst in die Küche, war aber doch so listig zu fragen: »Wie ist denn der Hans in seine Kleider gekommen?«

»Die hab ich ihm mit dem Schuldiener zusammen angezogen«, sagte Schwester Maria. Ich ging sehr ungern noch einmal hinein, um die Papiere zu suchen. Es wäre wohl mehr Sache von der Anna gewesen, denn es war ihr Mann und ihr Kasten, sie kannte sich mit beiden besser aus als ich.

Am Abend waren wir alle sehr müde. Ich suchte aber nicht mein Bett im Dachboden auf, dort war es mir unheimlich. Ich schlief mit den anderen in der Küche am Fußboden. Die Stube gehörte dem Hans ganz allein.

Schwester Maria – niemals waren wir ganz einig

Als Hans begraben war, ist die Schwester wieder abgereist. Sie ist zurückgekehrt in das Mutterhaus der Barmherzigen Schwestern. Auch sie war irgendwie verwandt mit dem Hans, dem Onkel Franz und mir. Sie fehlte uns, weil sie immer munter war und ein gutes Wesen hatte. Auch hielt sie viel von einem Schabernack. So hat sie mich einmal mit einem Fußbodenschrubber tüchtig von hinten abgeschrubbt, wie ich beim Baden unter der rauschenden Brause stand und ihr Kommen nicht gehört hatte. Wohl habe ich ein furchtbares Geschrei gemacht, aber meine Kratzer hatte ich weg.

Am meisten aber hat es sie gefreut, dass ich dieses Mal die Kratzstellen nicht mit einem wehleidigen Gesicht den Badegästen zeigen konnte und sagen: »Sehen Sie, diese Wunden hat mir unsere ›Unbarmherzige‹ geschlagen.« Denn das sagte ich des Öfteren, wenn sie mir bei unseren manches Mal stattfindenden Ringkämpfen das Gesicht zerkratzte. Sie war eine kleine Katze, unsere Schwester Maria, die sich mit Nägeln und Zähnen wehren konnte. Das hatte der Onkel Franz erfahren, wie er ihr einmal ein richtiges »Männerbussl« geben wollte. Sie hat so arg gepfaucht, gespuckt und gekratzt, dass es zu meinem Leidwesen nichts mit dem Männerbussl geworden ist.

Auch bei unserem täglichen Tischgebet gab es immer ein Geplänkel zwischen der Schwester und mir. Meine Augen wanderten dabei gerne zum Fenster hinaus, sie aber drehte meinen Kopf zum Herrgottswinkel herum. Ich sagte, Gott wäre draußen in der schönen Natur und nicht in diesem staubigen Spinnwebenwinkel, und das hölzerne Kreuz, das in diesem Winkel hing, hätte vielleicht einer geschnitzt, der dabei geflucht hat, wenn er sich dabei in den Finger stach. Mein Vater, der viel schnitzte, fluchte jedes Mal, wenn er sich in den Finger stach.

Niemals waren wir ganz einig in den Dingen des Lebens, die Schwester Maria und ich. Nur die Frau Anna zankte sich nie mit der Schwester, sie gab ihr in allem recht, aß aber freitags ihre zehn Deka Schinken heimlich auf.

Einmal passierte es, dass Schwester Maria gerade dazukam, als Frau Anna ihren Schinken heimlich aus dem Papierl aß. Weil wir dabei auf einer Bank vor der Terrasse des Badehauses saßen, wusste Frau Anna nicht, wohin sie ihren Schinken so schnell verschwinden lassen sollte. Wie immer in solchen Situationen war ich die Auserwählte, um Frau Anna zu helfen. Ich kriegte einfach das Papierl mit dem Worte »schnell!« zugesteckt und wusste nicht, ob ich den Schinken jetzt »schnell« hinunterwürgen oder was ich sonst damit anstellen sollte. Die Schwester kam heran, und ich stand mit dem Schinken in der Hand und kam mit all meinen anderen Sünden jetzt auch noch in den Verdacht, den Freitag zu schänden. Ich wollte ihn so schnell als nur möglich wieder loswerden, aber wohin damit?

Frau Anna war aufgestanden und stellte sich so, dass sie mich und den Schinken unsichtbar machte. Die Schwester setzte sich zu uns auf die Bank, und in dem Moment, als Frau Anna sich auch wieder niederließ, schob ich ihr den Schinken mit einer raschen Bewegung unter – weg war er …

Frau Anna machte anfänglich ein ganz zufriedenes Gesicht, als sie bemerkte, dass ich mich des Schinkens so schnell und unauffällig entledigt hatte. Durch Augen- und Fingersprache brachte ich es ihr aber bei, wo der Schinken sich zurzeit befand. Ihr Gesicht wechselte rasch von sonnig auf bewölkt, sie blieb stocksteif sitzen, rührte sich nicht mehr und gab schließlich auch noch das Reden auf. Ich gab mir alle erdenkliche Mühe, die Schwester von diesem verrufenen Ort wegzulocken. Das beste Zugmittel war die Kirche, also kriegte ich eine fromme Anwandlung und wollte in die Kirche.

Während unserer Abwesenheit hatte Frau Anna sich umgezogen und wahrscheinlich auch noch den restlichen Schinken verspeist, denn sie war äußerst sparsam. Ich habe mir aber, wie wir dann allein waren, noch allerhand anhören müssen.

Mir sind die Badeanstalt und der Sohn anvertraut

Unsere Badeanstalt machen wir um sieben Uhr morgens auf und schließen sie um acht Uhr abends. Die Kassa, in der ich sitze, ist zwischen den beiden Warteräumen eingebaut und besteht aus lauter Fenstern. Von rechts betrachten einen die Herren, und von links bekritteln einen die Damen. Durch die beiden Schiebefensterln rechts und links gebe ich die Badekarten, die Seife und die Badetücher durch, auch das Geld geht diesen Weg.

Wenn der Reinlichkeitstrieb unter der Bevölkerung manches Mal etwas nachlässt und wir einige ruhigere Stunden haben, dann fertige ich für die Anna Handarbeiten an. Sie besitzt jetzt schon so viele Decken und Deckerln, dass sie einen Laden aufmachen könnte damit.

Zurzeit befindet sich die Anna auf Sommerfrische, ihre Lungen sind angegriffen, und sie braucht Erholung. Mir sind für diese Zeit die Badeanstalt und der Sohn anvertraut. Das Essen holen wir aus dem Gasthaus. Da wir die Badeanstalt erst um acht Uhr schließen, wird es immer neun Uhr, bis der letzte Gast das Bad verlässt, und es ist meist schon zehn Uhr, wenn wir mit der Arbeit fertig sind. An den Samstagen aber ist es noch um vieles später.

Viktor, der Sohn von Anna, ist Student, und er ist den ganzen Tag hinter mir her wie der Teufel hinter der armen Seele, weil ich ihm Vokabel abhören muss. Ich kann sie jetzt selber alle schon und weiß sogar mehr als der Viktor, weil ich leichter lerne als er. Das ärgert ihn aber, und so schimpft er immer über meine schlechte Aussprache, damit ich mir ja nichts einbilde.

Die Freunde von Viktor sind auch bemüht, mir allerhand beizubringen. In allen Taschen habe ich Zettel, wo etwas draufsteht, was ich lernen muss – auch unter dem Seifenkistl liegen solche Zettel.

Der Seppl will mir die höhere Wissenschaft vom Rechnen beibringen. Ich aber will da nicht mittun, denn auf der Schule war ich im Rechnen immer gut, und für das Geldherausgeben in der Kassa reicht mein Wissen aus. Aber es hilft mir nichts. Der Seppl macht sich wichtig mit seiner Algebra, hat es mit Wurzel und Radikand und drückt mir seine Zettel in die Hand. Damit er nicht beleidigt ist, lerne ich jetzt halt auch Algebra.

Unter unseren Badegästen ist einer, der trägt einen Girardihut, eine cremefarbene Hose, eine gelbe Samtweste mit schwarzen Tupferln drauf, einen schwarzen Rock und gelbe Wildlederhandschuhe.

Dieser eine schreibt mir Liebesbriefe und macht sogar Gedichte auf mich. Die Buben plagen mich schrecklich mit dieser meiner Eroberung. Seit sie entdeckt haben, dass er gemeindeamtlicher Straßenkehrer ist, habe ich überhaupt keine Ruhe mehr.

»Lina, hat dein Straßenbauminister geschrieben? Hat er wieder was gedichtet?« So geht es vom Morgen bis zum Abend.

Der Onkel Franz ist von seiner Geistervilla weggezogen, er hat die Ebene aufgesucht. Auf einem großen Sägewerk ist er jetzt Aufseher.

Franz, der herrschaftliche Hausdiener, hat mich auch einmal besucht in der Badeanstalt. Er hat sich erst ganz sauber gewaschen, dann hat er mir beim Weggehen ein Brieferl zugesteckt. Dieses Brieferl beunruhigte mich sehr. Ich konnte die Gelegenheit nicht erwarten, wo ich es unbemerkt lesen konnte. Aber leider – der gute Franzl hatte für diesen Brief alle Vorlagen eines veralteten Liebesbriefstellers benützt, und ich konnte nicht in Flammen aufgehen, trotz all der brennend heißen Liebe, die darin loderte.

»So ein Trottel«, sagte ich schwer enttäuscht. Aber trotzdem dachte ich darüber nach, was ich dem Franzl wohl antworten könnte, der ja, wie es am Ende seines Briefes stand, »mit allen Fasern seines Herzens zitternd auf Antwort wartete«.

Ich wollte dem Franzl eine Karte senden, auf der ein schönes Liebesglück abgebildet war. Weil es solche in Innsbruck zu Tausenden gab, zog ich aus, eine zu erwerben. Im ersten Laden, den ich betrat, frug mich ein Mann nach meinem Begehr. Diesem Mann aber wollte ich mich nicht anvertrauen, so kaufte ich eine Ansichtskarte. Es erging mir in anderen Geschäften nicht besser, und weil ich meine Verlegenheit in dieser Sache der männlichen Bedienung in den Geschäften gegenüber nicht überwinden konnte, kam ich mit mehreren Ansichtskarten nach Hause.

Eine davon schrieb ich dem Franzl. Der Franzl stellte sich daraufhin wieder mit einem Brief ein, der um vieles ärger war als der erste, und meine schwach keimende Zuneigung verdorrte an so viel heißer Liebesglut.

Ich war in solchen Dingen der Mann im Haus

Ein alter Professor unter unseren Badegästen ärgerte mich oft mit seiner Raunzerei. Immer hatte er etwas zu nörgeln, und immer war er ungeduldig, wenn er warten musste. Einmal frug er durch das Schiebefensterl: »Sagen Sie, Fräulein, wie lange kann es noch dauern?«

»Eine gute Viertelstunde«, war meine sehr schnippische Antwort.

Wieder bückte sich der alte Professor zu dem Schiebefenster herunter, um zu fragen: »Ja, haben Sie denn nie eine schwache Viertelstunde ...?«

»Oh ja, aber da kommen Sie ja nie«, schnappte ich ein.

Im Herrenwarteraum gab es ein großes Gelächter, wobei der alte Professor von Herzen mittat. Als ich aber bemerkte, dass das Lachen auf meine Kosten ging, zog ich den grünen Vorhang vor das Schiebefenster.

Zwei Herren von der Firma Meindl gehörten zu unseren Stammgästen. Sie brachten manches Mal eine kleine Kostprobe von ihren guten Sachen mit und außerdem noch viel Fröhlichkeit und Scherz. Wir freuten uns jedes Mal, wenn ihre lustigen Gesichter in der Eingangstüre auftauchten. Nur mit dem Bussl, das sie des Öfteren für ihre guten Sachen verlangten, gab es immer ein Gespreize, denn das Bussl sollte ich hergeben, und die Anna teilte dann mit mir die Süßigkeiten.

Betrunkene wurden in der Badeanstalt nicht zugelassen. Die Frau Anna hatte aber einmal einem seine vielen Schnapsln nicht angemerkt. Als er aber dann nicht mehr aus der Kabine kam, musste ich nachsehen, was mit dem Mann los war. Ich war in solchen

Dingen immer der Mann im Haus. Das Männlein lag schlafend in der Badewanne, und das Wasser reichte ihm bis zur Nase. Ich probierte zuerst einmal, das Männlein an den Haaren zu wecken. Weil das nicht glückte, wollte ich ihn aus der Wanne ziehen. Die Wanne aber war glatt, und das Männlein rutschte mir aus den Händen. So ließ ich das warme Wasser ablaufen und das kalte einströmen. Von diesem äußerst unbehaglichen Zustand ist das Männlein dann erwacht und war nun selber bestrebt, so schnell als möglich aus der Wanne zu kommen.

Vier Klosterschwestern saßen einmal wartend im Damenwarteraum. Ihre blassen Gesichterln schauten freundlich zu mir herein, und ihre weißen Hauben nickten.

Die Brausekabinen auf der Herrenabteilung waren besetzt mit Soldaten, die sehr viel Spektakel machten. Sie hatten aus Sparsamkeitsgründen nur ein Stückchen Seife gekauft, und das warfen sie von Kabine zu Kabine. Einer aber zielte schlecht, und das Seifenstückerl landete auf dem Mittelgang. Weil die Kameraden schimpften, begab sich der Mann, nass und nackt, auf die Suche nach dem Seifenstückerl.

Zu seinem Unglück schlug er hinter sich die Türe zu und wusste dann nicht mehr, wo er hineingehörte; außerdem war die Türe vom Gang aus nicht zu öffnen. So kam der Mann, wie Gott ihn erschaffen hatte, zu mir in die Kassa. Wie aber die Klosterschwestern diesen Adam aus dem Paradies erschauten, standen sie auf und drehten ihre Gesichterln zur Wand. An dieser Wand aber hing ein großer Spiegel, und auch in diesem Spiegel stand der nackte Mann. Die Schwestern machten ihre Augen zu, und ich gab dem Mann rasch ein Handtuch, damit er seine Blöße bedecken konnte. Erst dann begab ich mich mit ihm auf die Suche nach seiner Klause.

»Anna«, sagte ich eines Nachts, »ich glaube, dass Einbrecher unten im Baderaum sind. Schau einmal zum Fenster hinaus, dann kannst du es sehen. Die ganze Wand von der Schule ist hell erleuchtet, das kann nur der Lichtschein aus unserem Bad sein. Was sollen wir machen?«

Die Anna beschloss sofort, dass ich den Schuldiener holen sollte. Das hieß aber, dass ich erst einmal in den Baderaum hinuntergehen musste, denn wir schliefen im Stockwerk, und ich konnte doch nicht aus dem Fenster springen. Außerdem war ich im Hemd, denn meine Kleider lagen in der Badekabine, in der ich mich vor dem Schlafengehen noch gebadet hatte.

Weil mir nichts anderes übrig blieb, holte ich erst einmal den Prügel unter dem Bett hervor, den wir uns zugelegt hatten, als der Viktor in den Ferien in den Süden reiste und wir ganz ohne männlichen Schutz zurückblieben. Mit diesem Prügel in meinen Händen schlich ich mich nach unten.

Als ich das Schloss von der Türe knirschen hörte, die Anna hinter mir abschloss, kriegte ich ein verlassenes Gefühl um das Herz herum. Die Anna war kein Held, das wusste ich, aber dass sie jetzt hinter mir abschloss, tat irgendwie weh. Ich hatte große Angst, ich könnte im Dunkeln mit den Einbrechern zusammenstoßen, denn der Baderaum lag wieder im Dunkeln. Ich trug meinen Prügel wie eine Fahne vor mir her, bereit zuzuschlagen, sollte sich in meiner Nähe etwas rühren. Es rührte sich aber nichts, und ich konnte den Lichtschalter ohne Zusammenprall mit irgendeinem unguten Wesen erreichen.

Jetzt war mir schon etwas leichter, ich hatte wenigstens die Finsternis überwunden. Sämtliche Lampen schaltete ich ein, sodass der Raum im Licht badete. Dann sah ich mit den Augen alle offen stehenden Kabinentüren ab, ob sich nicht irgendwo ein räuberisches Haupt zeigte.

Dann suchte ich die Kabine auf, wo meine Kleider noch vom Abend her lagen. Schnell kleidete ich mich an. Ich hätte das Gefühl der Angst vielleicht ganz verloren, wenn nicht die Frau Anna im Stockwerk droben ganz plötzlich um Hilfe zu rufen angefangen hätte. Zwar wunderte ich mich, wie der Einbrecher von mir ungesehen nach oben kommen konnte – hatte Anna doch hinter mir die Türe versperrt.

Große Aufregung bemächtigte sich meiner wieder, nachdem ich sie schon überwunden hatte. Doch ich konnte die Anna in ihrer Not nicht im Stich lassen. So nahm ich meinen Prügel und sprang, mehrere Stufen zugleich nehmend, wieder nach oben. Die Türe, hinter der Anna am Schreien war, war verschlossen. Und hinter dieser Türe war sie wie ein balzender Auerhahn – es half kein Klopfen und kein »Anna, mach auf!«-Rufen, die Türe blieb zu. Sie hatte in ihrer Angst einfach den Verstand verloren.

Ich rannte mit meinem Prügel wieder nach unten, um den Schuldiener zu holen. Aus dem Fenster des Stockwerkes hing Frau Anna wie schon einmal der Hans und schickte ihre Juchezer in die Innsbrucker Nacht hinaus. Vielleicht wollte sie damit etwas zum Einbrecherfang beitragen.

Ich lief durch die dunklen Höfe bis zur Wohnung des Schuldieners – der war schon in seinen Kleidern, den hatte die Frau Anna bereits aus seinem Schlaf gekräht.

»Gib mir den Schlüssel vom großen Tor und bleib da stehen, ich hole Polizei«, sagte der Schuldiener und verschwand. Also stand ich mit dem Prügel in der Hand Wache vor der Eingangstüre zu dem Baderaum. Über meinem Kopf jubelte die Anna unentwegt weiter. Sie vermochte mit ihrem Konzert einfach nicht mehr aufzuhören. Mir aber jagte sie damit einen Angstschauer nach dem anderen durch den Leib. Ich hatte die Hoflampen nicht eingeschaltet und stand im Dunkeln. Mein Schutzgeist, der Schuldiener, war mir davongelaufen, um einen noch mächtigeren Schutzgeist zu holen, und ich entschloss mich, den gleichen Weg zu gehen, denn meine Nerven vertrugen das Geschrei der Frau Anna nicht mehr länger.

»Ich hab schon einen!«, schrie der Schuldiener mir entgegen, als er mit einem Wachmann ausgerüstet um die Straßenecke bog.

Der Wachmann hatte in einer Hand einen Revolver und in der anderen eine Taschenlampe. Er war groß und sah sehr beruhigend aus. Jetzt war auch meine Angst mit einem Schlag wieder weg.

Zuerst ging der Wachmann einmal die Frau Anna beruhigen. Er verhandelte mit ihr durch das Schlüsselloch, denn aufgemacht hat sie die Türe nicht. Nur das Schreien gab sie auf, und damit war schon viel erreicht.

Ich hatte meinen Mut entzündet an der Nähe zweier Männer und ging jetzt überall voran, um die Türen aufzumachen. Es fand sich nichts Verdächtiges, weder in unserer Küche noch im Dachboden, noch in den Baderäumen. Ich fand es auch sehr überflüssig, diese Räume zu durchsuchen, denn ich wusste ganz genau, wo die Einbrecher zu finden waren. Unten in den Kellerräumen, denn dort lag die kostbare Wäsche aus der Hofburg aufgestapelt.

Was wir dann in den Kellerräumen vorfanden, war eine sehr große Unordnung. Die Einbrecher hatten in der schönen Damastwäsche herumgewirtschaftet. Einiges war zu Bündeln gepackt, gestohlen war nichts, was wir aber erst später feststellen konnten. Im hinteren Hofraum lehnte eine unserer Leitern gegen die Mauer, und über diese Mauer hinweg hatten die Einbrecher das Haus wieder verlassen.

Mit der Anna zankte ich in dieser Nacht noch lange. Ich erklärte ihr, dass ich ihr auf und davon laufen würde, wenn sie beim nächsten Male wieder so einen Krawall machen sollte, als ob sie abgekragelt würde. Und als dann dieses nächste Mal kam, hat die Anna keinen Muckser gemacht.

Es war am Ende eines sehr langen Arbeitstages, als wir vor dem Verlassen des Baderaumes noch sämtliche Kabinen inspizierten. Ich warf zu diesem Zweck alle Türen auf und konnte dann mit einem Blick den kleinen Raum übersehen, ob er leer war oder nicht. Eine dieser Türen federte aber an diesem Abend nur zur

Hälfte auf und fiel dann zurück ins Schloss. Ich spürte, wie Frau Anna, die hinter mir stand, den Atem anhielt. Ich drehte mich nach ihr um, sah sie böse an und legte einen Finger auf meinen Mund. Zu der geschlossenen Türe aber sagte ich: »Sie Herr, machen S' keinen Spaß und kumman S' außa!«

Es dauerte eine ganz kleine Weile, aber dann öffnete sich die Türe, und es kam einer heraus. Der Mann sagte nichts, und wir redeten auch kein Wort, nur mit meinem großen Schlüsselbund machte ich eine Geste zur Haustüre hin. Zuerst war es mir, als ob der Mann etwas sagen wollte. Dann aber setzte er sich in Richtung Haustüre in Bewegung, und ich folgte ihm mit meinem großen Schlüsselbund. Sogar die Hoflampen schaltete ich ein, bevor ich die Türe aufschloss, um den Mann hinauszulassen. Ich ging mit ihm über den verlassenen Hof, öffnete das große Tor zur Straße und schloss hinter ihm wieder ab. Es war mir, als wenn uns eine große Bedrohung verlassen hätte, als der Mann aus der Straße verschwand.

Schnell kehrte ich zu Frau Anna zurück, die wie ein Häuferl Unglück auf einem Stuhl saß und mit den Zähnen klapperte, trotz der Hitze, die es hatte. Weil mir selber auch ein wenig die Knie schwankten, war ich recht gütig zu Frau Anna. »Stell dir einmal vor, du hättest geschrien und er hätte uns umgebracht«, sagte ich diplomatisch, um der Anna das Schreien ein für alle Mal abzugewöhnen.

Für mich müsste der Rechte noch kommen

Und jetzt hatte ich eine Freundin, sie hieß Liesl und war Verkäuferin in einer Gemischtwarenhandlung. Sie erzählte mir alle ihre Liebesgeschichten, und ich erhielt auch alle darüber bestehenden schriftlichen Unterlagen zum Lesen.

Ihre erste Liebe war ein Wachtmeister. Die Briefe dieses Wachtmeisters waren wahre Wunder von großen Worten und heißen Liebesschwüren. Man hätte sie als Morgen- und Abendgebet verwenden können.

Ich beneidete die Liesl um diese Briefe, denn sie waren von ganz anderer Art als die, die mir der Franz, der herrschaftliche Diener, geschrieben hatte. Nur um das Kind, das die Liesl sich mit den Briefen erworben hatte, beneidete ich sie nicht. Das Kind hatte sie der Mutter heimgebracht, einem armen Weiberl, und die Liesl hatte sich mit einem andern getröstet.

Dieser andere war der Toni, ein schneidiger Soldat und Bursch bei dem Offizier, bei dem die Liesl Köchin war. Der Toni schrieb keine Briefe. Er war ein Bauer, und Bauern schreiben wenig. Aber aufs Reden verstand sich der Toni, und so hat er die Liesl um den Verstand und um alle Vernunft geredet.

Als er seinen ersten Brief an die Liesl schrieb, war es kein Liebesbrief. Dieser Brief kostete Liesl viel Herzweh und ungezählte Tränen. Sie brachte dann ihrer Mutter, dem armen Weiblein, das zweite Kind nach Hause. Jetzt hatte Liesl für drei zu sorgen – für zwei Kinder und eine alte Mutter …

Mein Zorn über die treulosen Liebhaber der Liesl war aber viel größer als der ihre. Sie fand noch immer ein Wort der Verteidigung für die Väter ihrer Kinder. Und sie sagte, ich würde gewiss auch einmal anders reden, wenn mich die Liebe beim Krawattl hätte.

Das ärgerte mich ein wenig, denn ich dachte doch, auch mit etwas aufwarten zu können. Die Brüder von der Miaz und der noble Franz, zählten die nicht?

Und außerdem, ich hatte jetzt auch einen richtigen Bräutigam. Darüber aber lachte die Liesl so viel, dass ich böse wurde, denn sie nahm mich nie ernst mit meinem Bräutigam, und dabei war sie bei meiner Verlobung mit dabeigesessen.

Sie sagte, für mich müsste der Rechte noch kommen, und wenn er da wäre, dann würde ich schon etwas merken.

Der Josef aber war doch schon da, und wir würden einmal heiraten. Nicht so schnell natürlich, denn ich musste mich erst an seinen Vollbart gewöhnen und an seinen goldumrandeten Zwicker, mit dem er ein so gestrenges Aussehen hatte.

Die Frau Anna hat mir den Bräutigam besorgt, und jetzt spiele ich jeden Abend Schach mit ihm, und einmal werden wir verheiratet und furchtbar glücklich sein …

Wohl ist er sechzehn Jahre älter als ich, aber das bekümmert mich nicht sehr. Sein Vollbart macht mir mehr Sorgen, denn beim Küssen ist das immer so eine haarige Sache, und die Liesl hat auch etwas gegen einen Vollbart. Jeden Tag einmal wenigstens muss ich dem Josef versichern, dass ich ihn liebe. Das hört er gerne, aber wenn ich mich dann beim Küssen wehre, dann geht er immer böse weg. Das ist unserer großen Liebe nicht sehr zuträglich.

Der Josef war einer unserer Badegäste. Ich kannte ihn schon lange, nur seinen Namen wusste ich nicht. Seine Mutter kam auch immer zu uns, und einmal erzählte sie mir, dass ihr Sohn sich sehr lobend über mich geäußert hätte. Auch ermahnte sie mich, weiter so ernst und brav zu bleiben. Es war das Lob und die Ermahnung einer alten Frau, die es gut mit einem jungen Ding meint.

Ich forschte dann ein wenig die Anna aus, wer wohl von unseren Badegästen der Baumeister Kogler sein könnte. Und die Anna forschte ihrerseits mich aus, bis sie das von der alten Frau Kogler wusste.

Gleich begann die Frau Anna, Pläne zu machen, und redete von einem großen Glück und von einer guten Partie. Und das Schicksal nahm seinen Lauf …

Als ich einige Tage später von einem Gang zum Stadtmagistrat nach Hause kam, tat Frau Anna sehr geheimnisvoll und sagte: »Wir kriegen heute Abend Besuch. Rate, wer kommt!« Ich gab mir schrecklich viel Mühe, um es zu erraten, aber ich erriet es nicht.

Es war der Baumeister Kogler, den die Frau Anna eingeladen hatte. Also der war es – der mit dem Vollbart und dem Zwicker. So sah mein großes Glück und die gute Partie also aus …

Der Baumeister Kogler sagte viele und nette Dinge. Er bewunderte uns, wie umsichtig wir die Badeanstalt führten, und die Frau Anna schmolz wie Schnee in der Sonne vor dieser Anerkennung.

Als sich der Herr Kogler von uns verabschiedete, sagte er, dass es ein sehr netter Abend gewesen sei. Er hätte uns jetzt von unserer privaten Seite kennengelernt, und wir gefielen ihm beide auch von dieser Seite.

Die Frau Anna lud ihn zum Wiederkommen ein, und er sagte, dass er nur zu gerne von dieser Einladung Gebrauch machen würde. Und so nahmen die Dinge ihren Verlauf.

Zuerst wurde einmal an einem Abend bei Wein, Kuchen und anderen Dingen »auf Du und Du« getrunken – das war der erste Kuss. Und einige Zeit später war es bei Wein und einer Flasche Champagner, wo es dann einen sehr schönen Ring gab. Der Ring war ein Familienstück. Ich musste versprechen, sehr vorsichtig damit zu sein.

Somit war ich von diesem Tag an verlobt. Für mich war dies insofern eine besondere Sache, weil man im Pinzgau so einen Zustand nicht kannte, auch nicht in der Steiermark. Da ging man fensterln, die Dirndln kriegten die Kinder, und wenn alles gut ging, wurde einmal auch geheiratet, aber erst dann, wenn sich das in dem Gefüge des bäuerlichen Lebens ergab.

Für mich kam jetzt die Zeit, wo ich des Abends die schön geschnitzten Figuren der Bauern, Türme, Rössel und andere auf dem Schachbrett herumschieben musste. Ich fühlte mich bei diesem Stillsitzen und Nachdenken gar nicht glücklich. Doch zog ich es dem Küssen vor, das immer dann einsetzte, wenn uns die Frau Anna gute Nacht gesagt hatte. Wenn sie mich einmal tüchtig ärgern wollte, dann sagte sie uns recht früh gute Nacht.

Mit List veränderte ich diesen Zustand: Ich tat des Abends immer sehr beschäftigt und reckte an der Zeit herum, die ich brauchte, um noch das eine oder das andere im Bad zu erledigen. Ich legte mich sogar selber in eine Wanne hinein und schloss die

Türe, las ein Buch und plätscherte mit einer Hand in einer Schüssel mit Wasser herum.

Die Frau Anna aber roch den Braten und hetzte den Josef auf meine Fersen. Sie gab ihm den Schlüssel zur Türe, und verloren war ich. Denn der Josef – zornig über meinen Betrug und ohne Gnade für mich – drückte mich mit seiner ganzen Kraft in die Wanne hinein und ließ sie mit kaltem Wasser volllaufen. Wir sahen beide nach dieser Strafprozedur gar übel aus, denn auch am Josef ist kein Faden trocken geblieben, weil ich ja beileibe nicht brav stillgehalten habe. Sogar die Anna, als lachende Zuschauerin, hatte ihre Spritzer weg. Von dieser Zeit an halfen mir der Josef und die Anna des Abends beim Aufräumen des Bades, sodass ich nicht mehr kneifen konnte.

Bei einer solchen Gelegenheit rächte ich mich an der Anna für ihre Tücke. Ich stellte mich in einer dunklen Ecke im Keller auf, mit einem weißen Leintuch um mich gewickelt. Einen langen Besen hielt ich über meinen Kopf, um den auch ein Leintuch geschlagen war. Als die Anna dann mit einem Binkel Wäsche daherkam und das Riesengespenst in der halben Finsternis sah, warf sie ihren Binkel vor meine Füße und sprang dem herbeieilenden Josef, den sie mit ihrem Geschrei angelockt hatte, an den Hals und erwürgte ihn beinahe.

Um mich zu strafen, ging sie dann sofort zu Bett. Sie sagte, dass der Schreck ihr auf den Magen geschlagen hätte.

So begann für mich dieser Abend nicht mit dem faden Schachspiel, sondern gleich mit der Liebe. Ich aber spreizte mich mehr dagegen, als mein Josef an diesem Abend vertragen konnte. Böse ging er weg und ließ nichts mehr von sich hören. Er kam nicht am nächsten Tag und kam nicht am übernächsten. Eine Woche verging ohne Schachspiel und ohne Küsse.

Es war recht peinlich. Nicht dass ich selber meinen Josef so sehr vermisst hätte – aber die Anna jammerte mir was vor vom verlorenen Glück: das Haus und das Geld und der schöne

Mann, alles verscherzt und warum bloß? Ich konnte es ihr unmöglich sagen.

Die Tage vergingen, sie reihten sich einer an den anderen, und mein Josef bockte noch immer. Ich hatte kein Leben mehr mit der Anna. Die Predigten, die sie mir hielt, wurden immer länger und inhaltsreicher. Gegen Ende der Woche war ich schon ganz windelweich geredet. Wenn der Josef zur Hand gewesen wäre, ich hätte bestimmt ohne viel Sträuben eine Nacht mit ihm durchgeküsst, so zermürbt war ich. Sie brachte es sogar so weit, dass ich Reue empfand. Ich glaubte selber schon daran, dass mir das Glück meines Lebens mit dem Josef davongeschwommen war.

Dann kam ein Brief, in dem stand, dass ich zur Frau Kogler kommen solle. Diesen Brief hatte eine Verwandte meiner zukünftigen Schwiegermutter geschrieben. Frau Kogler selber war gelähmt und wurde von dieser Verwandten gepflegt.

Mir war auf dem Weg zur Schwiegermutter recht kläglich um das Herz. Sicherlich sollte ich da jetzt auch zur Verantwortung gezogen werden. Was sollte ich zu meiner Verteidigung sagen? Wessen war ich angeklagt? Warum war ich eigentlich auf einmal so ganz auseinander mit meinem Josef? Es hätte vielleicht noch eine ganz große Liebe werden können, wenn er nicht so ungeduldig gewesen wäre.

Aber was sollte ich nur seiner Mutter sagen? Sollte ich mich auf den Bart ausreden? Lächerlich, wer redete sich schon auf einen Bart aus. Was war denn überhaupt schuld daran, dass es doch nicht so ganz richtig zwischen uns war?

Die Liesl hatte doch nicht so ganz unrecht mit ihrem Gelächter, wenn ich von meinem Liebesglück reden wollte. Den Verlobungsring hatte ich, schön in sein weiches Doserl gepackt, in der Handtasche bei mir. Gern hätte ich auch mein Herz in ein Doserl gelegt, damit es nicht mehr länger solche närrische Angsthupfer machen konnte.

Und dann kam alles so ganz anders …

Die kranke Frau Kogler weinte. Ihr Sohn lag im Krankenhaus mit Lungenentzündung, und dorthin sollte ich gehen.

Auf dem Weg zum Krankenhaus holte ich den Ring wieder aus seinem Schachterl und steckte ihn an den Finger. Ich betete ein Vaterunser, dass alles nur halb so schlimm sein möge. Jetzt war der Josef krank, und sein Zorn war sicherlich schon verraucht – sonst hätte er mich nicht holen lassen.

Dann stand ich an seinem Bett, gab ihm die Hand und frug leise: »Ist alles wieder gut?« Er drückte meine Hand und sagte: »Ja, auch bei dir?« Es würgte mich im Halse, und so nickte ich. Ich blieb aber gedrückt und unsicher, und Josef hatte wohl Mitleid mit mir, denn er war besonders gütig und lieb.

Ich konnte der Frau Anna sagen, dass alles wieder gerettet war, der fesche Mann und die gute Partie. Die Anna wurde ganz aufgeräumt davon und war um vieles glücklicher als ich, denn ich weinte nachts ungezählte Tränen in mein Kopfkissen. Es waren keine Tränen des Glückes.

Mein Verlobter besserte nur sehr langsam. Ich musste viele Besuche im Krankenhaus machen, und auf manchen davon hat mich die Anna begleitet.

Dann kam noch einmal eine Probe für mich und meine Liebe, die ich nicht bestanden habe. Josef musste für seine Erholung nach dem Süden reisen, er wollte mit dieser Reise unsere Hochzeitsreise verbinden. Mich aber schreckte der Gedanke, so rasch mit einem Menschen, der mir innerlich noch fremd war, eine so nahe und intime Verbindung einzugehen. Ich gebrauchte die unsinnigsten Ausreden und kränkte Josef dieses Mal ernster und tiefer als das erste Mal, und der ganze Zorn von Frau Anna kam über mein Haupt.

Ich erhielt keine Liebesbriefe von meinem Josef, so wie Liesl sie erhalten hatte. Ich erhielt nur Ansichtskarten, und da stand wenig genug drauf. Ich hätte beim besten Willen nicht gewusst, was ich zurückschreiben könnte. So ließ auch ich es bei Karten bewenden, wo schöne Grüße draufstanden und manches Mal etwas über den Peter – das war unsere Hauskatze, die ich sehr liebte. Auch vom Viktor, dem Sohn des Hauses, schrieb ich, der gesund aus dem Süden heimgekehrt war. Er war mein Freund und Verbündeter in aller Not mit der Frau Anna.

Ich hatte keine gute Stunde mehr seit der Abreise von Josef. Wer so das Glück seines Lebens verspielt, wie ich es getan hatte, musste noch nach allen Registern erzogen werden, und Frau Anna fühlte sich dazu berufen.

Viktor aber machte das Leben für mich erträglicher und meine langen Arbeitstage etwas fröhlicher. Wir hielten zusammen wie Pech und Schwefel, und seine Mutter kriegte immer weniger Gelegenheit, um mit mir zu zanken.

»Warum willst sie denn mit aller Gewalt verkuppeln? Nimm dir den alten Krauterer doch selber«, sagte Viktor auf seine brüske Bubenart.

Schach habe ich weiter spielen müssen. Jetzt war es der Viktor, der mich auf dem hölzernen Brett ins Gedränge brachte – nur das Küssen stand nicht mehr am Ende so eines Spieles.

Auch die Freunde vom Viktor kamen wieder, und die Zettel mehrten sich unter dem Seifenkisterl, wo meine Aufgaben draufstanden. Auch in meiner Schürzentasche raschelten sie immer mahnend, und viele Prüfungsfragen musste ich bestehen.

Ich hatte wenig Zeit zum Nachdenken und ging durch die Tage mit wenig Kummer. Nur ganz leise und wenig beachtet saß da irgendwo eine Bedrohung, die mich daran gemahnte, dass mein Josef wiederkehren würde und neue Konflikte in Aussicht standen.

Der Karten, die Josef schrieb, wurden immer weniger, und damit war ich selbst der Pflicht des Schreibens enthoben. Dann aber kam ein Brief, der beantwortet werden musste. Darin bat er mich, ihm ganz ehrlich zu schreiben, wie es um meine Liebe zu ihm stünde. Ob da ein anderer wäre, der mir näher stünde als er? Und wie es vorher, bevor ich ihn kannte, damit ausgesehen hätte – ob einer wäre, an den ich zurückdächte?

Ich setzte mich hin und stammelte einen Brief zusammen. Und ich war so ehrlich, wie es der Josef von mir verlangte. Ich schrieb ihm über den Hans, den Fritz und den Karl, die Brüder von der Miaz, ich schrieb ihm von den Mondscheinnächten in den steirischen Bergen, und ich schrieb ihm auch vom noblen Franz und wie diese Sache ihren Ausgang fand.

Dann kam sein zweiter Brief. In dem schrieb er mir, dass ich ihm durch meinen Brief jetzt noch um vieles lieber geworden wäre. Aller Groll gegen mich wäre weg, es stünde nur mehr die Liebe in seinem Herzen und das Verstehen. Er würde mir helfen, den Weg zu ihm zu finden, es wäre noch nichts verloren. Es war ein wunderbarer Brief, und ich wäre so gerne ein wenig glücklich damit gewesen, hätten in meinem Herzen etwas weniger Angst und Beklemmung gesessen. Bald würde Josef heimkehren, und dann?

Das Schicksal aber hat diese Not meines Herzens auf seine eigene Art gelöst – und so dramatisch wie möglich …

Es kam die Haushälterin von Frau Kogler zu mir und brachte mir die Botschaft, dass ich sofort zu Josefs Mutter kommen solle: Von einem Krankenhaus am Gardasee wäre ein Telegramm eingetroffen. Es solle sofort jemand kommen, da Herr Kogler schwer erkrankt sei. Frau Kogler selbst konnte nicht zu ihrem kranken Sohn reisen, daher sollte ich diesen Weg machen.

In den Stunden, die ab diesem Moment in die Zeit verglitten, ging vieles durch meinen Kopf. Jetzt hatte das Schicksal für mich entschieden. Es gab jetzt kein Nein mehr und kein Zögern und kein Zurück. Ich fuhr zu einem Schwerkranken, für den ich der einzige Mensch war, der zu ihm gehörte – wo gab es da noch eine Retourkarte? Ich ging aus einem Pflichtgefühl heraus zu einem Menschen, von dem ich die ganze Zeit über innerlich wegstrebte. Ich konnte aber nicht anders, irgendwo hatte auch einmal meine Schuld begonnen, jetzt hatte ich die Folgen zu tragen.

Und dann kam ein zweites Telegramm – der Baumeister Kogler war gestorben.

In meinem Reimbuch kam um vieles später ein Vers zu stehen:

Ich war wohl noch zu dumm
Für Deine große Liebe – verzeih!
Ich war wohl auch zu jung
Für Deine große Liebe – verzeih!

Jetzt wirst Du wissen und versteh'n
Es war der Weg, den ich musst geh'n
Der Weg an Dir vorbei – verzeih!

Ich hab getändelt und gespielt
Um Dich herum, an Dir vorbei –
Doch Liebe hab ich nicht gefühlt – verzeih!

Jetzt, wo der Tod uns hat geschieden
Ist das Erinnern mir geblieben
Und ich bin wieder frei …

Den kostbaren Ring, den mir Josef zur Verlobung geschenkt hatte, wollte ich seiner Mutter zurückbringen. Ich hatte das Gefühl, dass ich kein Recht darauf hätte. Frau Kogler aber befand sich in einem Zustand von andauernder Denk- und Handlungsunfähigkeit, sodass ich den Ring wieder mit nach Hause nahm, denn er sollte nicht in fremde Hände kommen.

Als er mir aber einige Zeit später beim Baden vom Finger glitt und mit dem Badewasser in den Kanal schwamm, betrachtete ich diesen Vorfall als eine Schicksalsfügung und hatte darüber wenig Kummer. Nach meinem Gefühl hatte Josef seinen Ring jetzt wieder zurückerhalten. Für mich war damit eine schicksalsschwere Sache vollständig beendet.

Dafür aber befand sich meine Freundin Liesl wieder einmal in einer schweren Not. Ich hatte nicht ihr Vertrauen in dieser Sache, aber ich merkte es an vielen Dingen, dass sie bis zum Hals im Elend steckte.

Sie wohnte seit einiger Zeit auch bei uns in der Badeanstalt, das heißt, sie durfte sich im Dachboden neben den Wasserkesseln ihr Bett aufstellen und ihren Koffer hinsetzen. Verkäuferin war sie nicht mehr.

Ich hatte im Stadtmagistrat beim Herrn Oberrechnungsrat für sie gebeten, dass sie den Posten bekäme, der im städtischen Schwimmbad frei wurde und gute Verdienstaussichten bot. Diesen Verdienst konnte die Liesl gerade gut gebrauchen für ihre zwei Kinder und das alte Weibel daheim. Der Herr Oberrechnungsrat ließ sich die Liesl kommen und besah sich das Mädel. Liesl war siebenundzwanzig Jahre alt, von schöner Gestalt und auch sonst sehr hübsch. Der Herr Oberrechnungsrat aber äußerte große Bedenken. Die Liesl war ihm zu jung und zu schön. Es kam zu viel Männervolk in das Schwimmbad, und das Bedenklichste war der Herr Bademeister selber, der hatte eine sehr schlechte Vergangenheit in puncto Frauen. Die Liesl und ich beruhigten den Herrn Oberrechnungsrat und redeten ihm alle Bedenken aus dem Kopf.

Liesl erhielt die Anstellung, und die guten Tage, von denen sie geträumt hatte, kamen für sie – aber es kam auch alles andere, was der Herr Oberrechnungsrat befürchtet hatte. Die Liesl hat dem Herrn Bademeister zu wenig Widerstand geleistet, sie waren zu viel allein, und es gab so viele sommerschöne Tage …

Einmal stieg ich mit der Liesl den Berg Isel hinan. Oben begegneten wir dem Herrn Bademeister, ganz zufällig schien es zu sein, und er begleitete uns. Beim Denkmal des Andreas Hofer flog ihn auf einmal etwas an – er stellte sich vor das Denkmal hin und hielt dem steinernen Hofer eine Rede. Er sagte ihm, dass die Liesl das beste Mädel wäre, dem er jemals im Leben begegnet wäre, und dass er sie nie verlassen würde. So schwor er dem Hofer und der Liesl Treue um Treue bis in den Tod. Ich konnte dieses Freilufttheater nicht mit ansehen und machte mich heimlich davon.

Der Sommer ging vorüber, der Herbst kam. Das Schwimmbad schloss seine Türen, und die Liesl wartete wieder einmal auf einen Brief ...

Der Brief kam – er enthielt ein Foto. Auf dem war der Herr Bademeister mit seiner Frau und seinen zwei Kindern zu sehen, und hintendrauf stand: »Meiner Freundin Liesl zur ewigen Erinnerung an ihren Freund Hans.«

Liesl nahm heiße Bäder, schluckte allerhand Zeug und weinte ungezählte Tränen. Die Frau Anna merkte etwas, und es gab einen großmächtigen Krach zwischen ihr und der Liesl. Die Folge davon war, dass Liesl ihren bescheidenen Platz bei den Wasserkesseln räumen musste. Sie fuhr heim in ihr Dörfchen, um der alten Mutter das dritte Enkelkind in die Hände zu legen.

An Sonntagen war ein ganzer Harem beieinander

Aus der Steiermark schrieb mir die Miaz, ob ich ihre Schwester Zilli in Innsbruck wo unterbringen könnte, denn die Zilli wollte aus der Enge der Berge heraus und hinein in das städtische Leben.

Die Liesl war fort, im Dachboden standen ihr Bett und ihr Kasten leer. Die Zilli konnte also kommen, aber sie sollte Schwarzbeeren und Schwammerln für Frau Anna mitbringen.

An einem Sonntag klingelte es Sturm vom großen Eingangstor her. Ich eilte auf den Dachboden, um aus dem Fenster zu erspähen, wer denn da so einen Krawall mit unserer Klingel verursachte. Es war ein Mädel und winkte mit allen zehn Fingern nach oben. Sie lachte dabei über ihr volles, fröhliches Gesicht. Es war die Zilli – ich flog geradezu nach unten. Da stand meine grüne Steiermark vor dem Gitter, umgeben von Zeggern, Schachteln und Binkeln, als ob sie auf der Stelle, wo sie stand, einen Jahrmarkt abhalten wollte.

Meine Freude war riesengroß, ich brachte das lebendige Stückerl Heimat mit all ihren Sächelchen zur Frau Anna. Die freute sich auch über die Zilli, denn in ihren Binkeln fanden sich Schwarzbeeren, Schwammerln, Selchfleisch und steirischer Käse, auch Krapfen, Honig und Schnaps.

Die Zilli war bildsauber, voll steirischer Fröhlichkeit und sah zum Zerspringen gesund aus. Man kriegte beinahe einen Gusto zum Hineinbeißen, wenn man sie so ansah. Sie überbrachte mir die Grüße von den Meinen und den Ihren daheim. Honig schickte mir der Vater und Äpfel die Mutter. Die Miaz grüßte mich mit einem Buderl echtem Schwarzbeerschnaps, und die Buam schickten Herzen vom Kirtag her. Der Hans und der Fritz schickten ein großes und Karl und Steffl ein kleines. Ich fühlte so viel Freude in mir auf- und niedersteigen wie seit Langem nicht mehr. Die Zilli war froh, dass sie das Glumpert endlich los war. Ihre lange Reise war gut verlaufen bis zum Bahnhof in Innsbruck, von da ab ging es aber nicht mehr.

Auf der Adresse, die Zilli von mir hatte, stand als unser Wohnviertel Dreiheiligen drauf. Zillis Mutter aber fand es nicht ganz richtig mit den »Dreiheiligen« und gab ihrer Tochter den Rat, nach den »Dreikönigen« zu fragen. So frug die Zilli also nach den »Dreikönigen«, aber die Innsbrucker wussten nicht, wo diese Herrschaften aushingen, und so wanderte die Zilli mit ihren Binkeln und Packeln die Straßen ein und aus, bis sich einer ihrer erbarmte und ihr den Rat gab, es doch einmal mit den »Dreiheiligen« zu versuchen. Und siehe, der Rat war gut – Zilli konnte ihre Bürden bei uns abladen.

Es gab alsbald Liebhaber für die Zilli. Sie waren weiblichen Geschlechts, denn es waren Damen, die einen dienstbaren Geist für ihren Haushalt suchten, und so verließ uns die Zilli alsbald wieder. Weil sie aber ein noch sehr ungeschliffener Edelstein war und in die Geheimnisse eines städtischen Haushaltes erst eingeweiht werden musste, gab es anfänglich noch Erlebnisse mit ihr.

So kämmte sie sich ihre langen, schönen Haare mit dem Kamm des Herrn. Die ausgekämmten Haare beließ sie im Kamm und legte denselben für den Herrn wieder hin. Der aber hatte gar keine Freude mit den langen Haaren von der Zilli und schimpfte tüchtig.

Zilli konnte die Aufregung wegen so einer Kleinigkeit nicht verstehen. Zu Hause hatten sie alle miteinander nur einen Kamm, und da gab es keine solchen Geschichten. So musste ich anfänglich des Öfteren zwischen der Zilli und ihrer Herrschaft vermitteln, aber mit der Zeit war die Zilli kultiviert und ich dieser Sorge enthoben.

Wieder stand eines Tages vor dem großen Eingangstor ein Mädchen und begehrte Einlass. Es war Maria, die ich dann später »die Schmerzensreiche« nannte. Marias Mutter war eine Bekannte von Frau Anna, die ihre Tochter in deren Obhut gab. Frau Anna sollte ihr eine Stellung besorgen und ein bisschen Zusicht auf die Tochter halten. Es war nicht das lachende Gesicht der Zilli, das mir entgegensah, als ich das Tor aufschloss, es war ein tränenüberströmtes.

So nehmen die Menschen ihr Schicksal auf sich – der eine mit allem Mut, der andere mit aller Verzagtheit. Maria war eine Verzagte, und sie blieb es. Ich konnte mich mit ihr nicht anfreunden. Sie war mir zu leicht angerührt, sie hatte immer Kümmernisse und für alles Tränen in Bereitschaft – deshalb nannte ich sie »die Schmerzensreiche«.

Und dann kam noch eine Witwe zu uns, Frau Stöger war ihr Name. Irgendwie war sie verwandt mit Frau Anna, sehr lang war sie, sehr mager, aber ganz unterhaltsam. So waren wir jetzt an den Sonntagen ein ganzer Harem beieinander, denn da kam auch die Zilli zu uns.

Unser Ausflugsziel an den freien Sonntagnachmittagen war der Onkel Franz. Er wohnte zwischen Innsbruck und Hall und hatte die Aufsicht über ein Sägewerk. Ob er viel Freude mit unseren Besuchen hatte, darüber habe ich nie nachgedacht.

Während die Anna, die Stöger, die Zilli und die Schmerzensreiche beim Onkel in der Küche saßen und seinen Kaffee tranken, bin ich mit dem großen Hund, der Mitaufseher am Sägewerk war, Rollwagerl gefahren; das heißt, gefahren bin ich, der Hund ist hinterhergerannt.

Am allerliebsten aber habe ich mit Onkels Revolver Scheiben geschossen. Wohl hat er gebrummt wegen der Patronen, die es ihn kostete, aber er gab mir den Revolver doch immer wieder. Bis die Frau Anna meinem Vergnügen ein Ende machte. Sie konnte den Lärm, den ich verursachte, nicht ertragen und ersuchte den Onkel, die Waffe zu verstecken.

So habe ich eines Sonntags in Onkels Schlafkammer vergeblich danach gesucht. Meine Freundinnen hörte ich in der Küche wispern, und meinen Onkel hörte ich die Versicherung abgeben, dass ich das Ding unmöglich finden würde. Das ärgerte mich, ich wollte mich alsogleich ein wenig rächen für so viel Heimlichkeit hinter meinem Rücken.

Ich begab mich nicht mehr in die Küche zurück, sondern stieg ganz leise aus dem Fenster von Onkels Schlafstube. Den großen Eingangstorschlüssel der Badeanstalt, der ein Viertelkilo wog und ein tüchtiges Mündungsloch hatte, nahm ich wie eine Schusswaffe in die Hand und schlich mich damit um das Häusl herum bis zum Küchenfenster, welches offen stand und hinter dem meine Widersacherinnen bei ihren Kaffeehäferln saßen. Zuerst schmiss ich einmal einen Stein auf eine in der Nähe liegende Eisenplatte. Die Folge war ein großer Knall.

Vier mächtige Schreie ertönten, vier entsetzte Gesichter schauten aus dem Fenster und hinein in das Mündungsloch von unserem Gitterschlüssel. Dann verschwanden vier liebliche Wesen unter dem Tisch und der Sitzbank in Onkels Küche. Von dort aus schrien sie weiter und flehten den Onkel an, er möge mir doch die Mordwaffe abnehmen, bevor damit ein Unglück geschähe. Aber der Onkel hielt sich bloß seinen Bauch vor Lachen und rührte sich weiter nicht. Dann kam die Zilli als Erste schimpfend unter der Bank hervor, und weil sich weiter nichts ereignete, folgten ihr auch die anderen. Durch das Küchenfenster hielten sie mir eine äußerst liebenswürdige Ansprache, von der ich hier aber kein Wort vermelden kann: Die Zilli redete steirisch mit mir, die Anna tirolerisch, die Stögerin sprach den Kärntner Dialekt und die Schmerzensreiche vorarlbergerte.

Der Übermutsteufel hatte mich beim Wickel …

Es war an dem Abend schon ziemlich spät, als wir uns vom Onkel verabschiedeten. Den großen Schlüssel hatte ich in meiner Bluse versteckt, denn damit beabsichtigte ich noch etwas. Es kam mir dabei sehr zustatten, dass sich keine von den Damen mit diesem Trumm abschleppen wollte. Das blieb mir überlassen. Untergehängt und ein bisschen singend zogen wir heimwärts. Es war ein gutes Stückerl Weg, den wir zu gehen hatten, aber die Nacht war lau und wunderschön. Und dann standen wir vor dem großen Eingangstor, und jede wartete, schon etwas ermüdet, dass es aufgesperrt werde.

»Sperr auf, mach weiter!«, ermahnten mich meine Freundinnen.

»Ja, womit denn?«, frug ich in erschrockenem Ton.

»Mit dem Schlüssel natürlich.«

»Den hab ich doch nicht, den müsst ihr ja haben. Ich habe ihn auf das Fensterbrett hingelegt, habt ihr ihn nicht mitgenommen?«

»Gott im Himmel – auf dem Fensterbrett hat ihn die Urschl liegen gelassen!«, stöhnte Frau Anna, »was machen wir jetzt?«

»Einsteigen müssen wir!«

Zuerst musste ich mir einmal vier Predigten anhören. Von einer christlichen Nächstenliebe kam darin aber nichts vor, ich kriegte geradezu ein Minderwertigkeitsgefühl davon. Das änderte nichts an dem Umstand, dass wir nicht hineinkonnten. Wohl drückte mich der Schlüssel auf meinen Magen, als wäre er mein Gewissen, aber ich verschloss mein Gemüt gegen diese Mahnung. Das Gitter war sehr hoch und hatte oben spitze Zacken. Vier Gesichter wandten sich nach oben und schätzten ab, und dann wurde beschlossen, welche als Erste den Aufstieg wagen sollte. Die lange Stögerin war die Auserwählte. Zuerst aber musste ich einmal an den Straßenecken Nachschau halten, ob auch kein Polizist im Kommen war.

Dann wurde die lange Stöger nach oben geschoben. Ich weiß nicht, wer mehr gestöhnt und geächzt hat bei dieser Sache: wir unten oder sie bei ihrem Aufstieg. Als sie aber bei den spitzen Dingern angelangt war, erklärte sie uns, dass sie jetzt unmöglich weiterkönne und wieder zurückkäme. Das aber redeten wir ihr aus. Sie musste die Spitzen zu überwinden trachten – es bliebe ihr und uns allen nichts anderes übrig. Sie sah aus wie ein Hahn am Kirchturm, wie sie so da oben hockte. Dann aber schwang sie doch einen Haxen hinüber – so sagte es wenigstens Zilli –, der zweite folgte nach, noch ein kleiner Sprung, und die Stögerin stand auf der anderen Seite des Gitters.

Mir wuchs geradezu der Mut, ich fasste die Schmerzensreiche als nächstes Opfer und begann an ihr zu schieben … und ich muss sagen: Bei dieser Sache übertraf sie einmal alle Erwartung und stieg dadurch in meiner Zuneigung: Ohne allzu große Mühen hatten wir auf einmal die Schmerzensreiche drüben bei der Stögerin.

Schnell noch einen Sprung an die Straßenecke gemacht, und dann mit der Zilli nach oben. Aber die Zilli war ein Stückerl Fleisch und Speck, das ich nicht so leicht bewältigen konnte. Außerdem war sie überall, wo man sie anfassen wollte, kitzlig. Vor lauter Lachen verlor sie immer wieder allen Halt, dann rutschte sie zurück und setzte sich dabei immer mir auf den Kopf, weil ich mir alle Mühe gab, sie doch noch zu halten. Aber einmal war sie dann doch oben.

»So, und jetzt komm herunter!«, befahl ihr die Stögerin von der anderen Seite. Die Zilli aber blieb oben. Es half kein Zureden, nicht auf unserer Seite und nicht von der anderen Seite. Zum Glück kriegte ich einen Einfall: »Zilli, ein Polizist!«, und hast mich nicht mehr gesehen, war die Zilli unten. Es war ein wunderbarer Sprung, nur ist sie auf dem größten Hühnerauge der Stögerin gelandet, und das ergab ein furchtbares Gejammer. Jetzt war nur noch Frau Anna übrig – die hatte ich mir sozusagen als Leckerbissen bis zuletzt aufbewahrt. Innerlich aber zögerte ich jetzt ein bisschen – sollte ich die würdige Anna nicht doch lieber mit dem Schlüssel einlassen? Aber der Übermutsteufel hatte mich beim Wickel, und der wollte auch die Anna die Reise über das Gitter machen lassen.

Also begann auch der Aufstieg der Frau Anna ... Ein Stück hinauf, ein Stück herunter, ein Stück hinauf, ein Stück herunter – so würgte ich mit der Anna herum. Ich könnte nicht sagen, wie oft ich sie beinahe oben hatte und wie oft sie wieder ganz unten war und wie oft ich an die Straßenecke gelaufen bin, Ausschau halten. Gerne hätte ich das Unternehmen aufgegeben, hätte ich noch den Mut dazu gehabt, aber den hatte ich verloren. Ich hatte sogar beschlossen, letzten Endes selbst auch über das Gitter zu klettern und nicht das Tor aufzusperren und triumphierend hineinzugehen, wie es anfänglich meine Absicht war.

Auf diesen Triumph wollte ich gerne verzichten, wenn ich nur erst einmal die Anna drüben hatte. Das Viertelkilogewicht war mir bei dieser Plagerei noch mehr verrutscht und machte sich höchst hinderlich bemerkbar. Vor lauter Behilflichsein war ich dann auf einmal selber droben auf den Gittergipfeln, und die Anna war noch immer unten. Ich verspreizte meine Füße und zog und zerrte an ihr, auch zwischen den Gitterstäben schoben helfende Hände mit. Auf einmal war die Anna auch oben – und dabei blieb es.

Sie hielt sich mit den Händen an den spitzen Zacken fest und klemmte ihr Füße durch die Gitterstäbe auf die innere Querstange. Weiters unternahm sie nichts mehr. Sie sah aus wie eine Henne auf dem Schlafstock und bejammerte ausgiebig ihre grässliche Lage. Einen Fuß hochheben, um ihn über die Stäbe zu legen, wollte sie um keinen Preis.

»Stell dir vor«, sagte ich, »es wird sieben Uhr morgens, die ersten Badegäste kommen, und du hockst immer noch da heroben.« Das half nicht viel, aber weil sie einen Krampf in ihren Wadeln kriegte, musste sie ihre Lage ändern – ob sie es wollte oder nicht. Wie es dabei zugegangen ist, war im Finstern nicht zu sehen, aber auf einmal hatte sie einen Fuß drüben. Wir lobten sie alle sehr, und die Zilli sagte ermutigend: »Jetzt brauchen wir noch den andern Haxen!«

Der aber kam erst viel später nach, als die Anna es eben in dieser Lage nicht länger aushalten konnte. Von unten halfen die lange Stöger nach und die Zilli, so gut es ging. Als dann der Moment kam, wo die Anna die Stäbe loslassen musste, um das kleine Absprüngerl zu wagen, hatten wir im Dunkeln übersehen, dass die weiten Röcke der Anna sich oben an den Gitterspitzen verankert hatten. Sie hing jetzt am Gitter wie ein Stückerl Selchfleisch im Rauchfang. Ich probierte, ihre Röcke von den Gitterzacken zu lösen, aber es war unmöglich, weil ihr ganzes Gewicht daran hing. Außerdem zupften und zerrten sie von unten an der Anna herum wie an einer zu rupfenden Henne.

Es kam ihnen aber doch noch ein guter Einfall. Mit viel Mühe und einigen abgebrochenen Fingernägeln gelang es ihnen, die Hafteln an Annas Röcken loszumachen. Sie stand dann, nur noch mit dem Höschen bekleidet, im Hof und wartete auf ihre Röcke, die ich jetzt mit Leichtigkeit loslösen konnte. Ich schmiss die Röcke in den Hof und wollte selber raschest nachkommen, denn es lag mir sehr daran, diese Vorstellung so rasch als möglich zu beenden. Da geschah es …

Bei der großen Anstrengung, die ich mit der Anna hatte, waren meine Unterrockbandln gerissen, und jetzt rutschte etwas … Es war das Eisentrumm auf meinem Bauch, das keinen Widerstand mehr fand. Rutsch – glitt es weg von mir und fiel der Zilli, die mir gerade eine helfende Hand zustrecken wollte, auf den Kopf. Vom Kopf der Zilli fiel es auf das Steinpflaster, und sein Geschepper klang wie die Posaunen des Jüngsten Gerichtes.

»Was haust mir denn auf den Schädel?«, jammerte die Zilli.

»Es ist der Schlüssel!«, schrie die Stögerin, mit Mord in der Stimme.

Der Spektakel, der jetzt losging, ist nicht zu beschreiben. Die Zilli stellte fest, dass sie gewiss eine faustgroße Beule kriegen würde. Die Stögerin hüpfte auf einem Bein herum, des beleidigten Hühnerauges wegen. Und die Anna bohrte ihre Finger durch die Löcher ihrer Röcke und hielt sie mir anklagend unter die Nase. Es gab momentan für alle Zustände nur einen Sündenbock, und der war ich.

Einmal aber mussten an diesem Abend auch meine vereinten Gegnerinnen schweigen, das war der Moment, wo sie in Schlaf versanken. Aber bis dahin haben sie mir mein Sündenregister in allen Dialekten unserer schönen Heimat vorgesungen.

Am nächsten Tag war ich nur mehr Luft für alle. Nur die Zilli änderte in alter Freundschaft ihre Gesinnung – beim Weggehen sagte sie mir noch einige freundliche Worte.

»Pfiat di Gott, du Mistviech, du elendiges!«, sagte sie und gab mir die Hand. Ich war sehr gerührt über diese Großzügigkeit der Zilli, denn sie hatte am Kopf doch eine ganz nette Beule sitzen, die ihr der Schlüssel geschlagen hatte. Aber die Steirer sind nicht zimperlich. Für die andern drei aber war ich einfach nicht mehr da …

Ich dachte, das dauert nicht länger, als bis sie mich für etwas brauchen, und so lange halte ich es ohne ihre Liebe schon aus.

Gewissensbisse verspürte ich keine …

Ich überraschte die Anna und die Stögerin dabei, wie sie über mein Bett gebeugt standen und aus einer Schachtel, die die Schmerzensreiche in ihrer Hand hielt, Pulver in mein Bett streuten. Wären wir nicht so böse aufeinander gewesen, dann hätte ich sicher gefragt, was sie damit vorhätten. So aber besah ich mir die drei Rücken und hörte ihr Lachen und Wispern – und auf einmal begriff ich, dass es einem Anschlag auf meine Nachtruhe galt – vielleicht gar mit Juckpulver?

Ich beschloss, an diesem Abend früher ins Bett zu gehen, was leicht ausführbar war, weil ja doch niemand mit mir redete. Ich wollte dann erst einmal meine Leintücher aus dem Bett schütteln, denn das Pulver war eine verdächtige Sache. Wie ich aber dann drauf und dran war, meine Leintücher aus dem Fenster wehen zu lassen, kam mir wieder einer meiner besonderen Einfälle …

Ich sperrte leise die Zimmertüre ab, schlug die drei Betten meiner Schlafgenossinnen auseinander – und staubte dahinein aus meinen Leintüchern, was nur herausgehen wollte. Meine Leintücher rollte ich dann zusammen und schob sie unter mein Bett. Die anderen Betten ordnete ich rasch wieder, und als das geschehen war, schloss ich wieder leise auf. Die Vorstellung konnte also ihren Anfang nehmen.

Mit einem sehr zufriedenen Gefühl legte ich mich in mein Bett, Gewissensbisse verspürte ich keine. Als dann meine drei Widersacherinnen sich zum Nachtlager einfanden, holte ich sehr tief und zufrieden Atem und tat so, als ob ich mich schon im tiefsten Schlaf befände.

Damit schienen sie nicht sehr zufrieden zu sein – sie hätten mich wohl lieber kratzend und schabend vorgefunden. Sie wisperten von Bett zu Bett und gaben keine Ruhe. Die Stögerin und Anna schliefen in den Ehebetten, und gegenüber standen in den Ecken mein Bett und das der Schmerzensreichen. So hatten sich die beiden Witwen zur Bettgemeinschaft zusammengetan, und beide Jungfrauen hatten sie in die anderen Zimmerecken verwiesen. Der Sohn Viktor schlief in der Küche am Diwan, der war schon zu groß für unseren Weiberharem. Im Dachboden schlief die Zilli, wenn sie für eine Nacht bei uns war.

Nach einiger Zeit aber begannen meine drei Schlafkameradinnen, sehr unruhig zu werden. Um besser hören zu können, wälzte ich mich mit einem ganz schweren Seufzer auf den Rücken, weil ich in dieser Lage besser verstehen konnte, was so von Bett zu Bett geflüstert wurde.

»... aber geh, Flöh', wo sollten denn die auf einmal herkommen?«, sagte die Anna.

»Das ist aber gar nicht zum Aushalten – können es vielleicht Wanzen sein?«, durchwisperte die Stimme der Stögerin den Raum.

»Mi beißt's a«, kam es aus der Sofaecke.

Jetzt wurde aber die Anna ernstlich böse: »Beißen tut's mi a, aber deswegen brauchen's grad nit Flöh und Wanzen sein, die sind bei mir nit daheim!«

Einige Zeit blieb es still, das heißt, es redete wohl niemand, aber die Bettstellen krachten, und ein Schaben und Kratzen war von überall her vernehmlich. Dann ging das Licht an. Drei weibliche Wesen standen vor ihren Betten und starrten hinein, es schien aber nichts Sichtbares anwesend zu sein. So nebenher kratzte sich jede einmal da und einmal dort.

Es war ein lustiger Anblick: Die Stögerin war lang, mager, mit kurzen Rattenschwanzerln um den Kopf. Die Anna hatte drei Warzen im Gesicht, dafür aber wunderbare Haare, die ihr bis zur Kniebeuge reichten. Schön war keine von ihnen. Die Schmerzensreiche war nur jung, sonst besaß sie keinerlei Reiz. Die Zilli fehlte mir in der Versammlung, die hätte Humor gehabt für diese Vorstellung. Die wäre auch schön zum Anschauen gewesen. Wenn es an einem Sonntag auch regnete, mit der Zilli daheim war Sonnenschein. Ihre Heiterkeit, ihre strahlende Jugend und ihre Schlagfertigkeit waren Freudenquellen, aus denen sich schöpfen ließ.

Weil die drei Nachthemdlerinnen rein gar nichts finden konnten in ihren Betten, beschlossen sie, ein Bad zu nehmen, um das lästige Jucken loszuwerden. Sie flüsterten ein wenig miteinander, und dann kam der große Moment für mich, denn jetzt brauchten sie mich. Es brachte keine von ihnen den Mut auf, um diese Stunde in den großen, verlassenen Baderaum hinunterzusteigen, wo hinter jeder offenen Kabinentüre das nächtliche Grauen stand. Schatten spielten auf den Wänden und machten die Räume gespenstisch. Man konnte so spät nicht mehr alle Lichter einschalten.

Die Anna übernahm es, mich zu wecken. Sie zog an meinen Zöpfen. Ich aber ließ mir Zeit mit dem Erwachen. Als ich dann aber doch einmal erwachen musste, zeigte ich mich sehr erstaunt und wollte wissen, was denn geschehen sei.

»Du musst mit uns in die Baderäume hinunter nachsehen, wir haben etwas gehört«, sagte Frau Anna.

»Wir haben einen Knall gehört«, erklärte die Stögerin.

»Ja, dann müssen wir sofort nachsehen«, erklärte ich, allzeit dienstbereit, und stieg aus dem Bett. Ich dachte nicht mehr daran, dass in meinem Bett keine Leintücher lagen, aber die Luchsaugen der Frau Anna hatten es bereits entdeckt.

»Wo sind deine Leintüchter?«

»Weiß nicht, vielleicht weggestrampelt …«

»So, so, weg-ge-stram-pelt«, sagte die Anna und zerdehnte das Wort. Sie schlug die Tuchent zurück, dann sagte sie: »Aha …«, mehr sagte sie nicht.

»Geh ma?«, frug ich.

»Ja, geh ma«, sagten alle drei zugleich, und wir marschierten zur Tür hinaus. Draußen gaben sie mir den Vortritt – so hielten es meine Freundinnen immer in kritischen Fällen.

Im Baderaum angekommen, suchte sich jede eine Duschkabine aus, in die ich aber erst hineinschauen musste, ob nicht ein vergessener Badegast vom Samstagabend noch in mörderischer Absicht hinter der Türe auf dem Bankerl saß. Es war aber nicht der Fall, also wurde mir befohlen, im Warteraum zu warten, bis sie alle geduscht waren. Auf keinen Fall durfte ich mich hinauf in mein Bett schleichen, denn ich war für sie jetzt der Leitbock, der am Auslug stand.

So setzte ich mich in meinem Hemd in einen der Warteräume und vertrieb mir die Zeit mit In-den-Spiegel-Schauen. Mit meinem Spiegelbild bin ich schon als Kind nie zufrieden gewesen. Ich hatte wohl schöne Haare und konnte sie wie eine Krone aufstecken, aber meine Zöpfe waren braun, und die Zigeunerheldinnen aus den Romanbüchern meiner Kindertage hatten nachtschwarze Haare, mit blauen Schatten darüberhin.

Meine braunen Augen hätte ich immer gerne vertauscht mit den blauen meiner Schwester Franzi. Für die Pfirsichwangerln der Zilli hätte ich gerne die blasse Farbe meines Gesichtes eingetauscht. Aber es gab genug Menschen, die von meinem Aussehen sehr eingenommen waren, also musste es doch nicht so arg sein, dass mir die nachtschwarzen Haare, die blauen Augen und die Pfirsichwangerln fehlten.

Von den nächtlichen Badenixen redete von Zeit zu Zeit die eine und die andere ein paar Worte mit mir. Dieses Gerede hatte aber keineswegs einen versöhnlichen Zweck – sie wollten sich nur vergewissern, ob ich noch auf meinem Posten war. Das Gerede ging folgendermaßen hin und her:

»Sag, hast du was in unser Bett gestreut?«

»Ich – in euer Bett, wo sollte ich denn was hernehmen?«

»Wo sind denn deine Leintücher hingekommen?«

»Die sind unterm Bett.«

»Warum denn?«

»Weil ich geschlafwandelt habe.«

»Seit wann schlafwandelst du denn?«

»Das ist heute Nacht erst zum Ausbruch gekommen!«

Das Wasser der Brausen rauschte noch, als eine Uhr die zwölfte Stunde schlug.

»Jessas, machts weiter, die Geisterstunde und ich hör schon etwas … mir geht schon das Grausen an.«

»Ja, wenn's dich nur einmal tüchtig grausat«, kam es liebevoll aus einer der Kabinen.

»Ja, aber ich geh nach oben, weil ich mich fürchte, gute Nacht!«

Ich begann, die Lichter auszudrehen, und alsogleich waren meine Freundinnen an meiner Seite.

Oben angekommen, holten sie ihre Leintücher aus den Betten, drehten die Kopfkissen und die Matratzen um, und dann war endlich Ruhe im Hause.

Der Arbeitstag in unserer Badeanstalt

Der Arbeitstag in unserer Badeanstalt begann um fünf Uhr morgens. Das Frühstücken und Ankleiden musste sehr rasch vor sich gehen, denn in der Badeanstalt gab es, bevor das große Tor geöffnet werden konnte, noch sehr viel Arbeit. Sämtliche Holzroste mussten umgelegt werden. Die Spiegel mit den darunter befindlichen Glasplatten wurden glänzend gerieben. Die gekachelten Wände wurden mit Tüchern gewischt. Die kupfernen Brausen mit Köpfen und Stangen wurden mit Sidol eingerieben und mit Flanelltüchern blank und glänzend gewischt. Alles Nickel wurde aufpoliert. Die Kabinen mussten einen sauberen und blitzenden Eindruck machen.

Schlag sieben Uhr mussten diese Arbeiten beendet sein. Auch die Stöße von Badewäsche mussten bereitliegen, die Badekarten, die Seifenstückerln, die Lochzange und die Kassette mit dem Kleingeld ebenso – dann konnte der Badetag beginnen. Ich schloss die Haustüre auf und steuerte mit dem Viertelkilogewicht auf das große Eingangstor zu, um auch das zu erschließen.

Dort stand Tag für Tag eine Reihe Menschen, die auf Einlass warteten. Es waren Hausfrauen dabei, die später am Tag keine Zeit mehr fanden, Soldaten und Studenten, die sich durch ein morgendliches Bad erfrischen wollten. Die Badekarten wurden abgerissen, gelocht und ausgegeben. Tücher und Seife wurden verteilt und so viele Menschen in die Kabinen gewiesen, als Platz war; die anderen mussten warten. Wenn es Sommer war, setzten sich die Wartenden auf die Terrasse vor dem Haus, und wenn es Winter war, in die Warteräume rechts und links von der Kassa, Männlein und Weiblein streng geschieden. Die Brausen begannen zu rauschen, und der Wasserdampf beschlug alsbald Wände und Spiegel. War die Badezeit bis auf fünf Minuten beendet, dann wurden die Badenden gewarnt. Oft aber musste man sehr energisch vorgehen, denn es gibt Rücksichtslose unter den Menschen.

Hinter jedem Badegast wurde die Wanne mit kochend heißem Wasser ausgebürstet, die Bankerln, die Spiegel und die Glasplatten wurden abgewischt, die Wanne aufs Neue gefüllt, und der Nächste konnte in die Wanne steigen. So ging der Tag hin, mit einer kleinen Mittagspause für das Essen.

Um acht Uhr abends verließ der letzte Gast das Bad. Dann begannen für uns das Bürsten der Böden, das Reinigen der Wannen, das Abschrubben der Holzroste und das Trockenreiben der gekachelten Wände.

Die letzte nasse Wäsche wurde eingesammelt und in den Keller in die Waschräume gebracht. Dann wurde noch die Kassa geordnet, und nachdem wir selbst noch ein Bad genommen hatten, fielen wir meistens sehr müde in unsere Betten. Um fünf Uhr morgens begann der Tag mit seinem gleichbleibenden Kreislauf von Neuem. Samstags dauerten die Abende noch länger, und der Sonntag brachte dann das Zählen und Ordnen der Badekarten, denn am Montagvormittag hatte ich sie mit der städtischen Rechnungskanzlei zu verrechnen.

Der Sonntagnachmittag war meist dem Strümpfestopfen und anderer Flickarbeit geweiht. Auch das Geschirrwaschen gehörte zu meinen Pflichten, während die Anna ihr Mittagsschläfchen hielt. Ich brachte dann den Ruß von den Rußpfandln oft den ganzen Tag nicht mehr von meinen Fingern.

Der Wenzel und der Wastl

Unter unseren Badegästen war einer, der war von einem Reinlichkeitstrieb besessen. Dieser eine, ein Student, badete oft dreimal an einem Tag. Viktor sagte jedoch, er käme nur meinetwegen so oft und er würde bestimmt an Hauterweichung eingehen.

Der anhängliche Badegast hieß Šlezak (sprich: Schlesack), außerdem hieß er noch Wenzel und kam aus dem böhmischen Lande. Der Herr Wenzel Šlezak hatte einen Freund, dieser Freund war sein Studienkollege und hieß Wastl. Natürlich konnte einer, der diesen Namen trug, nur ein Tiroler sein. Der Wenzel und der Wastl hatten zusammen ein und denselben Gram – sie waren ihren Eltern nicht dankbar für die Namensgebung.

Der Wenzel und der Wastl bewohnten zusammen ein Zimmer. Sie besuchten zusammen die Universität, studierten beide die Rechte und küssten gemeinsam die gleichen Mädchen. Sie waren beide gute Musiker. Der Wastl badete aber nicht so viel wie der Wenzel. Das hatte seinen Grund darin, dass Wastls Geldbeutel diese hohe Extrabelastung nicht vertragen konnte. Sonst hätte er sich genauso oft gewaschen, erklärte er mir später einmal, denn er hatte das Gefühl, als ob der Wenzel manches Mal auf Abwegen ginge und die Früchte seines Bemühens für sich allein pflücken wollte.

»Der Wenzel ist habgierig geworden, seit er Sie kennt«, sagte Wastl.

Als es im Bad einmal eine ruhigere Stunde gab, erklärte mir der Herr Wenzel Šlezak, dass es so nicht mehr weiterginge. Nicht nur, dass ihm seine Haut ganz verweichlichte von der endlosen Wascherei, auch der Verstand verwässerte merkbar, und das könne er sich nicht leisten. Er hätte sich dieser Kur nur unterzogen, um mich näher kennenzulernen, und ob ich nicht einmal einen kleinen Ausflug mit ihm machen könnte …?

Jetzt hätte ich nur zu gerne Ja gesagt, aber die Anna, die Stöger, die Zilli und sogar die Schmerzensreiche waren ein unüberwindliches Hindernis für solche Pläne. Denn ich war für meine Freundinnen unentbehrlich. Ich war ihr Führer in der Stadt und Umgebung, ich war der einzige Mann im Haus, und ich war das Kasperltheater für sie alle. Was würden sie dazu sagen?

Ja, ich war sozusagen mit jeder Einzelnen verheiratet, und in einer Ehe durfte es keine Untreue geben. Ich versuchte, dem Herrn Wenzel einen Begriff von meiner schwierigen Situation zu geben. Ich sagte, ich wäre noch nie ohne meinen Weiberharem aus gewesen und ich wüsste gar nicht, wo ich den Mut hernehmen sollte, es ihnen zu sagen.

Der Herr Wenzel überlegte ein wenig, dann sagte er, ich möge das Arrangieren dieser Sache seine Sorge sein lassen. Aber ich sollte es so einrichten, dass ich mit meinen Freundinnen kommenden Sonntag auf die Hungerburg käme. Da würde er uns wie zufällig begegnen, er würde Freunde bei sich haben, und das Weitere würde sich dann schon finden.

Ich versprach zu kommen, und so sollten wir uns erst am Sonntag wiedersehen, denn der Wenzel gab das Baden für einige Zeit auf, wie er sagte.

Der Sonntag kam, das Wetter war wunschlos schön, aber mein Herz war nicht froh. Die Anna, die Zilli, die Stöger, die Schmerzensreiche und an diesem Tag sogar der Viktor, der sonst immer mit seinen Freunden aus war, wollten mit auf die Hungerburg …

Als wir dann schon alle marschbereit standen – ich wie eine geknickte Blume zwischen allen meinen Lieben –, kam zum Übermaß auch noch mein Onkel. Er hatte an diesem Tag gar nichts vor und wollte ein bisserl nach seinen »Weibeln« schauen, wie er sich einmal besonders lieb ausdrückte.

Also gut, auf die Hungerburg ging der Marsch, der Onkel würde uns begleiten, vielleicht gab es ja Speckknödel auf der Hungerburg. Mir war jetzt schon alles egal, von mir aus hätten noch einige mitgehen können. Für mich war es das erste richtige Stelldichein in meinem jungen Leben, und jetzt musste ich mit einer so großen Karawane ausrücken …

Den Wenzel traf ich natürlich nicht auf der Hungerburg, und ich kehrte mit meiner Völkerwanderung wieder heim, ohne nur eine Spur von ihm gesehen zu haben. Es war ein verlorener Sonntag für mich. Dafür sah ich den Wenzel dann am Montag dreimal: einmal, weil er badete, das zweite Mal, weil er dachte, seinen Hut bei uns vergessen zu haben, und das dritte Mal, weil er für seinen Freund Wastl eine Badekarte kaufte und die Zeit aussaß, bis der Wastl kam, damit dieser dann nicht mehr warten brauchte. Das Letztere war sein bester Einfall, denn einmal ging die Anna weg, und so konnten wir durch das Kassafenster rasch ein paar Worte wechseln.

Dem Wenzel tat es sehr leid, er hatte Kopfschmerzen und konnte nicht auf die Hungerburg kommen – aber der kommende Sonntag? Gut, am kommenden Sonntag hatten die Zilli und die Stögerin nicht frei. Da waren dann nur die Anna und die Schmerzensreiche, und für die wollte Wenzel den Wastl mitbringen.

Als dann am Sonntagmorgen eine heitere Sonne einen schönen Tag versprach, hatte ich wohl ein banges Herz, wie er wieder enden würde. Was konnte sich nicht alles ereignen, um mir die Freude zu verderben! Und meine Befürchtungen trafen leider ein …

Freudestrahlend kam die Zilli. Sie hatte einen freien Tag, und die Stöger kam ebenso froh und hatte auch einen. So, jetzt waren wir wieder alle glücklich vereint – es fehlten nur noch der Onkel und der Viktor. Viktor war an diesem Tag schon weit weg, der konnte nicht mehr kommen, doch der Onkel kam angestakst. Die Anna, die immer ein Auge auf ihn hatte, hatte ihn eingeladen …

Und dann standen der Wastl und der Wenzel vor unserem Gitter und grüßten. Großes Staunen auf der Seite der Meinen …

Dann hub der Wenzel seine Rede an: »Gnädige Frau …«, das schmeichelte der Anna ungemein, »ich habe das Fräulein Lina schon so oft zu einem Spaziergang eingeladen, aber sie hat mir immer versichert, dass sie ohne die Frau Tant' nicht mitkäme. Also, gnädige Frau, wenn ich Sie bitten dürfte, dass wir uns anschließen, mein Freund und ich, Sie kennen den Wastl ja schon, nicht? Die jungen Damen sind nicht allein, aber der Wastl würde gerne die Begleitung übernehmen, wenn es erwünscht ist …«

Es war nicht erwünscht. Sie warfen mir alle einen vernichtenden Blick zu und zogen wortlos ab.

Es tat mir leid um die Zilli, und der Gedanke an sie verdarb mir den Tag. So konnte ich doch nicht richtig froh werden, denn es hatte sich mit dem Blick der Zilli eine Wolke vor meine Sonne geschoben.

Die Anna fühlte sich sehr geschmeichelt, in so gelehrter Gesellschaft einherzuspazieren. Sie brachte die Rede auf ihren Sohn, der auch studierte, aber durch seine Krankheit in manchen Fächern zu weit zurückgekommen wäre. Wenzel bot sich sogleich an, Nachhilfestunden zu geben. Doch Frau Anna frug erst vorsichtig, was davon die Kosten sein würden?

»Nichts, gnädige Frau, wenn Sie gestatten, dass ich mich ab und zu bei Ihnen einfinde und ein bisschen anschließe und mit dem Fräulein Nichte manches Mal einen kleinen Spaziergang mache, unter Ihrer gestrengen Aufsicht natürlich!«

Frau Anna war damit einverstanden. So waren der Wenzel und die Anna einig miteinander, aber noch nicht der Wenzel und ich – das musste erst noch kommen.

Wie alle Ausflügler landeten auch wir in einem Wirtshaus. Hinter dem Wirtshaus gab es eine Schaukel, auf diese Schaukel mussten der Wenzel und auch der Wastl. Sie hatten den Lausbuben in sich noch nicht überwunden. Die Schaukeln aber waren alle durch kleinere Kinder, als sie selber waren, besetzt. So setzten wir uns in der Nähe auf ein Bankerl und schauten den Kindern zu. Ich saß in der Mitte, der Wenzel und der Wastl saßen rechts und links von mir. Weil der Wenzel aber immer näher heranrückte, schob ich weg von ihm, aber auf der anderen Seite gebrauchte der Wastl dieselbe Methode, und schließlich saß ich eingezwängt zwischen den beiden. In diesem Zustand aber war ich äußerst verlegen und sagte, dass ich nicht so lange wegbleiben dürfte.

Die beiden aber wollten mir noch eine Ruine zeigen, die sich irgendwo in der Nähe befinden sollte. Wenzel ging sich die Erlaubnis der Frau Tant' einholen, die sie ihm auch gab. Auf dem Weg zur alten Burg verlor Wastl das schwarze Band von seinem Hut, was ihm viel Sorge machte. Wir suchten alles Gebüsch ab, durch das wir gekrochen waren, fanden aber nichts. Weil der Wastl aber so ungefähr wusste, wo es geschehen sein konnte, ging er zurück. Wir sollten inzwischen weitergehen, er würde uns schon finden. Ab und zu sollten wir einen Juchzer ausstoßen, damit er uns leichter fände.

Wir saßen droben auf einer Höhe und warteten auf den Wastl, denn wir konnten allein die Burg nicht finden. Ich jauchzte mich heiser nach dem Wastl, ich hätte ihn zu gerne bei mir gehabt, denn ich fühlte mich sehr verlegen mit dem Wenzel allein.

Das hatte aber auch seine Ursache: Der Wenzel wollte küssen. Weil ich selber aber nicht mit dieser Absicht den Berg hinaufgekrochen war, wehrte ich mich dagegen und geriet somit ins Rutschen. Ich glitt fortwährend von meinem Sitzplatz ab und rutschte auf einem Haufen Tannennadeln den Hügel hinunter, und der Wenzel musste mich mit seinem Spazierstecken wieder heraufangeln. Das Spiel wiederholte sich sehr oft …

»Wastl! Wastl! Juhu!«

»Lina, da kannst lange juhun, bis der Wastl kommt. Der hat den strengen Auftrag, sich ja nicht blicken zu lassen. Sein Hutbandl hat er längst wieder aus dem Westentaschl gefischt, denn dahinein hat er es ja gesteckt gehabt.«

Es ärgerte mich wohl ein wenig, dass ich so dumm auf den Leim gegangen war, aber ich ließ mir nichts anmerken. Auch das Abwärtsrutschen gab ich auf, was zur Folge hatte, dass ich dann doch vom Wenzel geküsst wurde. Wohl dachte ich dabei an die Zilli und kam mir verräterisch vor, aber es war ein so wunderbarer Sommertag, und wir waren mitten in einem Wald, und ich war jung …

Den Wastl fanden wir dann bei der Frau Anna und dem Onkel. Er machte allerhand Spektakel über den Umstand, dass er uns nicht mehr finden konnte. Auf dem Weg nach Hause wusste der Wastl dem Onkel und der Frau Anna so viel zu erzählen, dass Wenzel und ich den schönen Abend für uns allein hatten, obwohl wir in so großer Gesellschaft waren.

»Das ist wahre Freundschaft, auf den Wastl ist Verlass«, sagte Wenzel.

Kochsonntage – eine wundervolle Einrichtung

Und so ist jetzt in mein Leben die Liebe gekommen, aber ein ungetrübtes Glück ist es nicht. Da sind die Freundinnen, die sich zurückgesetzt fühlen. Sie spotten und sticheln bei jeder Gelegenheit und sind böse, dass ich aus ihrem Lager entwichen bin. Die Zilli redet vom »böhmischen Halawachl« und nennt ihn nicht anders als den »Gehst-hinteri-Frack«. Aber er kann doch nicht mit einer Lederhose und kurzer Joppe auf die Universität gehen. Wohl würde er dann in den Augen der Zilli mehr Gnade finden, aber mir gefällt er auch so.

Die Stögerin hat ein Sprücherl, mit dem sie mich bei jeder Gelegenheit ärgert: »Soldaten- und Studentenlieb sind des Mädchens Heiratsdieb«, orakelt sie von früh bis spät.

Die Anna aber macht sich mit einem anderen Spruch bei mir beliebt: »Nadel, Faden, Fingerhut, sind des Mädchens Heiratsgut«, verkündet sie mir und schaut dabei vielsagend auf meinen gefüllten Flickkorb, in dem die schwarzwollenen Strümpf' liegen und aufs Stopfen warten und die anderen Dinge ohne Bandl und

Knöpf'. Einmal hat sie die Löcher in den Strümpfen dem Wenzel gezeigt und gesagt, dass die Sonntagnachmittage für etwas Besseres verwendet werden könnten als einzig und allein zum Spazierengehen.

Mein Wenzel sah wohl ein, dass die Anna nicht ganz im Unrecht war und dass der Flickkorb irgendwie ein Recht hatte, aber nicht ausgerechnet auf die Sonntagnachmittage – fand Wenzel. Er berechnete meine Tage von fünf Uhr morgens bis neun Uhr abends und fand, dass sich da irgendwie der Flickkorb müsste einschieben lassen. Die Anna aber fand, dass das ihre Zeit war, in der hätte mein Flickkorb keinen Platz. Um den Frieden zu erhalten und um die Anna nicht zu verschnupfen, übernahm von dieser Zeit an Wenzel das Zählen und Verrechnen der Badekarten an den Sonntagvormittagen, und ich konnte den Flickkorb zu seinem Recht kommen lassen.

Es dauerte aber nicht lange, und die Anna brauchte mich zum Kochen – der Flickkorb verschob sich wieder auf die Sonntagnachmittage. Dagegen protestierte Wenzel, Anna aber hatte für diesen Protest gleich eine stichhaltige Entgegnung: »Wer wird denn bei euch kochen, wenn ihr einmal verheiratet seid? Sie muss doch auch darin etwas Übung haben.«

Das Essen war Wenzels kitzliger Punkt. Ich musste einige Stunden theoretische Prüfung ablegen, was ich so alles kochen konnte, und dann musste ich es in die Tat umsetzen. Weil die Anna zu geizig war, um für diese Experimente etwas herzugeben, besorgte alles der Wenzel.

An verregneten Sonntagnachmittagen wurde gekocht. Onkel Franz zeigte viel Interesse für diese Kochtage. Als kochender Junggeselle war er immer dabei und gschaftelte überall drein. Als Urpinzgauer wollte er, dass pinzgauerisch gekocht wurde, und so wurde pinzgauerisch gekocht: Es gab Kücheln, Krapfen, Blattln, Nudel, Hasenöhrl, Polsterzipfel. Der Onkel spendierte ein Schnapsl dazu und die Anna Kaffee.

Die Zilli aber bestand darauf, dass auch einmal steirisch gekocht würde. So buken wir auch die großen steirischen Krapfen, den almerischen Grießsterz und die Schnurrausbönl.

Der Viktor fand diese Kochsonntage eine wundervolle Einrichtung. Der Appetit, den er entwickelte, glich mehr einer Fresssucht. »Jung, dumm und gefräßig«, war sein Spruch, den er dafür zur Entschuldigung stets bereithielt.

Nach so einem Kochnachmittag mussten die Männer, die stets eifrig daran teilnahmen, alle tüchtig abgebürstet und ausgestaubt werden, denn die hatten das Mehl sogar noch hinten am Buckel droben, was ich nie begreifen konnte.

Wenzel hat als kleiner Bub immer Koch werden wollen, weil ihn das Kosten so gefreut hat. Nach seiner eigenen Ansicht verstand er sehr viel vom Kochen. Er hat es uns auch bewiesen. Die Frau Anna war einige Tage abwesend und sollte bei ihrer Rückkehr als Abendessen einen Milchreis kriegen, den mein Wenzel kochen wollte. Viktor und Wenzel hatten es wenigstens so verabredet und machten sich dann auch gemeinsam an die Arbeit, ohne meine Zustimmung.

Im Küchenofen haben sie zuerst einmal ein Feuer gelegt, auf dem man mit Leichtigkeit eine Sau hätte braten können. Ich habe mich heimlich hinaufgeschlichen, um zu sehen, wie die Sache marschiert. Sie hatten beide die Hemdsärmel, so hoch es ging, aufgekrempelt. Stehkragen und Schlips waren verschwunden, das Hemd stand bei beiden vorne offen, und die Haare hingen ihnen zerzaust um den Kopf. Viktor stand am Herd und rührte den Reis, als ob seine nächste Prüfung davon abhinge. Es mag wohl auch notwendig gewesen sein, denn bei dieser Hitze lag das Anbrennen geradezu in der Luft. Einmal schien der Reis zu dick, so hat Wenzel Milch beigetan; weil er aber dann wieder zu dünn schien, hat er Körner nachgerührt, und dies haben sie einige Male im Wechsel wiederholt. Dann ist aber die Rein zu klein geworden, und sie haben den Brei in ein größeres Geschirr umgeschüttet.

Jetzt war die Quantität schon so groß, dass wir ein Waisenhaus hätten verköstigen können. Allerdings war ein Teil der Körner noch steinhart und ein Teil viel zu weich. Weil ich darüber mein Gutachten abgab, haben sie mich wie eine Katze hinten am Genick gepackt und zur Türe hinausbefördert.

Durch das Schlüsselloch habe ich noch den weiteren Verlauf beobachtet und habe mich lustig gemacht über die braune Nase vom Wenzel. Daran hatte die geriebene Schokolade Schuld; anstatt auf dem Milchreis ist ein großer Teil davon auf Wenzels Nase zurechtgekommen. Weil ich mich durch das Schlüsselloch darüber belustigte, haben sie mir dasselbe zugestopft.

Als dann die Anna eintraf und wir saßen, um das mit so viel Anstrengung und Schweiß zubereitete Abendessen zu verspeisen, war es zuerst nicht so arg, das heißt, solange eine Schokolade zum Herunterschlecken drauf war. Als aber der nackte Reis vor uns stand, ohne das braune Lockmittel, verlor der Reis seine Anziehungskraft. Wir fanden immer mehr harte Körner und gaben das Essen auf. Wenzel und Viktor waren sehr beschämt über das missglückte Essen, und Anna jammerte um die guten Sachen.

Weil mir die besten Einfälle immer des Nachts kommen, habe ich nachgedacht, wie sich diese Sache zu einem guten Ende bringen ließe. So habe ich am nächsten Tag den Milchreis in eine Serviette gebunden, um ihn im Kartoffeldämpfer eine halbe Stunde dünsten zu lassen. Der Reisauflauf, den ich dann davon gebacken habe, hat jedem so gut geschmeckt, dass mein Wenzel darüber ganz im Glück war. Seine verpatzte Mahlzeit ist ihm schwer im Magen gelegen. Er gab mir das Versprechen, dass er mir in meine Kocherei nie etwas dreinreden würde.

Männer sind oft so komische Karnickel ...

Heute habe ich die Zilli und die Stögerin zur Bahn gebracht. Beide sind in die Schweiz gereist. Die Zilli wird Saaltochter, und die Stögerin wird Beschließerin in einem Schweizer Hotelbetrieb. Es hat mich viele Tränen gekostet, dieses Scheiden von meinen Kameradinnen. Ab der Stunde, wo ich ihnen einen Freund vorgezogen hatte, waren sie meine Widersacherinnen geworden. Nie mehr wird die Zilli ihr schönes, lachendes Gesicht zur Türe hereinstecken. Meine grüne Steiermark hat mir Lebewohl gesagt, und es hat sehr wehgetan.

Wohl tröstet mich der Wenzel mit seiner Liebe, aber wer wird mir jetzt schimpfen helfen auf die Männer, wenn ich zerkriegt mit meinem Wenzel bin? Die Anna nicht, die steht immer auf der Männerseite. Sie denkt immer noch, dass mir mit den Männern mein Glück davonschwimmt.

Zerkriegt sind wir gar oft, der Wenzel und ich. Er sagt, das käme, weil ich so ein großer Dickkopf sei und nie nachgeben wolle. Ich aber sage, weil der Wenzel einmal Rechtsanwalt wird, übt er sich bei mir immer im Rechthaben.

Unser Streit geht meistens um gar nichts. Nachdem wir einmal drei ganze Tage bös aufeinander waren, schrieb mir Wenzel einen Brief. In diesem Brief stand, dass wir unter solchen Umständen niemals eine gute Ehe haben würden, denn »harter Stein auf hartem Stein gäb keine Mauer, weicher Mörtel mittendrein gäb erst die Dauer«.

Frau Anna war ganz gerührt von diesem Brief und riet mir, einen zugeblichen und lieben Brief zurückzuschreiben. Ich aber habe mich hingesetzt und habe an meinen Wenzel geschrieben: »Ich habe keine Lust, Dir immer das Objekt für Deine Rechtsverdreherei abzugeben. Ich will nicht immer der Angeklagte sein, den Du bei jeder Gelegenheit schuldig redest. Suche Dir dafür jemand anderen aus, an dem Du Dich üben kannst. Vielleicht Wastl, der studiert ja auch die Rechte und wird Dir den Standpunkt schon richtig klarmachen, wenn Du im Unrecht bist. Mit dem weichen Mörtel ist es nichts, lieber Wenzel, da müsstest Du Dir die Schmerzensreiche nehmen, die ist immer angerührt, ich aber werde immer ein wenig spröde bleiben. Deine Lina.«

Wastl hat mir dann erzählt, dass mein Wenzel viel Spaß mit dem Brief hatte. Es war aber gar nicht meine Absicht, spaßig auf meinen Wenzel zu wirken. Männer sind oft so komische Karnickel …

Nach diesem Briefwechsel zwischen Wenzel und mir war auf lange Sicht alles wieder gut. Das Glück lag geradezu in der Luft, es gab wunderbare Sommertage und Herzensfreud.

Aus der Schweiz schrieb die Zilli, aus der Steiermark schrieb die Mutter. Sie schrieb mir, dass ich mich in der fernen Stadt wohl sehr verändert hätte – aus dem Kinde, das von ihr fortgezogen war, schien ein junges Mädchen geworden zu sein. Nur manches Mal schaute aus meinen Briefen noch das alte Pinzgauerkind um die Ecke. Selbst meine Schrift hätte sich verändert …

Neben all der Arbeit und der harten Pflicht waren diese Briefe und meine Liebe die Sonnenfunken in meinem langen Alltag.

Und jetzt ist es wieder einmal aus mit meinem Glück und den wolkenlosen Tagen meines Sommers – der Wenzel will mich sogar verlassen, auf immer. Seine Studienzeit an der Universität in Innsbruck will er abbrechen und nach Hause fahren. Heute Nacht geht sein Zug, er kommt aber noch, um Abschied von mir zu nehmen. Abschied – ein Wort wie ein Urteil.

Eigentlich will er noch ein allerletztes Wort mit mir reden … Die Anna ist ganz krank von diesem Zustand, und ich fühle mich auch nicht sehr wohl dabei, nur anmerken lasse ich mir nichts.

Und dann war die Nacht gekommen, und es klingelte. Wir lagen in unseren Betten, die Anna und ich. Ich habe mir die Finger in die Ohren gestopft, um das Klingeln nicht zu hören. Die Anna aber ist in furchtbare Aufregung geraten:

»Ich bitte dich, geh hinunter und mach es wieder gut, damit er bloß keine Dummheiten macht!«

»Nein, ich geh nicht!«

»Dickkopf, verdammter, dann geh ich!«

Die Anna machte sich auf und ging, trotz aller Angst im Finstern, nach unten – nur mit einem Mantel und ihrem Nachthemd bekleidet.

Sie ist lange weggeblieben, und mir war in der Zwischenzeit sehr elend zumute. Ich wusste, es würde mich nur ein ganz kleines Wörtchen kosten, um ihn von seinem Vorhaben abzubringen, aber ich brachte es nicht fertig, hinunterzugehen und dieses kleine Wörtchen zu sagen. Ich war nicht im Unrecht, und wenn ich einmal diesen Weg des Zugebens ging, musste ich ihn immer wieder gehen. Also blieb ich, wo ich war, trotz aller Verzweiflung. Frau Anna kam zurück, sie brachte letzte Grüße und weinte zum Gotterbarmen. Diese Nacht ging vorbei mit Herzeleid und Tränen, und noch ein Tag und eine Nacht gingen vorbei, wo alles in mir wehtat vor Leid.

Und jetzt ist auf einmal alles verändert. Es ist, als ob alle Glocken im Lande läuteten zu meinem Feiertag. Es regnet, aber für mich steht eine wolkenlose Sonne hoch am Himmel …

Am heutigen Tage war mir mein Verlassensein noch einmal so richtig zum Bewusstsein gekommen. Manche Träne floss, und manche wurde hinuntergewürgt, aber sie ließen sich ja nicht alle verschlucken. In der Brust saß ein geradezu fühlbarer Schmerz, weil alles verloren schien und nichts mehr einer Anstrengung wert.

Es war um vier Uhr nachmittags. Sehr still war es um mich, nur in den Kabinen plätscherten die Badenden mit dem Wasser herum. Die Warteräume waren leer, Frau Anna war oben in der Wohnung, und ich saß in der Kassa wie die verkörperte Verzweiflung. Auch in mein Jausenhäferl waren schon mehrere salzige Tränen gerollt, meine Nase war rot vor lauter Schnäuzen.

Nachdem ich also an diesem Punkt des Tages und meines stillen Jammers angekommen war, fiel auf einmal ein Schatten auf die Dinge in der Kassa. Weil ich keine Schritte gehört hatte und sehr nervös war, schrak ich hoch. Alles Blut in mir schien auf einmal eine andere Richtung zu strömen vor Schreck, denn in der Eingangstüre stand mein Wenzel …

Ich bin ihm aber doch nicht um den Hals gefallen, ich bin davongelaufen. Ich bin gelaufen, so weit ich konnte, und das war der finsterste Winkel im Keller. Der Wenzel hat zuerst einmal Frau Anna aus der Wohnung geholt, damit das Bad nicht unbeaufsichtigt bliebe, dann ist auch er in den Keller gegangen. Gefunden hat er mich auch … auf einem Holzstock sitzend, zwischen Kohlen, Erdäpfeln und Spinnweben, hat dann mein Glücklichsein wieder angefangen.

Der Wenzel war also doch nicht abgereist, nur erproben wollte er es einmal, wie weit ich meine Standhaftigkeit ihm gegenüber treiben würde.

Vierzehn Tage sollte diese Probe dauern, aber dem Wenzel sind dann doch Bedenken gekommen über die Richtigkeit seiner Erziehungsmethode – und da war er jetzt wieder. Außerdem fühlte er sich doch nicht ganz im Recht, und wie dem auch sei – er hat es selber nicht mehr länger ausgehalten mit seiner Probe.

Jetzt sollte alles wieder gut sein, ich konnte so bleiben, wie ich war. Geradeso war ich dem Wenzel recht, das sagte er auch zu Frau Anna, die mir gerne noch eine Predigt gehalten hätte im Beisein von Wenzel.

Frau Anna sagte, dass sie sich jetzt nicht mehr auskenne mit den spinnerten Mannsbildern. Sie hätte noch einen Schnupfen von der jämmerlichen Abschiedsnacht her, und für mich wäre jetzt alles wieder in Glorie: Ich könnte so kopfig bleiben – nein, sie käme da nicht mehr mit …

Der Wenzel aber wusste dann auch Frau Anna zu versöhnen, und zwar mit einem großen Trumm Prager Schinken, den sein Vater gesendet hatte.

Den Trotz in der Träne

Jetzt reihten sich für mich wieder die Tage des Glückes aneinander. Über der Arbeit und dem grauen Alltag wölbte sich der farbenbunte Regenbogen der Liebe. Mein Lebensbuch und mein Reimbuch füllten sich mit den glücklichen Dingen des Herzens.

»Lina, der Wenzel lässt dich grüßen, und du möchtest am Sonntag zu uns kommen. Der Wenzel hat Hausarrest, er hat einen verstauchten Fuß.«

»Ja, aber der Herr Kranzelmeier, erlaubt euch der einen Damenbesuch?«

»Jawohl, das hat der Wenzel schon gemacht, er hat ihm das letzte Stück Prager Schinken geopfert ...«

»Du sollst aber dein Reimbuch mitbringen zu uns!«

»Ich soll mein Reimbuch mitbringen – damit ihr auf meine Kosten lachen könnt. Nein, den Spaß mache ich euch nicht!«

Und dann habe ich es doch mitgenommen.

Der Herr Kranzelmeier, welcher der Quartiergeber vom Wenzel und vom Wastl ist und der Hausmeister des Hauses, in dem sie wohnen, war äußerst liebenswürdig zu mir. Seine Frau hat sogar Tee gemacht, und der Herr Kranzelmeier hat sich eine Zeit zu uns gesetzt. Er hat uns erzählt, wie viele Studenten im Laufe der Jahre, seit er den Hausmeisterposten bekleidete, in seiner Wohnung aus- und eingezogen sind und welche Eigenheiten sie gehabt hätten.

Mich betitelte er mit »Gnädiges Fräulein«, was mich sehr belustigte. Vieles in seinem sprachlichen Ausdruck hat er von den Studenten übernommen, die bei ihm schon ein- und ausgegangen waren. Er bediente sich mancherlei Fremdwörter, die er aber, sehr zum Gaudium von Wastl und Wenzel, meistens falsch anwendete.

»Meine despoteste Verehrung«, sagte er mit Vorliebe, wenn er ging oder kam. »Sagen will er damit ›meine devoteste Verehrung‹«, lachte Wastl. Von Beruf war Herr Kranzelmeier eigentlich Schneidermeister.

»Ich sage Ihnen, meine Herren, gnädiges Fräulein, ein Sargnagel ist dieser Beruf, ein Sargnagel! Wenn ich Ihnen einen Rat geben kann, erwählen Sie niemals diesen Beruf! Nicht für Sie selber, nicht für Ihre Kinder … Zum Sterben zu viel, zum Leben zu wenig und niemals fertig. Der Tag hat kein Ende in diesem Beruf. Und dann, die Kunden – lästig, sage ich Ihnen, zum Auf- und Davonjagen! Die Kunden denken, ein Schneider hat keine Nerven, und außerdem denken sie noch, dass er von der Luft lebt. Bezahlen …? – Bitte senden Sie mir die Rechnung! Und dann kann man hinter dem Lohn für die geleistete Arbeit nachlaufen. Es ist geradezu eine Krankheit, ausgerechnet den Schneider nicht zu bezahlen, der ungezählte Nachtstunden an die Arbeit geopfert hat!«

»Der Herr Kranzelmeier hält eine Vorlesung über soziale Missstände«, flüsterte mir Wastl in das Ohr.

»Ich sage Ihnen, meine Herren, gnädiges Fräulein, ein Sargnagel ist dieser Beruf. Ich für meinen Teil, ich habe ihn auf den Nagel gehängt. Bücklinge machen, dienern und gratis arbeiten – mich nicht gesehen, den Kranzelmeier nicht – nein!«

»Aber jetzt kommt mir eine Transpiration – die Herrschaften möchten sicher etwas Gutes zum Tee haben. Ich glaube, ich habe etwas – wir werden das gnädige Fräulein in puncto Gastrologie ein wenig überraschen …«

»Transpiration«, gluckste Wastl – »Gastrologie«, echote Wenzel, »oh, oh, der unbezahlbare Kranzelmeier!«

Die gastronomische Überraschung war dann ein Stück einer alten Suppenhenne, die der Herr Kranzelmeier noch irgendwo im Speiskasten ausgegraben hat, für die er sich jetzt bedanken ließ, um sie dann am Monatsende für einen sündhaften Betrag auf die Rechnung zu setzen.

»Jetzt aber will ich die Herrschaften nicht mehr länger konsternieren. Ich empfehle mich und wünsche allerseits einen angenehmen Sonntagnachmittag!« Mit einer unnachahmlichen Verbeugung dienerte Herr Kranzelmeier zur Türe hinaus.

Der Wastl machte das Zeichen des Kreuzes hinter ihm her. »Mein Sargnagel, mein Sargnagel!«, sagte er dabei einige Male hintereinander.

An dem Abend hab ich den beiden viele meiner Gedichte vorgelesen: von der Sau, die nicht fressen wollte, von der Henne, die uns beim Schlachten ohne Kopf davongeflogen ist, von meiner Zukunftskuh, von der Miaz, vom Abschiedsschmerz. Auch von meiner ersten Zeit in der Stadt und vom Heimweh fanden sich Reime in meinem Buch.

»Ich vermisse aber etwas in deinem Reimbuch, Lina«, sagte mein Wenzel und wischte sich dabei die letzten Tränen der Rührung aus seinen Augen, die er über und um meine Gedichte geweint hatte.

»Ja, was fehlt dir denn noch. Ich denke, es war doch eine reiche Auswahl von allen möglichen Erlebnissen?«

»Das Wichtigste, Lina, das fehlt!«

»Das Wichtigste? Was wäre denn dann das Wichtigste?«

»Unsere Liebe, Lina!«

»Unsere Liebe, die hab ich nicht vergessen.«

»Wirklich nicht?«

»Nein, hundert Vierzeiler habe ich darüber geschrieben.«

»Hundert?«

»Wenn sich der Wastl seine Ohrwascheln zuhalten möchte, dann lese ich sie dir vor.«

»Wastl, halt dir deine Ohrwascheln zu!«

»Also, ich fange an:
Ist das nicht die Liebe, die mir die Ruhe raubt?
Ich glaub, es ist die Liebe, an die ich nie geglaubt.
Sie kam dahergefahren, mit Hui, mit Hei, mit Hoh!
Sie hält mich fest zum Narren, und ich bin gar noch froh.

Jetzt schwör ich auf die Liebe, für heut und immerdar,
Mir und ihm zur Freude – das ist doch sonnenklar!«

»Eigentlich müsste ich mich gekränkt fühlen«, sagte Wenzel, »denn allen möglichen Menschen und allem möglichen Viehzeug hast du deine Reime gewidmet. Du hast sie sogar mit vier und fünf Strophen bedacht, aber für unsere Liebe hat es nur auf sechs Zeilen gelangt.«

»Ja, das kommt, weil du so viel redest in unserer Liebe. Du hältst immer deine juristischen Vorträge, und mir geht dann dabei der Geist aus.«

»Auch ich habe es einmal mit der Poesie versucht«, gestand uns der Wastl.

»Lesen lassen!«, gebot Wenzel, »Lina hat ihre Reime auch vorgelesen, jetzt du die deinen!«

Wastl suchte in seinem Notizbücherl herum, holte tief Atem und begann:

»Nachts, wenn Luna am Himmel steht
Und mein Sehnen durchs Weltall geht,
Denk ich dein …
Bei der nächtlichen Sterne Glimmern und Blinken
Spür ich ein heimliches Grüßen und Winken
Von der Liebsten mein …«

»Geht es nicht weiter?«

»Nein!«

»Hast du sonst noch etwas geschrieben?«

»Nein!«

»Warum nicht?«

»Weil sie untreu geworden ist!«

»Aber du hättest ihr ja noch eine Schlussmelodie schreiben können.«

»Mir ist keine eingefallen!«

»Soll ich dir eine schreiben?«

»Ja, aber jetzt gleich!«

»Eben ein bisschen nachdenken lassen ... Also, bitte, da hast du sie:

Sie ist dahingefahren, es hat nicht sollen sein,
Sie hat herumgetrampelt mir auf dem Herzen mein.
Doch von irgendeinem Schmerze verspür ich keine Spur,
Sie war wohl nur ein Traumbild, ein böser Albdruck nur ...«

»Bravo, Lina, das schick ich ihr!«

»Und wie würde meine Schlussmelodie aussehen, wenn ich dir untreu werden würde?«, frug Wenzel belustigt.

»Die deine – dazu brauche ich eine finstere Ecke, damit ich mich auf all den Schmerz und das Weh konzentrieren kann, welches ich dann fühle.«

»In meinem Kasten ist es finster genug, und Platz ist auch, denn alle meine Kleider sind im Versatzamt«, stellte Wastl fest.

Ich aber verzichtete auf den Kleiderkasten und probierte, ohne dunkle Ecke auszukommen.

»So«, sagte ich, »ich habe so viel Herzweh hineingelegt, als es beim helllichten Tag nur möglich ist. In der Nacht sind der Schmerz und der Kummer natürlich viel größer, aber ich denke, du kannst zufrieden sein:

Ich dachte auf immerdar –
Doch es ist nimmer wahr.
Was einst das Glück mir war
Hat sich nicht gelohnt.
Was einst dein Mund versprach
Lernt ich so nach und nach

Besser versteh'n.
Wenn jetzt die Träne rinnt,
Die aus dem Herzen kimmt,
Wird's auch vorübergeh'n.
Bin ich auch nimmer dein,
Noch ist die Jugend mein
Und will ich glücklich sein
Auch ohne dich!«

»Das bist du, so wie du bist – den Trotz in der Träne und in der Träne den Trotz«, sagte mein Wenzel, nachdem ich ihm sein Abschiedsgedicht zweimal vorgelesen hatte.

»Ich gönn es dir«, meinte schadenfroh der Wastl, »hast du vielleicht erwartet, dass sie sich ihre lustigen Augen nach dir ausweint, du eitler Esel!«

»Weißt du, Lina, du hast so lustige Augen, in die bin ich ganz verliebt.«

»Bilde dir ja nichts ein auf seine Schmeicheleien, solche Dinge sagt er zu jedem Mädchen. Der Justa erzählt er, sooft sie es nur hören will – und die Justa hört es gerne –, dass sie so reizende Zehen hat.«

»Mein Gott, dass ihr zwei auch immer zanken müsst.«

»Der Wastl soll sich selber ein Mädel suchen. Der Depp verliebt sich immer in die Mädchen seiner Freunde, und dann gibt es Krach! Ich bin sein einziger Freund, der ihm noch geblieben ist, aber es wird bald aus sein mit unserer Freundschaft, wenn er dir weiter so verliebte Nasenlöcher macht!«

»Verliebte Nasenlöcher macht er mir gar nicht, aber ich glaube, ich weiß, was den Mädchen am Wastl gefällt. Es sind seine Augen, der Wastl hat schöne Augen.«

»Was, dem seine Glotzaugen findest du gar noch schön?«

»Ja, sehr schön sogar, es ist, als wenn ein Lied in seinen Augen stünde, ein Heimatlied – ich möchte die Worte dazu finden. Etwas von den Bergen, von den Gletschern, von den Seen steht darin und von der Liebe vielleicht auch … Aber das ist für mich verboten, denn der Wenzel duldet es nicht, dass ich auch das lese. Also, Wastl, mach deine Augen zu, sonst verliere ich noch mein Herz …«

»Lina, ich glaube, es ist besser, du gehst nach Hause!«

»Nein! Nein!«, schrie der Wastl, »gerade jetzt, wo es so schön ist, soll sie heimgehen, bleib nur noch ein bisschen, Lina!«

»Ja, aber ich möchte nicht euer Zankapfel sein!«

»Wir sind schon wieder friedsam, gelt, Wenzel? Es war ja nur ein bisserl Spaß.«

Aber mein Wenzel war sehr verstimmt. Ich wäre nicht zu Wastls Unterhaltung da, sondern für ihn. Der Wastl aber, den die böse Laune vom Wenzel nur noch mehr reizte, verlegte sich jetzt auf das Erzählen von Witzen. Mein Wenzel aber verbot mir das Zuhören. Er sagte, es wären Studentenwitze und nicht für meine Ohren bestimmt. Aber der Wastl erzählte die Witze, und ich hörte zu und lachte sogar darüber. So wurde die Laune meines Wenzel immer schlechter.

Er empfahl mir, nach Hause zu gehen und ein Gedicht zu machen auf Wastls Untugenden: Über seine Fresssucht müsste was drinstehen, und vom Schnarchen, mit dem er die Nacht verbrachte, und noch so mancherlei wusste der Wenzel über den Wastl zu sagen, um ihn in meinen Augen etwas kleiner zu machen.

Das verdross nun den Wastl, und er sagte, der böhmische Halawachl sollte erst einmal richtig Deutsch lernen. Damit meinte der Wastl aber eigentlich Tirolerisch, denn das konnte mein Wenzel nicht.

Weil die friedliche Stimmung nicht mehr herzustellen war, machte ich mich auf den Heimweg und versprach beiden, ein Gedicht zu machen, auf jeden von ihnen.

Am nächsten Tag kam der Wastl zu mir und erzählte, dass es noch zu einem großen Krach gekommen sei nach meinem Weggehen. Der Wenzel fühlte sich beleidigt durch das Witzeerzählen vom Wastl. Er fasste das so auf, dass der Wastl mich nicht genug respektierte als Dame, denn einer Dame gegenüber hätte er sich diese Freiheiten gewiss nicht erlaubt. Jetzt sollte der Wastl mich um Verzeihung bitten, das heißt, entschuldigen sollte er sich.

»Bist mir bös, Lina?«, frug Wastl mit Armensündermiene, die mich zum Lachen brachte.

»Aber gar nicht, wer kann dir denn schon bös sein?«

»Na, der Wenzel ist fuchsteufelswild!«

»Aber ich nicht!«

»Also, du verzeihst mir?«

»Natürlich, du dalkerter Bua!«

»Zum Zeichen aber, dass du mir wirklich verziehen hast, krieg ich ein Bussl, ja?«

»Geh, schau, dass d' weiterkimmst!«

»Nit ohne Bussl!«

Der Wastl kam ganz nahe heran, seine blauen Augen leuchteten in die meinen.

»Na«, sagte er.

»Na«, sagte ich.

Und dann gab mir der Wastl das Bussl, welches er für die Verzeihung brauchte.

Und er gab mir noch eines und noch eines …

»Wer viel sündigt, dem wird viel vergeben werden. Auf Wiedersehen, Lina«, sagte er und ging ab.

»Oh heilige Maria, wenn du das nur überlebst!«, rief ich ihm nach.

Und dann dachte ich einen Nachmittag lang über die schönen Augen vom Wastl nach …

»Hat der Wastl dich um Verzeihung gebeten?«, frug ein paar Tage später der Wenzel.

»Ja, das hat er schon, aber warum denn? Ich war doch gar nicht bös auf ihn!«

»Du nicht, aber ich! Er hat mich durch dich beleidigt!«

»Dann hätte er dich um Verzeihung bitten sollen!«

Jetzt kam eine sehr lange Vorlesung von Wenzels Seite über Anstand und Sitte, und was Damen gegenüber erlaubt ist und was nicht.

Ich hätte gerne gesagt: »Aber ich bin doch gar keine Dame, ich bin ja nur ein Dorfmädchen.« Ich fand aber nicht den Mut dazu, und außerdem fand ich, hatte mein Wenzel doch nicht so ganz unrecht.

»Aber jetzt ist es ja wieder in Ordnung, der Wastl hat sich ja entschuldigt. Und wie er sich entschuldigt hat: Nicht glauben wollte er es, dass ich ihm wirklich verziehen habe. Ich musste ihm noch ein Bussl draufgeben.«

»Du hast … Lina, wir sind fertig miteinander. Adieu!«

»Du warte, ich muss dir noch was sagen …«

Wenzel blieb stehen, kam aber nicht zu mir zurück. Ich musste zu ihm hingehen.

»Weißt, Wenzel …, eigentlich … Ich habe ihm das Bussl nicht gegeben, sondern er mir … Damit es wieder ganz richtig mit uns ist – mit ihm und mir, meine ich.«

»So, so, mit ihm und dir … Dieser Schmarotzer! Dieser Einschleicher! Dieser Obertrottel! Dem zeige ich es noch!«

»Um Gottes willen, Wenzel, erschlag ihn nicht! Schau in deinen Gesetzbüchern nach, wie viel Strafe auf Totschlag steht, das wird dich dann beruhigen.«

»Spotte nur, Lina, du wirst es aber noch bereuen …«

Mein Wenzel war zum Zanken aufgelegt, und jedes Wort, das ich zu seiner Beruhigung sagte, zündete ihn nur noch mehr an.

Mein Gott, dachte ich, und jetzt habe ich zu allem Unglück in der Früh die zwei Reime mit der Post versendet, das schlägt jetzt wohl dem Fass den Boden aus.

Und so war es dann auch – diese beiden Reime haben gerade noch gefehlt, um das Maß vollzurütteln – es lief über …

Mein Wenzel kam abends angestelzt wie ein Truthahn. Alle Federn seines Zornes gesträubt, ganz rot angelaufen vor Wut.

»Der Wastl rennt herum wie ein verklärter Aff' wegen deinem blöden Gedicht«, schrie Wenzel, ehe er noch die Türe ganz hinter sich zugemacht hatte. Ich wusste zwar nicht, wie ein verklärter Aff' aussehen mochte, aber nach Wenzels Zorn zu schließen musste es ein arges Ding sein.

Wie konnte man aber nach dem Lesen eines Gedichtes wie ein verklärter Aff' aussehen? Ich hatte dem Wastl auf seine schönen Augen etwas geschrieben und nicht auf sein Schnarchen und seine sonstigen Fehler. Das mochte Wenzel wohl am meisten ärgern, und deshalb auch sein ungerechter Zorn.

Meinem Freund, dem Wastl, von seiner Lina!

In Deinen Augen liegt geborgen
Alles, was ich Schönes kenn,
Unsere Gletscher, unsere Seen,
Alles, was ich Heimat nenn.
Alle Weiten und die Sonne
Der blaue Himmel steht darin,
Und ich möchte es fast bedauern,
Dass ich nicht Dein Dirndl bin.

In ihrem Glanz ein Herz zu wärmen
Dürfte gar nicht mühsam sein –
Doch ich darf es nicht erproben,
Denn mein Liebster, der sagt Nein!

Solches hatte ich dem Wastl geschrieben, und mein Wenzel fühlte sich benachteiligt dadurch, denn sein Gedicht hatte einen ganz anderen Wortlaut:

Meinem böhmischen Wenzel, von seiner Pinzgauer Lina.

Geh i aufi, geh i owi,
Geh i hintri, geh i hoam,

Geh i viari, geh i zuawi,
Geh ich eini zu der Moahm.
Wenn der Wenzel dös konn sogen,
Donn is er a bei uns dahoam.

Jetzo tut er nach der Schreibe
Noch verdreh'n den Dialekt,
Immer ängstlich, dass wos gschiacht
Dass die Zung' er sich verreckt.

Doch ob Du »Liab« sogst oder »Liebe«,
Ich hör Dir immer gerne zua,
Ob Du »Kuss« sagst oder »Bussl«
Bleibst jo do mei liaba Bua!

»Der Wastl trägt deine Anbetung auf seinem Herzen herum und liest es jedem vor, der ihm nur zuhören will. Da aber hast du mein Gedicht …«, und Wenzel holte es aus der Brieftasche, zerriss es vor meinen Augen und streute mir die Papierschnitzel vor die Füße.

»Bist du aber ein verrücktes Huhn!«, sagte ich aus dem Grunde meines Herzens, »wegen so einem Spaß machst du einen Krawall, als ob weiß Gott was geschehen ist!«

Weil mein Wenzel jetzt wieder einmal mit einer längeren Vorlesung begann über Anstand und Sitte und was den Frauen erlaubt ist und was nicht und ich aus Erfahrung schon wusste, wie lange solche Belehrungen dauerten, setzte ich mich nieder. Aber leider hatte Wenzel den einzigen Stuhl, der in der Kassa stand, dazu benützt, seinen Hut darauf abzulegen. Dieser Hut aber war eine Sache für sich.

Zilli hat immer gesagt: »Wenn i dem sei Gugelhupfreindl nur siach, dann glongt's ma scho. Auf dös Mandl, wos dazuaghert, bin i gor nimma neigierig.«

Und auf dieses Gugelhupfreindl hatte ich mich nun draufgesetzt …

Ich bin wohl sehr erschrocken gleich wieder in die Höh' gefahren, aber mit dem Gugelhupfreindl war es aus. Wie ihn Wenzel zur Probe aufsetzen wollte, hing ihm die Krempe um den Hals, und der schwarze runde Boll saß recht komisch oben auf seinem Kopf. Ich konnte unmöglich das Lachen verbeißen, und ich lachte nicht nur – ich kullerte geradezu vor Vergnügen.

Wenzel sagte, dass er darauf verzichte, mir noch länger einen Kasperl zu machen, dafür solle ich mir einen anderen Deppen suchen. Er drehte sich um und ging ab – das Gugelhupfreindl vergaß er aber, vom Kopf zu nehmen. So, und jetzt war es wieder einmal aus mit uns zweien.

Wenzel blieb weg, und ich gab mir keine Mühe, etwas gutzumachen, was eigentlich gar kein Etwas war. So blieben unsere Wege, die so nahe beisammen lagen, getrennt durch die Starrheit unserer Köpfe. Das Herz aber tat weh und sehnte sich. Wir ließen die Tage in die Zeit vergleiten und taten nichts dazu, um das Weh unserer Herzen zu beenden. Weil aber immer ein Schicksal über unserem Willen steht, so griff es auch dieses Mal auf seine eigene Manier in den Konflikt unserer Herzen ein …

Ich ging wieder einmal den Weg, den ich vor langer Zeit gegangen war, den Weg zum Krankenhaus. Damals war es Josef, heute war es Wenzel. Damals ging ich zu einem, den ich nicht liebte – diesen aber liebte ich.

Es stand ernst um Wenzel: Blindarm- und Bauchfellentzündung. Die Ärzte machten ernste Gesichter, und der Herr Kranzelmeier saß am Bett und flüsterte, als ob der Wenzel schon gestorben wäre. Natürlich weinte ich, und Wenzel streichelte mir die Hände und flüsterte auch: »Wird schon wieder werden, Lina, und dann bauen wir unser Glück ganz neu auf.«

Es wurde auch wieder mit Wenzel, und es wurde auch wieder mit unserem Glück. Wir zankten uns weniger. Ich hatte dem dauernden Verlust in die Augen gesehen und er dem Tod – das hatte uns vernünftiger gemacht. Wir wussten jetzt, wie kurz der Weg zur Grenze des Lebens war, und wollten ihn nicht mehr streitend gehen.

Dann kamen die großen Sommerferien, und Wenzel reiste heim zu den Seinen. Wir versprachen, einander viel zu schreiben, und ich musste außerdem versprechen, ein Gedicht auf unsere Liebe zu machen.

Ich schrieb wohl Briefe, aber mit dem Gedicht auf die Liebe wollte es nicht flotten.

»Wenn ich nur daran denke, geht mir der Geist aus«, schrieb ich darüber an Wenzel. Er aber gab nicht nach: »Ich will eine Fotografie von dir haben, nicht eine äußerliche, sondern eine innerliche«, und so schrieb ich ihm zurück:

Um meine große Liebe ist es ein eigen Ding,
Es ist das schönste Wort dafür noch zu gering,
Denn was das Herz mir klopft, das lässt sich nicht beschreiben,
Drum muss ich Schrift und Wort Dir immer schuldig bleiben …

Schöne Tage bei Onkel und Tante

»Heinrich krank, komme sofort«, stand in einem Telegramm, welches ich aus Bruck erhielt. So musste Frau Anna sich eine Aushilfe nehmen, und ich reiste nach Bruck zum kranken Onkel.

Durch die hintere Haustüre betrat ich das Gärtnerhaus. Weil mir niemand entgegenkam und die Küche leer war, ging ich gleich die Treppe hinauf. Das Haus war so still, und mir war sehr bange um das Herz. Mein Onkel lag mit einem hochroten Gesicht zu Bett. Fieber, dachte ich und ging behutsam und mit leisen Gebärden auf ihn zu.

»Du«, sagte er, und Freude lag in seinen Augen.

»Wie geht es dir?«

»Schlecht!« Er sagte es mit leiser und schwacher Stimme und schloss die Augen.

»So ein Jammer, wo fehlt es dir eigentlich?«

Onkel Heinrich blinzelte erst ein wenig, dann richtete er seinen Blick wie von weit her kommend auf mich. Ich wiederholte meine Frage. Lange sah er mich wortlos an, als müsste er sich erst besinnen, was ich eigentlich von ihm wissen wollte.

»Ach so, ja, Gebärmutterentzündung, sagt der Arzt.«

O Gott! Delirium im höchsten Grad, stellte ich bei mir selber fest.

»Wo ist Tante Nanni?«

»Durchgegangen mit meinem besten Freund«, schluchzte Onkel Heinrich und weinte in sein Kopfkissen. Es stand schlimm mit meinem Onkel …

Ich klopfte ihm auf den Buckel, aber recht behutsam, und streichelte auch seine große Glatze. Das schien ihm gut zu tun, er beruhigte sich zusehends.

»Onkel, ich habe dir etwas mitgebracht, ich hole den Koffer herauf.«

»Bleib bei mir!«

»Ich bleib schon bei dir, aber im Koffer habe ich guten Wein für dich, den will ich nur rasch heraufbringen.«

»Aber komm gleich wieder, ich bin so verlassen!«

»Ja, ja, Onkel«, sagte ich und tätschelte seine Wangen.

»Gott sei Dank, dass d' da bist, ich hätt es nicht länger ausgehalten!«

Unten im Hausflur traf ich Tante Nanni, die gerade heimkam.

»Du«, sagte sie sehr überrascht, »ja, wo kommst du denn her?«

»Ich bin auf dein Telegramm hin sofort abgereist.«

»Ein Telegramm – von mir? Ich hab dir keines geschickt!«

»Du hast mir keines geschickt? ›Heinrich krank, komme sofort‹ stand darin.«

Jetzt begann die Tant' aber loszulegen: »Na so was, so ein Lotter, ein nichtsnutziger! So ein ausgepichter Hallodri – foppt mir der das Mädel von Innsbruck her. Langweilig ist's ihm, weil er im Bett bleiben muss. Den Haxen hat er sich 'brochen, weil er natürlich a so an Gratten haben musste, damit er schneller in die Wirtshäuser kommt. Na und dös is alles, sunst fehlt ihm nix.«

Es wurden einige sehr schöne Tage bei Onkel und Tante, und niemand war bös auf den Onkel, denn durch sein Eingreifen hatte er mir auch einige Tage Ferien verschafft. Das Telegramm hatte sein Freund, der »Mia-homs-jo«, aufgegeben. Die Tant' sagte: »Jo, wenn die Lötter beisammen sind, kummans auf alle möglichen Einfälle, nur auf koan gscheiten!«

Der Mia-homs-jo war ein Wirt im Dorf. Der Onkel war sein langjähriger Stammgast, sein Busenfreund und der Taufpate von sechs seiner zehn Kinder. Den Spitznamen Mia-homs-jo hatten ihm vor vielen Jahren die Dorfbewohner gegeben, und zwar nach einer Redensart von ihm selber. Weil er seine Wirtschaft stark belastet übernehmen musste, saß bei ihm von allem Anfang die Not mit an. Er aber hatte einen Spruch, und der war: »Der Not soll man keinen Schwung lassen.«

Was er mit seiner Hände Arbeit und mit seinem Fleiß dagegen ausrichten konnte, das tat er, um der Not keinen Schwung zu lassen. Die Not aber war zäh – sie blieb. Das erste Kind vermehrte die Not im Haus. Der Wirt aber sagte: »Schickt der Herr 's Haserl, so schickt er a 's Graserl.« Damals prägte er die Redensart, die ihm den Spitznamen gab. Er sagte: »Ja, warum denn nicht? So ein Kindl ist doch ein Gottessegen«, und außerdem: »Es ist bei uns ja nicht wie bei die ormen Leit, mia homs jo!«

Beim zweiten Kind sagte er dasselbe, und ebenso beim dritten, vierten, fünften, sechsten, siebenten, bis es zehne waren. Brauchte die Frau einmal unbedingt einen Kittel – ja, warum denn nicht: »Mia homs jo.« Mit diesem Spruch hielt er sich aufrecht, er glaubte daran. Die Frau wurde krank, es sah gar nach Sterben aus, und als sie sich dann, trotz aller Not im Hause, langsam besserte, sagte der Wirt: »'s wird schon wieder werden, sie muss sich halt ein bisserl aufpappeln. Bei uns ist es ja nicht wie bei die ormen Leit, mia homs jo!«

Dann kam der Bruder aus Amerika zurück, der Ältere, und erhob Anspruch auf die Wirtschaft. Er hatte Pläne und wollte sie verwirklichen. Der Mia-homs-jo mit seinen zehn Kindern aber wollte nicht weichen, es gab Streit. Dann starb der Amerikaner, eine Lungenentzündung hatte seinen frühen Tod zur Folge. Die Brüder hatten sich aber noch früh genug ausgesöhnt, sodass jetzt das Erbe beim Mia-homs-jo verblieb.

Der Baumeister, mit dem der Amerikaner bereits alles geregelt hatte, kam und wollte die Pläne des Verstorbenen verwirklichen, denn er wusste, dass dies nach dem letzten Willen des Toten zu geschehen hatte. Und jetzt gab es einen harten Kampf zwischen dem Erben und dem Baumeister.

Der Mia-homs-jo hatte eine neue Redensart gefunden: »Es kunt amol nit glonga« war sein Wahlspruch. Die Kinder, die jetzt eines wirklich reichen Mannes Kinder waren, brauchten Verschiedenes: »Es kunt amol nit glonga«, hielt ihnen der Vater entgegen. So ging es auch der Frau mit ihren bescheidenen Ansprüchen, die sie an den Mann stellte. »Es kunt amol nit glonga« – das ganze Dorf gebrauchte schon diese Redensart, und es wurde sein zweiter Spitzname.

»Jetzt aber«, sagte Onkel Heinrich, »kriegt er bald einen dritten. Seine älteste Tochter, die Rosl – ›Rosina‹ nennt er sie jetzt –, hat in eine sehr noble Familie hineingeheiratet, und jetzt ist die Rede, die er zu jeder Zeit und Unzeit gebraucht: »Jo, bei dera nobligen Verwandtschaft derf ma sö nit lumpen lassen.«

Onkel Heinrich sekkierte mich bei jeder Gelegenheit mit der Frage, ob ich vielleicht schon an Buam hätt. Weil er halt gar so neugierig war und keine Ruhe gab, erzählte ich ihm schließlich von meinem Wenzel. Damit aber hatte ich jetzt etwas Schönes angerichtet. »Ja, ist denn nirgends ein Tiroler in der Nähe gewesen?«, frug die Tant', »musste das ausgerechnet ein Böhm sein?«

Der Onkel wurde ganz schlechter Laune über mein Bekenntnis, es passte ihm gar nicht, dass ich schon einen Freund hatte.

»Der alte Depp, eifersüchtig ist er, sonst nix«, sagte die Tant'.

»Onkel Heinrich, meine Zeit ist jetzt bald wieder um, übermorgen reise ich wieder ab. Ich habe jetzt lange genug an deinem Bett gesessen, nicht?«

Onkel Heinrich nahm eine Hand von mir in die seine, schaute mich eine Zeit lang an, dann frug er: »Jetzt, wo du an Buam host, ist dir dein Onkel sicher nicht mehr so viel wert wie früher, was?«

Die Tant' war auf dem Weg zum Gutshof, um die Milch zu holen, wir waren ganz allein. Ich wollte den Onkel wieder ein bisschen versöhnen und strich ihm mit einem Finger über seine Nase. Am Nasenspitzel drückte ich ganz fest und sagte schalkhaft: »Aber ja, du alter Gauner, dich habe ich genauso gerne wie früher. Du warst ja mein erster Schwarm, und alte Liebe rostet nicht.«

»Ja, wirklich?«, sagte der Onkel und zog mich zu sich nieder.

»Wirklich?«, frug er noch einmal. Seine Stimme war auf einmal anders, und auch sein Gesicht. Es war nicht mehr der Onkel, der vor mir lag, es war ein Mann – und dieser Mann war mir zuwider …

»Geh, lass mi aus, und schnell auch noch!«, sagte ich böse. Dann lief ich weg von ihm und hinein in den Wald, der gleich hinter unserem Hause stand. Dort habe ich geweint, weil etwas Schönes aus meinen Kindertagen unwiederbringlich in Scherben lag.

»Tante, ich denke, dass ich gleich morgen früh schon fahre. Ich habe die rechte Ruhe nicht mehr, ob auch alles gut geht in Innsbruck mit der Aushilfe.«

»Ist dir der Alte zu grantig?«

»Aber nein! Ich weiß nur, dass die Anna einen schweren Stand haben wird mit einer uneingearbeiteten Hilfe, und da möchte ich nicht länger wegbleiben.«

»Die Goaß will morgen schon fahren, was sagst denn du dazu?«, frug die Tant' den Onkel, als wir in seiner Stube beisammen waren.

»Wird halt nicht länger ohne ihren Böhm sein können«, sagte der Onkel mürrisch.

»Der ist ja gar nicht in Innsbruck«, verteidigte ich mich.

»Wird schon wieder kommen.«

»Auf Wiedersehen, Onkel, baldige Besserung!«

»Auf Wiedersehen«, sagte der Onkel, gab mir eine schlappe Hand, und sein Gesicht stand verzagt.

An der Türe sah ich mich noch einmal um. Er winkte mit der Hand, dass ich zurückkommen solle. »Nichts für ungut«, flüsterte er, als ich mit meinem Gesicht über seinem stand.

»Aber nein, du alter Gauner«, sagte ich, und drückte meinen Daumen fest auf sein Nasenspitzel und beutelte ihn ein bisserl bei seinen Ohren.

»Ich schreib dir bald. Und bleib mir g'sund, bis ich wiederkomm, vielleicht zu Weihnachten, wenn es geht, ja!«

Da lachte er glücklich und drückte mir die Hände, dass sie wehtaten, und sagte: »Bist alleweil ein Prachtmädel, Lina, und dein Lotter kann sich gratulieren zu dir, bring ihn mit zu Weihnachten!«

»Vielleicht«, sagte ich und gab dem Onkel erst noch einen tüchtigen Nasenstüber und dann ein schnelles Bussl auf die Nase, und draußen war ich.

Eigentlich gehört ein Mann in unseren Betrieb ...

Viel Zeit ist vergangen, seit ich in Bruck gewesen bin. Onkel Heinrich fährt längst schon wieder mit seinem Gratten in die Wirtshäuser, und die Tant' ärgert sich darüber.

Auch in Innsbruck hat sich viel verändert. Ich bin einen Menschen ärmer geworden. Onkel Franz hat uns verlassen, er ist nach Zams übersiedelt. Ich sah ihn sehr ungern ziehen, und es gab Tränen.

»Kommst halt nach, wenn du mit deiner Schule fertig bist«, hatte Onkel Franz gesagt. Denn in der Kassa sitzt jetzt eine andere, und ich geh zur Schule. Wenzel, Wastl, Onkel Franz und Viktor haben mir so lange zugeredet, bis ich mich entschlossen habe, mein sauer verdientes Geld für eine Handelsschule aufzuwenden. Onkel Franz will sogar etwas beisteuern. Anna hat sich anfangs dagegen gewehrt, aber jetzt, wo sie heiraten wird, ist es ihr so recht, wie es gekommen ist.

Dieses Mal sind der fesche Mann und das viele Geld nicht für mich bestimmt, sondern für die Anna selber, und das kam so:

Eines schönen Tages kam einer aus Wien daher und sagte, dass er Verwandtschaft hätte in Innsbruck und diese Verwandtschaft wären wir, die Anna und ich. Wir kannten uns zwar nicht ganz aus mit der Verwandtschaft, aber sie schien zu bestehen, und unser Verwandter gefiel uns sehr. Er brachte Wein, Südfrüchte, Trauben und Bäckereien mit in unser Heim und war gut aufgelegt. Eine Tante war ihm gestorben in Innsbruck – das war eigentlich die Ursache seines Kommens. Er musste die Hinterlassenschaft regeln. Wohnung, Möbel, Wäsche, Silber, Porzellan, all das hatte die Tante hinterlassen, und alles gehörte ihm. Innsbruck gefiel ihm sehr gut, wir gefielen ihm auch, und er würde um seine Versetzung einreichen nach Innsbruck – die Großstadt ging ihm auf die Nerven. Beim Abschied versprach er, bald zu schreiben, und er schrieb auch wirklich bald.

Ob ich einen Witmann heiraten möchte, schrieb er mir.

»Nein«, schrieb ich zurück, »ich nicht, aber die Anna.«

Weil für die Anna aber sehr schöne Grüße drinstanden, sah auch sie sich veranlasst, ihm zu schreiben. Den Brief aber musste ich schreiben in ihrem Namen.

»Du verstehst dich viel besser darauf«, sagte sie, »es geht bei dir viel besser als bei mir.«

»Was soll ich ihm denn schreiben?«

»Was dir halt so einfällt, mach einen schönen Brief davon!«

Also machte ich einen schönen Brief davon:

»Liebwerter Herr Vetter!

Für die Grüße, die Sie mir durch meine Verwandte übermitteln ließen, meinen besten Dank, ich erwidere sie auf das Herzlichste. Es tut einem immer gut, zu wissen, dass jemand an einen denkt. Wir reden öfters von Ihnen. Die Zeit Ihres Hierseins war für uns alleinstehende Frauen eine richtige Aufmunterung. Aber Sie wissen selber, was es heißt, allein übrig zu bleiben …

Ich habe wohl den Buben, aber der geht auch schon seiner Wege und hat seine Freunde. An die Mutter erinnert er sich erst, wenn er sie braucht, aber das ist Mütterlos. Wenn man gut verheiratet war, dann geht einem der Mann an allen Ecken und Enden ab, und manches Mal scheint es unerträglich. Aber man muss halt vorwärts, es hilft alles Zurückschauen nichts. Ich würde mich freuen, wenn Sie in unsere Nähe kämen, dann gäbe es sicher öfters einen netten Plausch zur allgemeinen Aufheiterung.

Bis dahin aber grüße ich Sie herzlichst,

Ihre Anna Steiner.«

Es kam Antwort, und ich musste wieder schreiben und wieder. Die Anna lief auf Hochtouren, aber auf Kosten meines Schlafes, denn die Briefe musste ich abends schreiben und nicht in ihrer kostbaren Zeit untertags.

Seit ein paar Tagen lebten wir beide in Spannung auf eine Antwort, denn ich hatte meinen letzten Brief folgendermaßen abgefasst:

»Lieber Hugo!

Ich habe vergangenen Sonntag dazu benützt, um in der Wohnung Deiner Tante gründliche Ordnung zu machen. Es war wohl sehr notwendig, und es wäre an der Zeit, wenn Du kämest, nicht nur der Wohnung wegen. Ich habe mich schon so an den Gedanken gewöhnt, dass Du bald in der Nähe sein wirst, dass ich die Tage schon zähle.

Natürlich werde ich mich um Dich kümmern. Die Junggesellenwirtschaft, die Du so überhast, müsste aufhören. Essen kannst Du bei mir, und die Wäsche versorge ich Dir auch. Für das Aufräumen finde ich schon eine verlässliche Person. Die Abende und die Sonntage verbringen wir gemeinsam, wenn es Dir recht ist, ich für meinen Teil freue mich darauf. Deine Briefe haben mir das Gefühl gegeben, als ob ich Dich schon seit Jahren kenne und als ob wir irgendwie immer zusammengehört hätten. Das hat man manches Mal mit einem Menschen, nicht?

Auf jeden Fall werden mit Deinem Kommen zwei Einsamkeiten beendet sein, und darauf freut sich,

Deine Anna.«

Mit diesem Brief war aber die Anna nicht ganz zufrieden.

»Wie soll er denn sein?«, frug ich, aber das wusste Anna selber nicht.

»Ich kann ihn doch nicht fragen, ob er dich heiraten will!«

»Das wär noch schöner«, sagte die Anna, aber mit dem Brief blieb sie unzufrieden. Sie schrieb ihn aber doch ab und schickte ihn weg.

»Anna, ich werde noch einen Brief schreiben, mit dem wirst du zufrieden sein!«

»Ich danke Ihnen für all die lieben Grüße, die Sie mir durch Frau Anna gesendet haben, und ich will mich heute mit einem Brief dafür revanchieren. Der Hauptzweck meines Schreibens ist aber noch ein ganz anderer. Ich möchte Sie um etwas bitten, und zwar um eine

Ansichtskarte von der Stadt Wien. Es dürfen ruhig mehr sein, aber ich möchte nicht zu unbescheiden sein. Ich sammle zurzeit Ansichtskarten, weil ich ein schönes Album dafür habe. Wann gedenken Sie, in unsere Nähe zu kommen? Bei uns ist manches verändert, aber das wird Ihnen Frau Anna schon längst mitgeteilt haben. (Ich hatte es ja selber geschrieben, aber ich musste so tun als ob.)

Ich besuche schon längere Zeit die Handelsschule, helfe aber im Betrieb mit, wo ich kann. Anna macht sich Sorgen, wie es weitergehen soll, wenn ich mit der Schule fertig bin. Ihre Existenz ist sehr infrage gestellt, wenn sie sich nicht entschließt zu heiraten, denn es gehört eigentlich ein Mann in unseren Betrieb.

Da wären wohl zwei Bewerber, aber die Anna mag nicht recht anbeißen. Der eine ist unser Monteur, der alle Reparaturen ausführt, und der andere ist der Anstreicher, der unser Bad von Zeit zu Zeit auf Glanz herrichtet.

Die Anna behauptet, sie hätten es nur auf ihr Erspartes abgesehen und beide wären Liedrians. Ich glaube aber, wenn sich die Anna darauf verstünde, sie ordentlich zu zwiebeln, dann könnte sie ganz brauchbare Hausväter aus ihnen machen. Natürlich nicht aus beiden, es könnte ja nur einer sein. Aber die Anna ist zu nachgiebig. Nur des Ersparten wegen, wie Anna es sich einbildet, ist es gerade auch nicht, dass man sie heiraten möchte. Der eine hat als Grausknecht einmal einige Zeit bei uns gewohnt und hat alle Gelegenheit gehabt festzustellen, dass sie sehr häuslich, fleißig, sparsam, wirtschaftlich und …«

Weiter konnte ich jetzt nicht mehr, denn ich wollte schreiben »schön ist«. Mit den zwei Warzen im Gesicht der Anna ließ sich das allerdings nicht gut behaupten. Aber ich musste eine Ergänzung hinter dem »und« haben, und mir fiel und fiel nichts Passendes ein: »tugendhaft« – nein, das hörte sich zu fromm an; »jung« – war sie auch nicht; »geistreich, witzig« – passte alles nicht auf die Anna. Ich brauchte noch ein einziges Wörtl, ich musste es haben … Dann kam mir die Erleuchtung: »bei allen Menschen beliebt ist«, schrieb ich hin. Mir fiel ein Stein vom Herzen. Jetzt, wo ich diese Klippe überwunden hatte, ging es wieder flott weiter mit meinem Brief:

»Er hat sich mit mir darüber unterhalten und hat gesagt: Wenn er so eine Frau kriegen könnte, dann hätte das Leben einen Wert für ihn und er würde das Lumpen aufgeben. Aber die Anna ist ängstlich, sie hat eine gute Ehe gehabt und möchte sich nicht an eine – vielleicht schlechte – wagen. Ich sage immer: Wer nicht wagt, gewinnt nicht.

Jetzt winkt mir meine Bettstatt mit aller Macht – es ist aber die Anna im Nachthemd, die raunzte: ›Geh amol liegen, i ko nit schlofen, wenn dös Liacht brennt.‹ Ich mache also Schluss für heute und grüße Sie herzlichst, Lina.«

Jetzt war die Anna zufrieden mit mir, umso mehr, als sie diesen Brief einmal nicht mühsam abzuschreiben brauchte. So, und jetzt warteten wir beide mit großer Spannung auf Antwort, und als sie kam, rauften wir um den Brief.

»Für mich ist er«, sagte Anna.

»Ich aber muss ihn beantworten, und so muss ich auch wissen, was drinnen steht.«

»Ja, aber erst nach mir.«

Und dann lasen wir ihn zusammen. Ihre Haare kitzelten mein Gesicht, so nahe waren unsere Köpfe beisammen. Ich blies dieselben aus meinem Mundwinkel immer wieder weg.

»Was schnaufst denn so?«, frug Anna.

»Vor lauter Aufregung, weil er endlich anbeißt!«

Annas Ellbogen, den ich in die Rippen kriegte, war nicht gerade von Watte. Aber es war endlich so weit. »Halleluja! Halleluja, halleluja!«, sang ich und hüpfte auf einem Bein herum.

»Was tust denn narrisch?«

»Ich tu frohlocken, denn ich bin so froh, dass ich jetzt keine so blöden Briefe mehr schreiben brauch. Siehst, die zwei Bewerber haben geholfen – jetzt hat er doch Angst gekriegt, dass d' ihm auskimmst. Und was sagst denn jetzt dazu: Anstatt dass du mich ausgeheiratet hast, hab ich dich ausgeheiratet?«

»Mein Gott«, sagte die Anna, »heut hast du wieder einmal Blödsinn im Kopf.«

Annas neue Wohnung ist schön, und ich habe darin ein gemütliches Zimmer.

Ich wollte eigentlich ein ganz kleines haben, der Wenzel aber hat gesagt: »Nimm das größere, Lina, nächstes Jahr verdiene ich schon. Ich habe Aussichten, und du verdienst auch, und dann heiraten wir. Es wird wohl Sparen sein an allen Ecken, aber das macht dir nichts aus, gelt? Und mir auch nicht. Kochen tun wir zusammen abends, und Vater wird auch etwas beisteuern am Anfang. Wir schaffen es schon, meinst du nicht auch?«

Und ich meinte es auch und nahm das größere Zimmer als Vorschuss auf unser großes Glück übers Jahr.

Kein schlechter Fang

Ich habe nicht gewusst, dass die offenen Stellen, die die Handelsschule zu vergeben hat, die immer wieder offenen sind, weil sie aus irgendeinem Grunde immer die schlechtesten sind.

Mein erster Chef in einem Versicherungsbüro war ein vertrocknetes Männlein. Er war von einer Giftigkeit ohnegleichen. Die Firma gestattete ihm nur Anfängerinnen, er aber verlangte von den Anfängerinnen Routine in der Arbeit. Seinem Gekeife begegnete ich mit Gleichmut. Als er mir aber nach einer Woche einen Bogen Papier um den Kopf schlug, schlug ich zurück, und damit war meine Stellung bei ihm beendet.

Mein zweiter Chef, auch in einem Versicherungsbüro, war jung. Nach drei Stunden Zusammenarbeit war er aber schon so zutraulich, dass er auf meinem Schoß saß – weil ich mich weigerte, auf seinem zu sitzen. Nachdem er mir einige Knöpfe an meiner Bluse abgezupft hatte, riss ich ihm einen Schüppel von seinen roten

Haaren aus. Daraufhin war ich auf die Stunde entlassen, mit der Begründung, dass ich für die Arbeit bei dieser Firma viel zu wenig Erfahrung hätte.

Jetzt bin ich wieder im Bad gelandet. Die Frau des neuen Bademeisters kommt in das Kindsbett, und ich leiste Aushilfe. Wenzel ist zu Hause, es sind seine letzten Ferien. Nächstes Jahr reist er nicht nach Hause, weil wir ja unsere Pläne verwirklichen wollen. Wenzel will mit seinem Vater reden, und vielleicht hat er schon geredet, denn ich bin schon so lange ohne Post von ihm …

Zuerst kam ein kurzer Brief, in dem er einen langen ankündigte. Dann kam eine Karte, auf der stand: »Brief folgt«. Dann kam wieder eine Karte, auf der stand dasselbe. Es kam noch eine Karte mit nur einem Gruß, wahrscheinlich von einem Ausflug, denn es waren viele Unterschriften, auch Mädchen waren dabei.

Ich finde wenig Schlaf, meine Gedanken sind sehr traurige, und die Anna hilft mir ein bisschen beim Verzagtsein. Sie sagt: »Dö Haxen hat er sich ausg'rennt nach dir, und jetzt schreibt er einfach nicht mehr. Wahrscheinlich ist seinem Vater die Heirat nicht recht, und es muss eine mit Geld sein. Er könnt es dir wenigstens wissen lassen, aber so ganz einfach nicht mehr zu schreiben, das ist kein Anstand.«

»Lieber Onkel,

wenn es möglich ist, dann bitte rede mit dem Herrn von Steinwerder, vielleicht kann ich bei eurer Firma unterkommen. Ich will weg von Innsbruck – je eher, je lieber. Am liebsten, ehe Wenzel zurückkommt, denn wenn sein Vater es schon nicht haben will, so könnte er es mir ehrlich schreiben. So wie er handelt, das nehme ich ihm sehr übel, und so möchte ich ihm gar nicht mehr begegnen.«

So schrieb ich in einem Brief an den Onkel Franz.

»Also, demnächst kommt Herr von Steinwerder nach Innsbruck, er hat zu tun in Innsbruck und will bei der Gelegenheit auch dich besichtigen. Aber ich lege nicht die Hand ins Feuer für ihn. Man sagt ihm nicht viel Gutes nach in puncto Frauen. Aber du dürftest bald genug die Witterung haben, welchen Fuchs du im Bau hast. Bist ja aus einer Jägerfamilie, und vom Bad her hast du auch deine Erfahrungen, nicht? Also, ich denke, das ist dir schon vertraut …«

Solches schrieb mir unter anderem mein Onkel Franz aus Zams.

Zwei Tage später stand Herr von Steinwerder bereits in meinem Zimmer.

»Und schöne Grüße soll ich Ihnen ausrichten vom Herrn Onkel.«

»Ich danke Ihnen sehr, Herr von Steinwerder. Hat Ihnen mein Onkel auch gesagt, dass ich mich um einen Posten bewerben möchte, in einem von Ihren Betrieben?«

»Ja, das hat er mir auch gesagt, und das ist ja der eigentliche Zweck meines Hierseins!«

»Soll ich Ihnen meine Zeugnisse zeigen?«

»Zeugnisse haben Sie auch schon? Der Onkel hat mir gesagt, Sie wären Anfängerin.«

»Ich meine auch nur die Zeugnisse von der Handelsschule!«

»Ha, ha, die kenn ich schon, lauter ›Sehr gut‹ natürlich, wofür hätte man sonst das viele Schulgeld bezahlt?«

»Aber Sie müssen doch irgendwie informiert sein über die Person, die Sie einstellen wollen!«

»Lassen Sie das ganz meine Sorge sein, Sie gefallen mir, und das genügt.«

»Aber Ihr Bürochef …?«

»Der bin ich selber.«

»Sie?«

»Ja, aber nur über meine Privatsekretärin.«

»Sie wollen doch nicht sagen, dass Sie mich als Ihre Privatsekretärin einstellen wollen?«

»Warum nicht?«

»Weil ich dafür viel zu wenig kann.«

»Jetzt werde ich Ihnen etwas sagen: Darauf kommt es gar nicht an, es kommt nur darauf an, ob wir uns gut verstehen. Fad dürfen S' nicht sein, das sage ich gleich.«

Herr von Steinwerder spazierte während des Sprechens in meinem Zimmer herum, als ob er bei mir zu Hause wäre. Er war ungefähr fünfundvierzig bis fünfzig Jahre alt und sah sehr gut aus. Er hatte eine kräftige, aber schlanke Figur, er war groß, braun gebrannt, hatte blaue Augen. Er trug eine Lederhose, einen grauen Rock mit grünen Aufschlägen und einen grünen Hut. Er war ein Gebirgs-Adonis, und er war sich seines guten Aussehens bewusst. Ich war ein bisschen verwirrt durch sein Reden und sein Auftreten.

»Wissen Sie was, Fräulein Hochrainer, ich mache Ihnen einen Vorschlag: Gehen Sie heute Abend mit mir aus. Das ist die beste Methode, um sich rasch näher kennenzulernen.«

»Herr von Steinwerder, seien Sie bitte nicht böse, aber ich bin noch etwas unschlüssig.«

»Was gefällt Ihnen nicht an mir?«

»Mein Gott, Sie machen mich ganz verlegen. Ich kann die richtigen Worte nicht finden zu dem, was ich sagen möchte.«

»Dann probieren Sie es mit den unrichtigen.«

»Sie machen mich immer verwirrter!«

»Sind Sie aber eine Unschuld vom Lande – sind Sie es wirklich oder tun Sie nur so?«

»Wie bitte?«

»Kommen Sie heute Abend mit?«

»Nein!«

»Aus welchem Grunde nicht?«

»Das möchte ich lieber für mich selber behalten.«

»Wenn Sie auf den Posten reflektieren, dann kommen Sie mit, ja!«

»Danke, ich verzichte.«

»Wie Sie wollen, tut mir leid, soll ich den Onkel grüßen?«

»Ja, bitte!«

»Was soll ich ihm sagen, weshalb Sie nicht nach Zams kommen?«

»Weil ich bereits anderswo zugesagt habe.«

»Schön, also dann wünsche ich Ihnen alles Gute!«

Zwei Tage später stand ein anderer Herr in meinem Zimmer. Auch dieser war groß und sah außerordentlich gut aus. Auch dieser hatte blaue Augen, seine Haare aber waren blond.

»Von Hagen ist mein Name, Sie schrieben auf unsere Annonce in der Zeitung. Ich bin der Generalvertreter unserer Firma. Wir suchen eine Dame von gutem Aussehen, sie muss redegewandt sein und nichts dagegen haben, viel auf Reisen zu sein. Es ist für die Reklameabteilung unserer Firma.«

»Über welche Kenntnisse außer den genannten Eigenschaften muss man noch verfügen?«

»Etwas Buchhaltung, um die anvertrauten Bestände zu verantworten. Steno, um den Tagesbericht festzuhalten, und etwas Schreibtalent, um den Tagesbericht an die Firma richtig abzufassen.«

»Wann müsste ich diese Stellung antreten?«

»Sofort. Drei Wochen werden Sie eingearbeitet durch eine Dame, die bisher diese Stelle bekleidet hat und durch ihre Heirat ausscheidet. Sechs Wochen haben Sie Probezeit. Unterstellt werden Sie anfänglich unserem Vertreter in Südtirol.

Sie gehen zuerst nach Brixen und von da weiter. Ihr Domizil aber bleibt Innsbruck, denn von hier gehen Sie aus. Die Reiseroute stellt die Firma auf, und Sie erhalten dieselbe zugesandt.«

»Worin bestünde meine Arbeit?«

»Sie stellen in Geschäften unsere Produkte aus, veranstalten Kostproben, reisen in Orte, wo irgendwelche Festlichkeiten oder Tagungen stattfinden, und führen Ausstellung und Kostproben durch. Sie erhalten von der Firma dafür Silber, Damast, Porzellan und eine sehr schöne Ausrüstung von Kochtöpfen zur Verfügung gestellt.«

»Wie soll ich denn all das Glumpert mitschleppen?«

Herr von Hagen lachte. »Das brauchen Sie nicht mitschleppen. Diese Sachen sind in großen, schönen Koffern untergebracht, die lassen Sie durch einen Dienstmann zur Bahn bringen und als Reisegepäck einschreiben.«

»Mir würde es schon zusagen, wenn ich Ihnen zusage …«

»Ich denke, dass ich keinen schlechten Fang mit Ihnen mache. Nur möchte ich, dass Sie mir mündlich noch mitteilen, womit Sie bisher beschäftigt waren!«

»Ausgezeichnet«, sagte Herr von Hagen nach meinem Bericht. »Reden können Sie wie ein Buch, und das genügt für heute. Wann könnten Sie längstens abreisen?«

»Wenn es Ihnen recht ist, übermorgen.«

»Gut, Sie fahren mit dem Abendzug. Ich verständige telegrafisch Herrn Jilek von Ihrem Kommen, und Sie verfügen sich gleich am Montag zu ihm. Wir beordern dann noch Ihre Vorgängerin nach Brixen, und die Sache ist perfekt. Und bei der großen Tagung der Gastwirte in Jenbach treffen wir uns wieder.«

Ohne weiteres Abschiedsweh verschwinden

Mein großer Schlenkerkoffer, den mir mein Vater gemacht hatte, stand gepackt mit all den Habseligkeiten, die ich nicht mitnehmen wollte auf diese Reise, die ohne Wohnsitz war. In diesem Koffer hatte ich, schön gebündelt und versiegelt, meine Lebenserinnerungen aufbewahrt. Die Briefe von Wenzel lagen dabei. Ich hatte die Bilanz meines Herzens gezogen und wollte unbeschwert auf die Reise gehen. Der Koffer sollte im kleinen Zimmerl zu stehen kommen, denn das war fortan meines, wenn ich einmal wiederkam. Das große Zimmer, das bestimmt war für das große Glück übers Jahr, hatte ich aufgegeben, denn – wie schon gesagt – ich hatte klare Rechnung gemacht, und Wenzel war abgeschrieben

für die weiteren Blattseiten des Lebens. Er gehörte fortan zu den Erinnerungen, die in diesem Koffer lagen …

In der Küche saß Anna und weinte, das Abschiednehmen ging ihr nahe. Wir hatten zusammen so manches geteilt an Arbeit, Kümmernis und Leid. Auch die kleinen Freuden haben wir geteilt. Sie hätte es so gerne gesehen, wenn aus Wenzel und mir ein Paar geworden und wir bei ihr geblieben wären. Denn ihre Wohnung war groß genug für uns alle. Sie hatte ihr Glück gemacht mit Hugo, darüber konnte ich ohne Sorge sein. Denn ihre Sorgen sind auch immer die meinen gewesen, und meine Kümmernisse waren immer auch die ihren. Jetzt gingen unsere Wege in ein paar Stunden auseinander.

»Anna, ich will nicht, dass du mich zur Bahn begleitest. Ich finde das Lebewohl-Sagen auf einem Bahnhof so schrecklich traurig. Wir machen es jetzt gleich und kurz. Den Koffer habe ich in das kleine Zimmer gestellt, ich bin fertig. Anna, ich danke dir für alles – ich …«

Es wurde nichts mehr geredet, es wurde nur mehr geschluchzt. In unser Weinen hinein ertönte die Klingel. Anna nahm ein Taschentuch und schnäuzte sich die Nase, wischte sich die Augen und ging aus der Küche, um zu öffnen. Ich verschwand rasch in mein Zimmer, denn jetzt war eine schöne Gelegenheit, um ohne weiteres Abschiedsweh zu verschwinden.

»Ist Lina zu Hause?« Mein Herz versagte plötzlich – Wenzels Stimme, noch in letzter Minute …

Es klopfte kurz an meine Türe, und ohne dass ich »Herein« gesagt hatte, ging sie auf. Wenzel kam in das Zimmer.

»Grüß Gott, Lina«, sagte er und streckte mir eine Hand zu. Mir aber war es unmöglich, seinen Gruß zu erwidern, denn mein Herz klopfte in meinem Halse, und vor seiner ausgestreckten Hand flohen meine Hände unbewusst nach rückwärts, wo sich meine Finger so ineinander verflochten, dass sie schmerzten.

Wenzel ließ seine ausgestreckte Hand fallen. »Du bist wohl sehr böse auf mich, Lina?« Ich bewegte als einzige Antwort meinen Kopf und meine Schultern in einer Gebärde des Unwillens. Selbst mein Mund unterstrich diese Gebärde mit einem gekränkten Schürzen der Lippen.

»Lina, jetzt bist du wie ein Igel, alle Stacheln hast du aufgestellt. Ich verstehe es, dass du böse bist, du hast allen Grund dazu, aber wir können es wie vernünftige Menschen ausreden miteinander. Ich bin erst vor ein paar Stunden angekommen, und jetzt bin ich schon da, denn ich möchte das, was ich verbockt habe, so rasch als möglich mit dir bereinigen. Wenn du wenigstens schimpfen würdest – dein Schweigen macht alles um vieles schwerer für mich. Ich habe es zwar verdient, dass es mir nicht leicht gemacht wird …«

Mir aber war es unmöglich, etwas zu sagen, denn ich kämpfte immerzu die Tränen nieder, die ich nicht weinen wollte. Ich ging zum Fenster und sah hinaus. Wenzel kam mir nach und stellte sich neben mich. Er sah mich an und schob dabei mit einer leisen Bewegung seine Hand neben die meine, die auf dem Fensterbrett lag. Bevor er sie aber fassen konnte, zog ich meine Hand zurück und verschränkte die Finger meiner Hände fest ineinander. Wenzel schaute auf diese verschränkten Finger und sagte: »Wie soll ich diesen Trotz besiegen, wo ich noch so schuldig dastehe?« Dann sah auch er einige Zeit zum offenen Fenster hinaus, ohne etwas zu sagen.

»Es ist wohl nicht der rechte Augenblick, Lina, um jetzt, wo du so aufgeregt und böse bist, mit dir zu reden, aber ich kann es nicht verschieben. Wenn ich es nicht gleich tue, dann habe ich vielleicht gar nicht mehr den Mut dazu. Sogar vor deiner Haustüre habe ich es mir noch überlegt, ob ich dir die ganze Wahrheit sagen soll – aber ich glaube, es ist doch besser, wie du dich dann auch dazu verhalten wirst …

Ich werde es kurz machen und nichts beschönigen. Zuerst einmal über meinen Vater – der ist gegen eine Heirat zwischen uns, nicht im Prinzip, aber in dieser Zeit. Er findet, wir könnten gut noch ein paar Jahre warten. Es gab zwischen uns Meinungsverschiedenheiten. Meine Schwester stellte sich auf die Seite des Vaters, und ich hatte damit gerechnet, dass gerade sie mich unterstützen würde. Von der weiteren Familie, die sich auch noch hineinmischte, rede ich gar nicht. Ich sage nur das eine: Hätte ich ihnen mit einer reichen Braut aufwarten können, dann hätte unsere Jugend und die Zeit keine Rolle gespielt, aber darüber reden wir noch später. Das Schwerste habe ich dir noch zu sagen, und eigentlich auch das Ausschlaggebendste …

Ich möchte nichts beschönigen – aber die gespannten Stimmungsverhältnisse zu Hause haben mir den Aufenthalt daheim verleidet, und ich war mehr bei meinen früheren Freunden als zu Hause. Einer davon ist verlobt mit der Schwester einer jungen Witwe, so kamen wir sehr oft in dieses Haus. Ja, Lina, um nicht lange herumzureden, erst war es ein bisschen Tändeln mit der jungen Witwe – »flirten« sagt der Engländer –, und dann ist so ein Sommerrausch über mich gekommen, ich war rein kopflos.

Mein Vater hat es erfahren, es gab einen furchtbaren Krach zu Hause. Die Witwe hat nicht den allerbesten Ruf dort, und kurz gesagt: Ich saß bis über meinen Kopf in dem Schlamassel.

Dieses Zwischenspiel ist natürlich vollständig zu Ende, ich hätte es dir auch verschweigen können. Mein schlechtes Gewissen hat es nicht mehr erlaubt, dir zu schreiben – ich habe damit natürlich nichts besser gemacht. Jetzt aber weißt du das Wichtigste, und ich habe alles auf Gnade und Ungnade in deine Hände gelegt.«

»So, Weibergeschichten waren es also, und deswegen bin ich Wochen um Wochen ohne Post gewesen.« Ich wollte noch mehr sagen, aber mich stieß der Schnaggel, und meine Stimme krächzte so arg, dass ich es vorzog, das Reden wieder aufzugeben.

Ich sah auf die Uhr und fand, dass es höchste Zeit war, wollte ich nicht den Zug versäumen. Also musste ich doch noch etwas sagen.

»Darf ich dich um etwas bitten?«

»Alles, was du willst, Lina!«

»Dann bitte geh jetzt!«

»Gut, ich gehe, aber ich komme in einer Stunde wieder. Da bist du dann schon etwas ruhiger, und wir können diese Sache zu Ende bringen. Auf Wiedersehen, Lina.«

»Auf Wiedersehen!«

Kaum hatte sich die Türe hinter Wenzel geschlossen, kam Anna in das Zimmer.

»Was hat er gesagt? Warum hat er nicht geschrieben?«

»Ich habe nicht mit ihm gesprochen, aber er kommt in einer Stunde wieder, da kannst du selber mit ihm reden. Ich habe es schon eilig zum Zug. Pfiat Gott, Anna, und nochmals schönen Dank für alles! Grüße mir noch den Hugo und den Viktor, auf Wiedersehen!«

»Wenn nur der Zug bald abfahren möchte – es dauert so lange«, so gingen meine Gedanken und drängten weg von Innsbruck. Ich hatte einen Fenstereckplatz in der Fahrtrichtung und konnte es kaum erwarten, dass der Zug sich in Bewegung setzte. Plötzlich durchfuhr mich ein Schreck – war der kleine, dunkle Mann, der da den Bahnsteig entlang auf meinen Zug zukam, nicht Wenzel?

Er war es – alle Fensterreihen absehend, ging er den Zug entlang. Es war kein Zweifel, er suchte mich. Aber wie war es möglich, dass er es so rasch erfahren hatte, dass ich in diesem Zug saß? Schnell nahm ich meine Sachen an mich und verzog mich auf die gegenüberliegende Seite. Ich hielt außerdem eine Zeitung so, dass mein Gesicht verdeckt war.

Nach einigen Minuten aber schob sich die Türe des Abteils auf, und Wenzel kam herein. Er musterte rechts und links die Fahrgäste, und es war ein Glück, dass ich ein Kostüm anhatte, welches er noch nicht kannte. Mit der Zeitung deckte ich mein Gesicht beinahe zu, außerdem war Wenzel sehr kurzsichtig.

Er mochte wohl den ganzen Zug durchgegangen sein, ohne mich zu finden, denn er kam noch einmal zurück. Dieses Mal aber von der anderen Seite, und wieder sah er mich nicht. Es tat mir beinahe ein bisschen leid für ihn, und ich wüsste nicht, wenn er noch einmal gekommen wäre, ob ich dann nicht doch die Zeitung von meinem Gesicht genommen hätte. Das Abfahrtssignal ertönte und enthob mich des Zweifels, wie ich mich verhalten sollte.

Der Pfiff der Lokomotive tat mir aber im Herzen weh, denn jetzt gab es kein Zurück mehr. Ich hätte noch aus dem Fenster schauen können, aber ich unterließ es. Es war eine große Traurigkeit über mich gekommen, die mich am Handeln hinderte. Dann rollten die Räder und trugen mich hinweg aus der Stadt, die für mich der Ausgangspunkt in das Großmenschenleben war mit allen seinen Enttäuschungen …

Diese rollenden Räder brachten mich nach Brixen, und im Ablauf der Zeit brachten sie mich immer weiter und weiter, kreuz und quer durch Südtirol. Aber es stand an den Bahnhöfen, wo ich ankam, kein Onkel Franz mehr, der mich unter seinen Schutz nahm. Es war keine Frau Anna um die Wege, und da war kein Wenzel …

Die Bahnhöfe, an denen ich ausstieg und nach einiger Zeit wieder einstieg, hießen Brixen, Franzensfeste, wieder Brixen, Brixlegg, Klausen, Bozen, Leifers, Branzoll, Montan, Neumarkt, Tramin, Terlan, Vilpian, Burgstall, und Meran. Von Meran aus ging es in die Heimat von Andreas Hofer und in das hintere Passeier: Stuls und Moos. Ich fuhr der Etsch entlang nach Töll und Partschins. Ich kam nach Untermais und wurde nach Sigmundskron, Girlan, Planitzing und Kaltern geschickt.

Vielen Menschen bin ich begegnet, mit vielen Menschen hatte ich zu tun. Ungezählte Erinnerungen sind davon haften geblieben, und einige davon sind aufgezeichnet im Buche der Erinnerung …

Glossar

A

abgekragelt, von: abkrageln – ermordet, erwürgt werden
abgetan, von: abtun – hier: aufgeben, aufhören, Abstand nehmen
alsogleich – sogleich, sofort
Altan – Söller; durch Pfeiler oder Mauern gestützte balkonartige Plattform im Obergeschoß eines Gebäudes
Anstellerei – wehleidiges Getue, umständliches Gehabe
ausgepicht – raffiniert, gerissen, durchtrieben
Auslug – Ausguck, Wachtposten
Austrag – Ausgedinge, Altenteil
Austraghäusl, -stüberl – Wohnraum des Altbauernpaares im bäuerlichen Ausgedinge

B

Bankert – abschätzig für: unehelich geborenes Kind
Beichtspiegel – gedruckte Anleitungen zur Gewissenserforschung vor der Beichte
beißen – hier auch: jucken
beitun – beigeben, dazu tun
Beschließerin – Verwalterin des Wäsche-, Putz- und Waschmittelbestandes in einem Beherbergungsbetrieb
bessern – genesen, sich bessern
Binkel – Bündel
Blattln – runde gebackene (v. a. Roggen-)Teigflecken mit Marmelade- oder anderer Fülle
bleameln, von: blümeln – etwas vormachen, um den Finger wickeln
Bockshörndl – längliche, braune Frucht des Johannisbrotbaums, als Gewürz oder Naschwerk für Kinder verwendet
Boll – kugel- oder zylinderförmiger Körper
Briefsteller – besonders im 18. Jahrhundert populäre Bücher mit Anleitungen und Mustern zum Verfassen von Briefen aller Art

Buam – Burschen, Buben
Buckel – hier: Rücken
Buckelkorb – geflochtener Tragebehälter zum Transport von Lasten auf dem Rücken
Buderl – Fläschchen

D

dalkert – einfältig, dumm, ungeschickt
damisch – hier: sehr, stark, furchtbar (zur Betonung der Intensität z. B. von Emotionen, Schmerzen)
Dämpfer, Kartoffeldämpfer – größerer Kessel oder Topf zum Dünsten von Gemüse
darüberhin – außerdem, darüber hinaus
deppert – blöd; hier: beunruhigend, unangenehm

E

Einbrennsuppe – in Fett geröstetes Mehl (Einbrenn, Mehlschwitze) wird in Salzwasser verquirlt; fallweise werden noch Eier oder andere Zutaten eingerührt
Einstand – Dienstantritt in einem neuen Arbeitsverhältnis; hier auch: Dienstplatz
Enkel – hier: Knöchel

F

Fack – Schwein
feines Haus – umgänglicher, humorvoller Mensch, guter Kumpel
Feitel – (Taschen-)Messer
flotten – Bewegung von leichten Dingen, die auf Stromwellen daherschwimmen

G

Gamsbart – aus Rückenhaaren von Gämsböcken hergestellter Hutschmuck

Gatehose – lange Unterhosen
Girardihut – nach dem österreichischen Volksschauspieler Alexander Girardi (1850–1918) benannter flacher Strohhut mit gerader Krempe
Gleck – Gemisch aus Salz und Getreideschrot, fallweise auch gehackten Blättern oder Heublumen, als Beifutter für Rinder
Glumpert – altes, wertloses Zeug; hier auch: verschiedenartige Utensilien, die eine Last bedeuten
Gmoan – Gemeinde
Goaß – Geiß, Ziege; hier auch: Bezeichnung für unangepasste Mädchen, Frauen
Göd – Tauf- oder Firmpate
Godn – Tauf- oder Firmpatin
Gratten – abwertend für: Motorrad, Moped; schlechtes Fahrzeug
Grausknecht – männliche Person zum Schutz des Hauses oder als Begleitung auf nächtlichen Wegen
grummen – Bauchgrimmen haben
gschafteln – sich wichtigmachen, sich ungefragt oder besserwisserisch einmischen
Gugelhupf – durch eine spezielle Backform charakteristisch geformter Kuchen
Gugelhupfreindl – hier abwertend für: ungewöhnlich geformte Kopfbedeckung
Gütl – kleines ländliches Anwesen

H

Häferl – Schale
Haferlschuh – traditioneller fester, oft seitlich geschnürter Halbschuh
Halawachl – leichtsinniger, unzuverlässiger Mensch; Hallodri, Schlingel
Hasenöhrl – der Form nach einem Hasenohr ähnelndes Schmalzgebäck, meist aus Weizenmehl

Haxen – Bein(e)
Haxen machen – sich beeilen
hecheln – ursprünglich: gröbere und feinere Flachsfasern trennen, indem sie mehrmals durch einen Hechelkamm gezogen werden; hier im übertragenen Sinn: ausrichten, kritisieren
Hirschfänger – lange, schmale Stichwaffe, v. a. für die Jagd
Hoamatl – Elternhaus
Hube(n) – bäuerliches Anwesen, Hof
Hundswut – Tollwut

I

Irrwurz – Weiderich; verschiedenen Gewächsen wurde im Volksglauben eine magische Kraft zugeschrieben, die z. B. ein Abkommen vom Weg auslöst, wenn man darauf tritt

J

Janker – Trachtenjacke
Juchezer – Jauchzer, Juchzer, Juchschrei

K

Kaltwasserseife – in Wasser leicht lösliche Seife, z. B. eine Harzkernseife
Käsekraxen – hölzerner Tragebehälter für den Transport von Gütern, v. a. zwischen Alm und Tal
kitzlig – hier auch: heikel
Klachel – abschätzig für: großer, grober Mann
kluntern – Geräusch bei der Butterherstellung, das nach längerem Drehen anzeigt, dass der anfangs flüssige Rahm im Rührkübel feste Konsistenz annimmt
Knechtlein – junger Dienstbote, Kleinknecht
kopfig – hier: dickköpfig, eigensinnig
kopfrein – bei Verstand, richtig im Kopf
Krauterer – alter, evtl. schon etwas unbeholfener Mann

Krawattl (am Krawattl packen) – am Kragen, am Nacken, am Schlafittchen

Küchel – (im Salzburgischen) Früchte, Blütendolden oder Weißbrotschnitten in Backteig gebacken

L

Lebzeit – hier: Lebensphase, Lebensabschnitt

leintuchwachelnd – ein Leintuch schwingend

Liedrian – von: Liederjan, liederlicher Mensch

Lotter, Lötter – eher abwertend für: Mann, Mannsbild(er)

Lügenschüppel – notorischer Lügner

M

Manderleut, Manderleit – männliche Dienstboten eines Hofes, männliche Dorfbevölkerung

N

Narrenhaus – pychiatrische Anstalt

O

obdraht – schlau, hinterlistig

P

Patschen – Hausschuhe

pfiat (di) Gott – behüte (dich) Gott; Abschiedsgruß

Polsterzipf(el) – im Schmalz gebackene, meist mit Marmelade gefüllte Teigtaschen

pumpern – laut klopfen, schlagen

R

Radikand – Zahl unter dem mathematischen Wurzelzeichen

rean – weinen

recken – ziehen, dehnen, strecken

Rein, Reindl – Pfanne
Rußpfandln – vom Kochen auf offenem Feuer rußgeschwärztes Geschirr

S

Saaltochter – Kellnerin, weibliche Servierkraft im Schweizer Gastgewerbe
Scherm, von: Schirm – Unterstand
schiach in der Reißen haben – arg zusetzen, in Bedrängnis bringen; bearbeiten
schiach, von: schiech – hässlich, unansehnlich, schrecklich
Schlenkerkoffer – Behältnis, das die wichtigsten Habseligkeiten eines Dienstboten enthält
schlenkern – hier: wechseln der Dienstboten von einem Dienstplatz zum andern
schlieffen – schlüpfen, sich durchzwängen
Schlosskastellan – Aufsichtsbeamter, Schlosshauptmann
Schnaderhüpferl – Gstanzl; gereimter, meist vierzeiliger Spottgesang mit lustigem, oft auch anzüglichem Inhalt
Schnaggel – tiefer Schluchzer
Schneid – Mut, Konflikt-, Risikobereitschaft
Schneidfeder – Feder des Hahnwildes als ländlicher Hutschmuck
Schnurrausbönl – etwa nussgroßes, krapfenartiges Germteiggebäck; traditionell von Sennerinnen zum Almabtrieb gebacken und verteilt
Schotten – aus Buttermilch hergestelltes quark- bzw. topfenähnliches Milchprodukt
Schottsuppe – Schotten und etwas Rahm werden in gesalzenes Wasser oder Milch eingerührt
Schragen – Holzbock; robustes Gestell als paarweise einsetzbare Stütze(n); hier auch für den Unterbau bei der Aufbahrung von Verstorbenen
schulbleiben – strafweise am Nachmittag in der Schule nachsitzen

Schüppel, Schüpperl – Schar; Büschel
Schwarzbeeren – Heidelbeeren
Schwindsucht – Tuberkulose, bakterielle Lungenerkrankung
Skapulier – Überwurf, Teil einer Ordenstracht
Souterrain – Untergeschoß, Kellergeschoß, Tiefparterre
Speis – Speisekammer, kühler Aufbewahrungsort für Lebensmittel
Spektakel (der) – Lärm, Radau, lautstarkes Durcheinander
spektakeln – Aufsehen, Lärm erregen
Spezi – Freund, Kumpan(e)
Spielhahnfeder – gebogene Schwanzfeder des Birkhahnes
spinnert – verrückt, wahnsinnig
Spitzenreif – helle Spitzen des Gamsbarts
Spritzkrug – Gießkanne
staffieren, herausstaffieren – ausstatten, schmücken; hier: sich herausputzen, schön kleiden
Stanitzel – kegelförmige Papiertüte für Transport oder Aufbewahrung von Lebensmitteln
Strauchelblock – Hindernis, Stolperstein
Stüberl, oberes Stüberl – Oberstübchen, Kopf als Sitz des Verstandes

T

Trumm – großes, schweres Stück, Riesen-
Trutzgesangl – Spottlied mit herausforderndem Charakter
Tuchent – dick mit Federn gefüllte Bettdecke

U

Umgang – kirchliche Prozession, z. B. zu Fronleichnam
untergehängt – Arm in Arm

V

Velben – auch: Felben, Felber; bayerisch-salzburgisches Adelsgeschlecht
vertan, von: vertun – einen Besitz herunterwirtschaften, verlieren

W

wacheln – winken, fächeln; durch Armbewegungen Zeichen geben
Wanderbinkel – Wanderbündel
Watsche(n) – Ohrfeige
Weiberleut – weibliche Dienstboten oder Dorfbevölkerung
wengerl, a wengerl – ein bisschen
Wickel (beim Wickel haben) – am Schopf, am Kragen, am Schlafittchen haben
Witmann – Witwer
Wittiber – Witwer
wurmen – ärgern, verdrießen
Wuzerl – Fussel

Z

Zegger – hier: Korb mit Tragbügel
zimmern – hier: schlagen
zugeblich – entgegenkommend, nachgiebig, kompromissbereit
zugetakelt – verunstaltet, lächerlich bekleidet
Zugmittel – Mittel, durch das etwas/jemand angelockt werden soll
Zusicht – Aufsicht, Obacht, Obsorge
Zuwideres – Missgeschick, Patzer, etwas Unangenehmes
Zwiderwurzen – abwertend für: humorlose, leicht gekränkte, nachtragende Frau
zwiebeln – traktieren, schikanieren, quälen

»Irgendjemand wird es einmal lesen ...«

Zur Edition der Lebensaufzeichnungen von Karolina Weiss (1893–1986)

Nachwort

von Günter Müller

»Mit einem Herzen voll großer Hoffnungen und den Kopf voll hochfliegender Gedanken«[1] – so sah Karolina Weiss sich selbst in der Rückschau auf die jugendlichen Anfänge ihrer Lebenswanderung wie auch ihres lebensgeschichtlichen Schreibens. Nach einigen »Höhenflügen«, die in jener Zeit für eine Frau ihrer sozialen Herkunft nicht gerade alltäglich waren, sowie manchen ernüchternden Erfahrungen entschloss sich die Autorin gegen Ende ihres fünften Lebensjahrzehnts, mitten im Zweiten Weltkrieg, zu diesem Lebensrückblick.

Aufgrund mancher Besonderheiten in Inhalt und Form trägt dieses Werk durchaus das Potenzial in sich, als »Entdeckung« zu gelten. Zum einen kann es als früher Vorläufer jener popularen Autobiografik gesehen werden, die etwa ab den 1980er-Jahren vermehrt Aufmerksamkeit in der historisch-kulturwissenschaftlichen Forschung[2] wie auch bei einem breiteren Lesepublikum[3] fand und Lebenserzählungen »einfacher« Leute mit einem Mal zu einem anerkannten Bildungs- und Kulturgut unserer Gesellschaft werden ließ. Zum anderen beeindruckt die Autorin mit einem beachtlichen Repertoire an literarischen Fertigkeiten, die sie sich mangels höherer Ausbildungsmöglichkeiten für Jugendliche ihrer Generation und Herkunft zu Beginn des 20. Jahrhunderts wohl vorwiegend autodidaktisch angeeignet haben muss. An den ersten Lektionen ihrer selbst erfahrenen »Lehre des Lebens« können aufmerksame Leserinnen und Leser dieses Buches nun teilhaben, wenn sie das Mädchen Lina auf ihrem »Weg in das Großmenschendasein« begleiten.

Die folgende Zeittafel soll eine bessere Übersicht über die wichtigsten Stationen der Kindheit und Jugend von Karolina Weiss bieten[4]:

3. März 1893	Geburt von Karolina als älteste eheliche Tochter von Michael und Maria Kittl, geb. Wimmer, auf Schloss Lichtenau in Stuhlfelden, Bezirk Zell am See, Salzburg, wo der Vater als Jäger bedienstet ist
März 1894	Geburt von Bruder Oskar
1898	Geburt von Schwester Franziska
bis 1899	Die Familie bewohnt im Winter einige Räume im Schloss Lichtenau, der Vater ist aus dienstlichen Gründen oft abwesend; im Sommer Aufenthalte der Kinder mit der Mutter, teilweise auch der ganzen Familie, auf einer hochgelegenen Alm im Stubachtal bzw. in einem etwas weniger entlegenen »Jägerhaus«
bis 1908	wiederholt längere Aufenthalte bei Onkel Heinrich und Tante Nanni Rouge, geb. Wimmer, in Bruck (an der Großglocknerstraße), Bezirk Zell am See, Salzburg; der Onkel ist als Verwalter und Gärtner auf Schloss Fischhorn beschäftigt
Herbst 1899	Eintritt Karolinas in die Volksschule Stuhlfelden
Juni 1903	Geburt von Bruder Kilian
März 1907	Austritt Karolinas aus der Volksschule Stuhlfelden
1907/08	zeitlich unbestimmter Aufenthalt in Bad Gastein, um kochen zu lernen; acht Monate auf erstem Dienstplatz bei einer kinderreichen Försterfamilie in der weiteren Umgebung westlich von Stuhlfelden

1908	Mithilfe im Haushalt von Onkel Heinrich und Tante Nanni in Bruck; Gelegenheitsarbeiten auf Schloss Fischhorn
Anfang 1909	Umzug der Familie Kittl nach Pichl an der Enns, Bezirk Liezen, Steiermark
März 1909	Geburt von Bruder Edi
1909–1910	Gelegenheitsarbeiten bei Bauern, u. a. als Köchin bei Festen
Jänner 1911–Juli 1913	Anstellung in der Badeanstalt in Innsbruck
Herbst 1911	Tod des Pächters der Badeanstalt an Tuberkulose
1913	Absolvierung eines Handelsschulkurses, Innsbruck
Oktober 1913–Sommer 1914	Vertretertätigkeit für die Fa. Maggi in Nord- und vor allem Südtirol

Aufgabe dieses Nachworts soll es sein, einen gewissen historischen und biografischen Rahmen zu skizzieren, in dem die Lebensaufzeichnungen von Karolina Weiss zu Papier gebracht und überliefert wurden, sowie in Grundzügen ihre Aufbereitung für diese Veröffentlichung zu verdeutlichen.

Vorweg ist gleich der massivste Eingriff in die Textgestalt des Originalmanuskripts festzuhalten. Die Lebenserzählung von Karolina Weiss endet hier zwar in einer durchaus »filmreifen« Schlussszene, das Ende ist in dieser Form aber nicht von der Autorin selbst konzipiert. Da das lebensgeschichtliche Originalmanuskript von Karolina Weiss insgesamt etwa doppelt so umfangreich ist wie der hier wiedergegebene Textausschnitt, beruht der Schluss an dieser Stelle vielmehr auf einer gemeinsamen editorischen Entscheidung von Verlag und Bearbeiter.

Der hier veröffentlichte Text endet mit der Auflistung einer Vielzahl von weiteren Stationen auf dem Lebensweg der Karolina Weiss. All die angeführten Orte ist sie im Anschluss an die Zeit in der Innsbrucker Badeanstalt während eines Dreivierteljahres zwischen Oktober 1913 und Sommer 1914 als Handelsvertreterin im Auftrag der Schweizer Firma Maggi angefahren – seit den 1890er-Jahren ein rasch expandierendes Unternehmen für industriell hergestellte Fleischersatzstoffe und Produkte zur Vereinfachung der Speisenzubereitung.

Die folgenden Jahre des Ersten Weltkriegs verbrachte sie großteils als »Kinderfräulein« im Dienst einer adeligen Familie im Deutschen Reich, vor allem in München und an mehreren Orten in Schlesien. Erst im letzten Kriegsjahr ergab sich wieder die Gelegenheit für einen Besuch bei ihrer eigenen Herkunftsfamilie. Ein halbes Jahr lang betrieb sie mit ihrer jüngeren Schwester eine Schutzhütte des Alpenvereins in den Schladminger Tauern und zeichnete in ihren Aufzeichnungen darüber ein zum Teil recht skurriles Bild vom Kommen und Gehen an diesem entlegenen Ort in den heimischen Bergen, während zeitgleich die Habsburgermonarchie mit unzählbaren Kriegsopfern zu Grabe getragen wurde.

Daran schlossen sich, stets begleitet von existenziellen Ungewissheiten, weitere rasche Orts- und Arbeitsplatzwechsel in den zwei Nachkriegsjahren 1919/20 an. Sie sah ein »Elend ohne Ende«[5], aber keine realistische Existenzmöglichkeit im kleinen Nachkriegsösterreich und plante daher eine Auswanderung in die Schweiz oder nach Holland. Dieses Vorhaben wurde nochmals erschwert, als sie im Jahr 1920 erfuhr, dass sie ein Kind erwartete – von einem Mann, der unter allen, die sich bis dahin um ihre Gunst bemüht hatten, wohl die geringsten Aussichten auf eine gesicherte Existenz bieten konnte.

In dieser Situation erhielt sie Unterstützung von ihrer früheren Münchener Dienstgeberin. Karolina Weiss konnte im September 1920 in der Münchener Frauenklinik ihre Tochter zur Welt bringen und ebendort vier Tage später den Vater ihres Kindes heiraten. Dieser durfte eigens für diesen Zweck mit einem 24-Stunden-Visum aus dem Salzburger Flachgau anreisen.

Über Vermittlung ihrer Dienstgeberin war es Karolina Weiss schließlich auch möglich, die Voraussetzungen für eine Auswanderung nach Holland zu erfüllen. Am 1. Januar 1921 konnte sie dorthin aufbrechen und nach sechs Monaten ihren Mann und ihr Kleinkind, das sie vorerst bei ihren Eltern zurückgelassen hatte, nachholen. Später kam als Pflegekind der Sohn ihrer früh verstorbenen jüngeren Schwester hinzu.

Neben einer Wohnung war eine Nähmaschine die erste größere Anschaffung der Familie in der neuen Umgebung und zugleich die wichtigste Investition, um durch Verdienste aus Näh- und Schneiderarbeiten fortan den Lebensunterhalt bestreiten zu können.

Die Familie verbrachte schließlich mehr als 18 Jahre an verschiedenen Orten des Landes, am längsten in Schiedam, westlich von Rotterdam in der Provinz Südholland gelegen. Trotz allem Bemühen gelang es letztlich nicht, eine solide wirtschaftliche Existenz und eine befriedigende gesellschaftliche Stellung in der niederländischen Umgebung zu erlangen. »Viele Umstände« – persönliche wie ökonomische Gründe und wohl auch die geänderten politischen Verhältnisse – ließen Karolina Weiss immer ernsthafter an eine Rückkehr in die nun nationalsozialistisch regierte Heimat denken. Im August 1939, zwei Wochen vor Beginn des Zweiten Weltkriegs, kehrte die Familie als »Auslandsdeutsche« zurück und ließ sich über Vermittlung einer Schwester des Mannes in Korneuburg bei Wien nieder. Mit vereinten Kräften richtete die Familie wieder eine Schneiderei ein, die nach Kriegsende noch über viele Jahre die wichtigste Erwerbsquelle darstellte.

Karolinas Ehemann wurde aus Altersgründen vorerst nicht zum Kriegsdienst einberufen. Die »Heimkehr« in eine wiederum weitgehend fremde Umgebung und der Ausnahmezustand aufgrund des Krieges brachten dennoch Lebensumstände und Konflikte mit sich, die das Familienleben nicht unbeeinträchtigt ließen und die Schreiberin in eine ernste Lebenskrise stürzten. »Ich bin zu Hause – und kann die Heimat nicht finden. Es ist das

Schlimmste, was einem geschehen kann …«[6] Zu den schwierigen äußeren Lebensbedingungen kam in den späteren Kriegsjahren auch eine wachsende Entfremdung vom Ehemann.

Es ist anzunehmen, dass Karolina Weiss aufgrund dieser tiefen Zäsur in ihrem Leben in der Zeit nach ihrer Rückkehr aus Holland mit der Zusammenstellung und Niederschrift ihres autobiografischen Manuskripts begonnen hat. Das Original des hier publizierten Texts ist zwar nicht datiert, dürfte aber in der Rohfassung noch während der Kriegsjahre fertiggestellt worden sein. Auf den letzten Seiten enthält es nämlich Tagebuchnotizen von Erlebnissen der letzten Kriegsmonate und endet mit der Nachricht, dass Anfang April 1945 die ersten Soldaten der Sowjetarmee im Wohnort Korneuburg gesichtet worden seien.[7]

Die frühen Erzählungen von Karolina Weiss lassen explizit nichts von einer persönlichen Lebenskrise oder von ihrer Verzweiflung über die sich ständig zuspitzende Kriegssituation erkennen. Da aber gerade in den Anfangspassagen autobiografischer Darstellungen häufig wichtige Erfahrungen und Schreibmotivationen einer Person zum Ausdruck kommen, und mehr oder weniger bewusst auch spätere zentrale Konflikte, Weichenstellungen und Leitmotive einer Lebensgeschichte in verdichteter bis verklausulierter Form in sie eingeschrieben sind, lässt sich auch hinter den ersten Sequenzen dieser Lebenserzählung ein tieferer Sinnzusammenhang erahnen.

Was wäre auch naheliegender, als sich angesichts fortwährender Fremdheitsgefühle und in der Ausnahmesituation eines Krieges (sofern diese noch Raum für Selbstreflexion lässt), intensiver an vergangene Lebensphasen zurückzuerinnern, die mit mehr persönlicher Ausgeglichenheit und Lebensfreude verbunden waren?

Karolina Weiss' eindrucksvolle Beschreibung der »wilden Bergschönheit« ihrer Kindheitsumgebung und der Hinweis, wie sehr diese Eindrücke »ihre Seele geformt« und sie als »heimliches

Sehnen« auf ihrem weiteren Lebensweg begleitet haben, dürften tatsächlich in dieser tristen Lebenslage entstanden sein. Sie lassen sich gewissermaßen als Kontrapunkt zu allen Eindrücken der nachfolgenden Lebensjahrzehnte lesen, welche die Autorin fast durchwegs in Städten, in dicht besiedelten Gegenden und nicht zuletzt auch vorwiegend im Flachland verbrachte.

Karolina Weiss selbst hat ihren Lebensaufzeichnungen keinen Titel mitgegeben. Der hohe Stellenwert, den die Autorin gleich auf den ersten Seiten ihrer »Bergheimat« der frühen Jahre und dem nachhaltig aus all den damit verbundenen Eindrücken gespeisten »Wurzelwerk der Heimatliebe … in einem Kinderherzen« einräumt, hat aber letztlich die Titelgebung für diesen Editionsband mitentschieden.

In einer weiteren Hinsicht muss Karolina Weiss ihre Rückkehr aus dem Ausland als einen krassen Einschnitt in ihrer Lebensgeschichte erlebt haben. Es scheint jedenfalls bemerkenswert, dass die Autorin bei ihrer »Heimkehr« Ende der 1930er-Jahre fast keine der in ihren Kindheitserinnerungen ausführlicher beschriebenen Bezugspersonen aus ihrem Familien- und Verwandtenkreis mehr lebend angetroffen hat. Diese Tatsache findet in den Aufzeichnungen selbst nur in recht allgemeiner Form Erwähnung. Allerdings kommt vielen Episoden dieses Buches somit wohl unausgesprochen auch die Aufgabe zu, dem persönlichen Gedenken an diese Menschen eine bleibende schriftliche Form zu geben.

Folgt man den Informationen aus der Rahmenerzählung[8], dann hat Karolina Weiss ihre handschriftlichen Aufzeichnungen in den letzten Kriegstagen im April 1945 vertrauensvoll einer Bekannten übergeben, die sich für die Flucht vor der Sowjetarmee entschieden hatte. In weiterer Folge soll diese Frau die handschriftlichen Aufzeichnungen von Karolina Weiss mit Schreibmaschine abgetippt und die Reinschrift, auf der auch diese Edition basiert, einige Jahre später anlässlich eines Geburtstages der Verfasserin zurückgegeben haben. Dem widerspricht jedoch die innerfamiliäre Überlieferung, nach der die im Jahr 2002 verstorbene Tochter von Karolina Weiss die Aufzeichnungen in den Nachkriegsjahren ins Reine geschrieben habe.[9]

Aufbewahrt wurden die 287 einzeilig abgefassten Typoskriptseiten letztlich fest gebunden als Buch im A4-Format. Auf dem ersten Blatt findet sich, wie schon erwähnt, kein Werktitel, sondern in der rechten unteren Ecke nur der Hinweis: »Diese Lebenserinnerungen schrieb Karolina Weiss, geb. Kittl; 5. 3. 1893 in Stuhlfelden, Pinzgau. Die Namen der Personen wurden geändert.«

»Irgendjemand wird es einmal lesen – vielleicht ein bisschen Freude damit haben und vielleicht auch ein wenig Nutzen daraus ziehen …«, lautet die zurückhaltende, offenkundig nicht auf eine größere Verbreitung der lebensgeschichtlichen Aufzeichnungen ausgerichtete Intention der Schreiberin gleich zu Beginn ihres Manuskripts. Von eigenen Bemühungen um eine Veröffentlichung ihrer Lebenserinnerungen ist nichts bekannt, obwohl die konsequente Verwendung von Pseudonymen für den Großteil der vorkommenden, insbesondere für die zum Zeitpunkt der Abfassung noch lebenden Personen doch auch als Indiz der Aufbereitung für eine breitere Öffentlichkeit gesehen werden könnte.

Die im Textoriginal enthaltenen Anonymisierungen wurden in der edierten Textfassung nur in einem Fall, nämlich in Bezug auf die Person der Schreiberin selbst, zurückgenommen.

Eine wesentliche Ausgangsbasis für die autobiografische Gesamtdarstellung waren ja offenkundig ehemals real existierende Hefte mit Tagebuchaufzeichnungen, auf die in der Rahmenerzählung mehrmals explizit verwiesen wird. Karolina Weiss führte die Urheberin dieser »Tagebücher« in ihrer Einleitung als vierzehnjähriges Mädchen aus dem Pinzgau ein, original allerdings nicht unter dem Namen Lina, sondern als »Hannerl«.

Schon kurz darauf, im Abschnitt »Ein richtiges Tagebuch«, durchbricht die Autorin jedoch diese verfremdende, romanhafte Konstruktion wieder und enttarnt sich selbst als Verfasserin der Hefte, indem sie in der Ich-Form über ihre eigene Praxis des diaristischen Schreibens reflektiert. Damit offenbart die Schreiberin unmissverständlich die Identität von Autorin, Erzählerin und Hauptfigur der Handlung und bestätigt für ihre Aufzeichnungen somit dieses Wesensmerkmal autobiografischer Texte.[10]

Durch die Verwendung eines fremden Vornamens würde dieser »autobiographische Pakt«[11] jedoch gleich wieder in Zweifel gestellt, was für die Leserinnen und Leser eine verwirrende Uneindeutigkeit mit sich gebracht hätte. Diese Widersprüchlichkeit in der Textkonstruktion ließ sich am einfachsten durch die durchgängige Verwendung einer gebräuchlichen und an den tatsächlichen Vornamen der Autorin angelehnten Kurzform wie eben »Lina« bereinigen.

Das Originaltyposkript von Karolina Weiss weist im Übrigen auch keine Zwischentitel auf, sondern lediglich Zäsuren in Form von Leerzeilen, häufig in Verbindung mit doppelten Trennstrichen zwischen einzelnen Gedankengängen, Erzählepisoden oder Textabschnitten. Die eigens für diese Publikation vorgenommene Kapitelgliederung orientiert sich zwar an diesen Zäsuren, gibt diese aber nicht ausnahmslos wieder, da die Gliederung in Themen bzw. Episoden im Original nicht ausreichend konsequent durchgehalten ist.

Die von der Autorin gewählte Erzählform in kurzen, oft auch von anderen Personen handelnden Episoden und Anekdoten, die sich letztlich zu einer reliefartigen Darstellung der Lebenswelt der Ich-Erzählerin zusammenfügen, wurde durch die vorgenommene Kapitelgliederung etwas deutlicher konturiert, als dies im Originaltext der Fall ist.

Texte der popularen Autobiografik zeichnen sich oft dadurch aus, dass es ihren Verfasserinnen und Verfassern zwar kaum an

Erzähltalent, wohl aber oft an der nötigen schriftsprachlichen Kompetenz mangelt, um ihre persönlichen Erinnerungen und Erfahrungen formal einwandfrei zu Papier zu bringen. Dem Grundsatz der möglichst originalgetreuen Wiedergabe stehen bei der editorischen Aufbereitung solcher Texte tendenziell konkurrierende Kriterien wie das der grammatikalischen und orthografischen Richtigkeit oder auch jenes der »guten Lesbarkeit« gegenüber.

Karolina Weiss verfügte insgesamt über einen elaborierten, weitgehend hochsprachlichen Erzählstil, in dem sich zweifellos ihre von Kindheit an fleißige Lektüre diverser Lesestoffe, darunter wohl auch gehobene Literatur, niedergeschlagen hat. Manche grammatikalischen Unregelmäßigkeiten wie z. B. Fallfehler sind eventuell ihrem langen Auslandsaufenthalt zuzuschreiben, vermutlich aber eher auf Lesefehler im Zuge der Abschrift zurückzuführen (besonders wenn diese durch ihre Tochter erstellt wurde, die nie eine deutsche Schule besucht hat).

Gewisse Probleme stellten sich allerdings in Bezug auf die wiedergegebenen Aufzeichnungen aus den Jugendtagebüchern, die fallweise einen deutlich stärker umgangssprachlichen bis mündlichen Erzählstil aufweisen. An einer Stelle entschuldigt sich die Autorin sogar ausdrücklich für die »Sprache des Dorfes«, die »… etwas derb sein (mag)«, hält sie aber gerade deshalb für »echt und wahr«.

Allerdings kümmerte sich Karolina Weiss bei der Wiedergabe dieser Texte aus ihren Tagebüchern nicht weiter um wissenschaftliche Zitierregeln, weshalb de facto kaum zu unterscheiden ist, wo in ihren Aufzeichnungen die erlebnisnah abgefassten Kindheits- und Jugendimpressionen enden und wo nachträgliche Erfahrungen und Ergänzungen aus der Retrospektive die Oberhand gewinnen.

Vor allem in diesen Textteilen waren im Sinn der »Lesefreundlichkeit« doch einige Eingriffe stilistischer Art notwendig. So wurden neben zahlreichen Füllwörtern auch manche Wortwiederholungen eliminiert. Allzu lange Hauptsatzreihen wurden häufig in kürzere Sätze aufgelöst, und auch zusätzliche Kommas wurden eingefügt, um den lebhaften Satzfluss etwas deutlicher zu strukturieren. Der die geschilderten Alltagsszenen so treffend untermalende mündliche, bisweilen kindersprachlich anmutende Erzählton dieser Passagen sollte aber jedenfalls erhalten bleiben wie auch die zuweilen etwas antiquiert wirkende Wortwahl der Autorin. In der Gegenwart kaum noch gebräuchliche, veraltete oder aufgrund ihres dialektalen, umgangs- oder fachsprachlichen Charakters nicht allgemein verständliche Ausdrücke sind in einem Glossar im Anschluss an den Textteil aufgeführt und erläutert.

Abschließend sollen mögliche Hintergründe und einige Ergebnisse der Schreibpraxis von Karolina Weiss noch etwas eingehender beleuchtet werden.

Die Autorin beruft sich ja gleich zu Beginn schon auf eine gewisse Schreibtradition in ihrer Familie – ihre Mutter und Großmutter hatten bereits Kalender- und Haushaltsaufzeichnungen sowie Schriften in der Art einer Familien- und Dorfchronik verfasst – und sie berichtet auch eindrücklich vom Erzähltalent mancher Verwandter und von ihrer eigenen Begeisterung für das Lesen und Schreiben bereits in frühen Kindesjahren.

Sicher ist es außergewöhnlich, dass ein Mädchen ihrer sozialen Herkunft in jener Zeit dauerhaftes Interesse an einer regelmäßigen Schreibtätigkeit entwickelte: Die familiären Vorbilder und eine gewisse gesellschaftliche Zwischenstellung der Familie zwischen ländlicher Ober- und Unterschicht aufgrund der Tätigkeit des Vaters als »Herrschaftsjäger« lassen an relativ günstige Voraussetzungen für kulturelle Anregungen denken.

Im weiteren Lebensverlauf sind natürlich die mehrfachen Kontakte von Karolina Weiss zu Studentenkreisen, zum Beispiel schon in der Zeit ihrer Beschäftigung in der Innsbrucker Badeanstalt und auch während ihrer anschließenden Handelsreisetätigkeit in Südtirol, als mögliche Anstöße zu nennen. Nicht minder bedeutsam dürfte in dieser Hinsicht die mehr als drei Jahre währende Anstellung als Erzieherin in einer Münchener Aristokratenfamilie gewesen sein. In diese Zeit fällt auch die Veröffentlichung zumindest eines eigenen Gedichts mit dem Titel »Der blinde Krieger« unter ihrem Mädchennamen C.[arolina] Kittl in einem Sammelband mit »Volks-Poesie«[12]. Dieses Gedicht, das Kriegsgräuel des Ersten Weltkriegs thematisiert und in Form einer Kopie dem Original der Lebensaufzeichnungen beiliegt, ist ein weiteres Indiz für die grundsätzlich literarisch inspirierte Ausrichtung ihres Schreibens. In ihrem Nachlass finden sich auch etliche Beispiele von Gebrauchslyrik, also von Gedichten, die für bestimmte Anlässe geschrieben und zumeist einzelnen Personen gewidmet wurden.[13] Außerdem hat sich die Autorin angeblich auch an dramatischen Vorlagen für Theaterstücke versucht, die leider nicht erhalten geblieben sind.[14]

Eine eher zufällige, in diesem Kontext aber doch auch erwähnenswerte Beziehung verband Karolina Weiss mit Herta Bernhard (1904–1950), der Mutter des Schriftstellers Thomas Bernhard (1931–1989) und Tochter von Johannes Freumbichler (1881–1949), der – mit einigem Erfolg in den 1930er-Jahren – ebenfalls schriftstellerisch tätig und für seinen Enkelsohn ein wichtiges Vorbild war. Durch eine gemeinsame Bekannte lernte Herta Bernhard die Familie Weiss kennen, als sie im Juni 1930 als Hausgehilfin nach Holland kam.

Angesichts ihrer bald darauf festgestellten Schwangerschaft bekam sie von der Familie in den Monaten vor und nach der Geburt ihres Sohnes im Februar 1931 ebensolche Unterstützung, wie Karolina Weiss sie zehn Jahre zuvor in derselben Lage von ihrer Münchener Dienstgeberin erfahren hatte. Herta Bernhard konnte einige Monate vor und nach der Geburt bei der Familie wohnen. Nach ihrer baldigen Rückkehr nach Wien blieb zeitlebens ein loser Briefkontakt aufrecht, der auch Thomas-Bernhard-Biografen nicht verborgen blieb.[15] Über einen persönlichen Kontakt oder einen engeren Bezug von Karolina Weiss zu den Werken der beiden Schriftsteller ist nichts Näheres bekannt. Was Thomas Bernhard betrifft, ist ein singulärer Besuch bei Familie Weiss in Korneuburg aus dem Jahr 1948 überliefert.[16] In Karolina Weiss' schriftlichen Aufzeichnungen findet der Kontakt mit Herta Bernhard bzw. ihrem Sohn keinen Niederschlag.

Beschließen möchte ich dieses Nachwort mit einer

Danksagung

an einige Personen, die – jede auf besondere Weise – zur Entstehung dieses Buches beigetragen haben.

Johanna Beckenbauer, über viele Jahre Verwahrerin des Nachlasses von Karolina Weiss, hat mich schon vor Jahren auf das Manuskript aufmerksam gemacht und es 2005 dem Bestand der »Dokumentation lebensgeschichtlicher Aufzeichnungen« überantwortet; außerdem stand sie jederzeit bereitwillig für Auskünfte zur Person der Verfasserin und zur Familiengeschichte zur Verfügung.

Letzteres gilt gleichermaßen für Mimi Graf, die aufgrund ihres ausgeprägten Interesses an historischen Dingen große Teile des Nachlasses nun weiter aufbewahrt und stets zielsicher die gerade gebrauchten Dokumente und Detailinformationen bereitgehalten hat. Beide haben Karolina Weiss über viele Jahrzehnte ihres Lebens gekannt und bleibende Eindrücke von ihrer vielseitig interessierten, weltgewandten und zugleich doch stets etwas reserviert in sich ruhenden Lebenshaltung bewahrt und weitergegeben.

Einiges an Lebenszeit haben auch Ilse Wolfbeisser und Monika Gugerell mit der Lebensgeschichte von Karolina Weiss zugebracht – Erstere, um den maschinschriftlichen Originaltext digital zu erfassen und dabei ihre langjährige Erfahrung bei der

Transkription von persönlichen Lebenszeugnissen aller Art einzubringen; Zweitere, um das Manuskript für dokumentarische Belange inhaltlich aufzuschlüsseln. Beide haben das – nach eigenen Aussagen – in diesem Fall mit anhaltendem Vergnügen und viel persönlicher Bereicherung getan, und aus dem Austausch über Leseeindrücke entstanden wiederum vielerlei Anregungen für einen differenzierteren Blick auf diese Lebensgeschichte.

Theresia Oblasser, selbst Autobiografin und Autorin aus dem Pinzgau, verdanke ich wertvolle Hinweise zum richtigen Verständnis sprachlich-dialektaler und anderer lokaler Besonderheiten in den Erzählungen dieses Buches.

Schließlich fand das »Herzblut«, mit dem Karolina Weiss ihre Erlebnisse merklich aufgeschrieben hat, auch einen starken Widerhall bei Bettina Stimeder als Programmverantwortlicher des Ecowin Verlags. Ihr und den Mitgliedern ihres Verlagsteams ist die entscheidende Initiative zu verdanken, dass die Lebensaufzeichnungen von Karolina Weiss mehr als drei Jahrzehnte nach dem Tod der Autorin nun Gelegenheit bekommen, viele weitere Herzen zu berühren und in den Köpfen jüngerer Leserinnen und Leser lebendige Eindrücke vom Alltag der Menschen rund um die vorletzte Jahrhundertwende wachwerden zu lassen.

Endnoten

1 Nicht näher ausgewiesene Kurzzitate stammen aus den in diesem Band edierten Texten von Karolina Weiss.

2 Vgl. z. B. Bernd J. Warneken: Populare Autobiographik. Empirische Studien zu einer Quellengattung der Alltagsgeschichtsforschung. Tübingen 1985; Klaus Bergmann: Lebensgeschichte als Appell. Autobiographische Schriften der »kleinen Leute« und Außenseiter. Opladen 1991; Michael Mitterauer: »Lebensgeschichten sammeln. Probleme um Aufbau und Auswertung einer Dokumentation zur popularen Autobiographik«. In: Hermann Heidrich (Hg.): Biographieforschung. Bad Windsheim 1991, S. 17–37.

3 Weitgehend zeitgleich erschienen damals die Erfolgsbücher von Anna Wimschneider: Herbstmilch. Lebenserinnerungen einer Bäuerin. München 1984; Maria Gremel: Mit neun Jahren im Dienst. Mein Leben im Stübl und am Bauernhof 1900–1930. Wien-Köln-Graz 1983. Letzteres wurde zugleich zum ersten Band der Editionsreihe »Damit es nicht verlorengeht ...«, in der bis heute im Böhlau Verlag 69 Bände erschienen sind. Vergleichbare Präsenz erlangte in der Schweiz ab den 1990er-Jahren die Editionsreihe »Das volkskundliche Taschenbuch« (zuletzt Limmat Verlag).

4 Die genaueren Orts- und Zeitangaben basieren großteils auf handschriftlichen Aufzeichnungen unter dem Titel »Auszug aus den Lebenstagen«, welche die Autorin etwa ab den 1920er-Jahren in der Art einer Familienchronik führte. Die Notizen füllen 100 Seiten eines kleinformatigen Buches und dienten später vermutlich als Ausgangsbasis für die Niederschrift ausführlicherer Lebenserinnerungen.

5 Vgl. die Beiträge von Karolina Weiss in der Sammeledition von Peter Eigner, Günter Müller (Hg.): Hungern – Hamstern – Heimkehren. Erinnerungen an die Jahre 1918 bis 1921. Wien-Köln-Weimar 2017, S. 52–58, 185–192, 246–248.

6 Karolina Weiss: Lebensaufzeichnungen, unveröffentlichtes Typoskript, S. 271.

7 Ihre Erlebnisse rund um das Kriegsende im April 1945 und in den Jahren danach hat Karolina Weiss nach 1955 in einem zweiten 135 A4-Seiten umfassenden lebensgeschichtlichen Manuskript mit dem Titel »Krieg – Soldaten – und Frauen. Korneuburg 1945–1955« zusammengefasst. Eine Kopie des Typoskripts wird in der »Dokumentation lebensgeschichtlicher Aufzeichnungen« an der Universität Wien, das Original im Stadtmuseum Korneuburg aufbewahrt.

8 Vgl. Karolina Weiss: Lebensaufzeichnungen, unveröffentlichtes Typoskript, S. 279 bzw. 285.

9 Auskunft von Johanna Beckenbauer unter Berufung auf Luzie Prusa, geb. Weiss, im Juni 2018.

10 Vgl. Charlotte Heinritz: Auf ungebahnten Wegen. Frauenautobiographien um 1900. Königstein/Taunus 2000, S. 30 ff.

11 Vgl. Philippe Lejeune: Der autobiographische Pakt. Frankfurt/Main 1994, S. 13 ff.

12 Wilhelm Hall, Robert Ackermann (Hg.): Volks-Poesie aus großer Zeit. Köln [1916], S. 273.

13 Beispielsweise legte Karolina Weiss im Jahr 1923 zum 25. Geburtstag ihres Mannes und zum dritten Geburtstag ihrer Tochter je ein Gedenkbuch an, in denen sie – oft in gereimter Form – Eintragungen zu besonderen Anlässen machte. Das Erscheinungsbild der Bücher wechselt mit der Zeit zwischen Poesiealbum und einer Art Tagebuch mit Fokus auf religiöse Feiertage und Jubiläen, wobei in den persönlichen Widmungen, vor allem an den Ehemann, bisweilen auch unmissverständliche, auf den gemeinsamen Alltag bezogene Botschaften verpackt sind.

14 Alle hier erwähnten schriftlichen Materialien und einige weitere Dokumente (siehe z. B. auch http://bibliothek.univie.ac.at/sammlungen/objekt_des_monats/012756.html) aus dem Nachlass von Karolina Weiss werden in der »Dokumentation lebensgeschichtlicher Aufzeichnungen« am Institut für Wirtschafts- und Sozialgeschichte der Universität Wien in Kopie aufbewahrt. (Näheres über diese Textsammlung unter: http://lebensgeschichten.univie.ac.at bzw. im nachfolgenden Aufruf).

15 Vgl. z. B. Louis Huguet: Chronologie. Johannes Freumbichler. Thomas Bernhard. Wien-Linz-Weitra 1995, S. 185 ff.; Claus Moser: Das Klosterleben des Thomas Bernhard in Holland, http://www.clausmoser.com/?p=1600 (20. Juni 2018).

16 Auskunft von Mimi Graf unter Berufung auf Luzia Prusa, geb. Weiss, im Juni 2018.

Aufruf an die Leserinnen und Leser dieses Buches: Bereichern Sie unser Lebensgeschichten-Archiv!

An der Universität Wien besteht seit den 1980er-Jahren die »Doku Lebensgeschichten«, eine Dokumentationsstelle für schriftliche Lebensaufzeichnungen aller Art.

Wir sammeln unter anderem Erinnerungen, Autobiografien, Tagebücher, Familiengeschichten als historische und kulturwissenschaftliche Dokumente.

- Wenn Menschen ihre persönlichen Erlebnisse oder Erinnerungen schriftlich festgehalten haben, um sie z. B. an ihre Enkelkinder weiterzugeben, erbitten wir eine Kopie davon.
- Wenn Sie Lebenserinnerungen, Kriegstagebücher oder ähnliche Aufzeichnungen von Vorfahren besitzen – auch handschriftliche Texte, die Sie selbst vielleicht gar nicht mehr lesen können –, würden wir gerne Einblick nehmen oder mehr darüber erfahren.
- Wenn Sie immer schon gern Ihre Lebensgeschichte aufschreiben wollten, möchten wir Sie gern dazu ermuntern, Ihr Vorhaben zu verwirklichen und können Sie fallweise auch dabei beraten.

Eingesandte Texte werden von uns fotokopiert bzw. digitalisiert. Originaltexte werden verlässlich retourniert.

Geschichte aus Lebensgeschichten

Unsere Textsammlung umfasst mittlerweile Lebensaufzeichnungen von mehr als 4 000 Personen aus allen Bevölkerungsschichten und bietet in ihrer Gesamtheit ein facettenreiches Bild der österreichischen Geschichte, Gesellschaft und Alltagskultur in den letzten drei Jahrhunderten.

Wissenschaftler/innen unterschiedlicher Fachrichtungen nutzen die Materialien für Lehre und Forschung, Studierende für Abschlussarbeiten, Lehrer/innen setzen sie im Schulunterricht ein; Fachleute aus dem Bildungs- oder Medienbereich zeigen immer wieder Interesse an alltags- oder zeitgeschichtlichen Themen, und in unserer Buchreihe werden laufend ausgewählte Texte veröffentlicht.

Wir freuen uns über jeden Kontakt zu schreib- und erinnerungsfreudigen Menschen!

Unsere Kontaktadresse:
Institut für Wirtschafts- u. Sozialgeschichte, Universität Wien
Doku Lebensgeschichten (Mag. Günter Müller)
Universitätsring 1, 1010 Wien
Tel. +43(0)1/4277-41306
lebensgeschichten@univie.ac.at
http://lebensgeschichten.univie.ac.at
http://MenschenschreibenGeschichte.at